■知行经管系列■

采购管理
CAI GOU GUAN LI

主　编　吴　勇

副主编　许国银

东南大学出版社
SOUTHEAST UNIVERSITY PRESS
·南京·

图书在版编目(CIP)数据

采购管理 / 吴勇主编. —南京：东南大学出版社，2016.3(2021.2重印)

(知行经管系列 / 赵玉阁主编)
ISBN 978-7-5641-6416-4

Ⅰ. ①采… Ⅱ. ①吴… Ⅲ. ①采购管理 Ⅳ. ①F253.2

中国版本图书馆 CIP 数据核字(2016)第 043865 号

采购管理

出版发行	东南大学出版社
出版人	江建中
社　　址	南京市四牌楼 2 号(邮编:210096)
网　　址	http://www.seupress.com
责任编辑	孙松茜(E-mail:ssq19972002@aliyun.com)
经　　销	全国各地新华书店
印　　刷	广东虎彩云印刷有限公司
开　　本	700mm×1000mm　1/16
印　　张	14.25
字　　数	287 千字
版　　次	2016 年 3 月第 1 版
印　　次	2021 年 2 月第 2 次印刷
书　　号	ISBN 978-7-5641-6416-4
定　　价	39.80 元

(本社图书若有印装质量问题，请直接与营销部联系。电话:025-83791830)

知行经管系列编委会名单

(按姓氏拼音排序)

主　任：赵玉阁

副主任：季　兵　　林　彬　　刘宏波　　张志军
　　　　赵　彤　　朱长宏

委　员：陈少英　　戴孝悌　　高振杨　　季　兵
　　　　林　彬　　刘宏波　　单以红　　沈　毅
　　　　席佳蓓　　许国银　　张美文　　张志军
　　　　赵　彤　　赵玉阁　　周　娇　　朱长宏

总 序

  胡锦涛总书记在庆祝清华大学建校100周年大会上的讲话中,明确指出了全面提高高等教育质量的战略思路。全面提高高等教育质量,要坚持以提升人才培养水平为核心。高等教育的根本任务是培养人才。要从教育规律、教学规律和人才成长的规律出发,更新教育理念,把促进人的全面发展和适应社会需要作为衡量人才培养水平的根本标准,形成体系开放、机制灵活、渠道互通、选择多样的人才培养体系。

  面对新形势对高等教育人才培养提出的新要求,我们一直在思索,作为新办本科院校经济管理专业在课程设置、教材选择、教学方式等方面怎样才能使培养的学生适应社会经济发展的客观需要。

  顾明远先生主编的《教育大词典》对教材的界定为:教材是教师和学生据以进行教学活动的材料,教学的主要媒体,通常按照课程标准(或教学大纲)的规定,分学科门类和年级顺序编辑,包括文字教材和视听教材。由此可见,教材是体现教学内容的知识载体,人才的培养离不开教材。高质量教材是高质量人才培养的基本保障。

  鉴于教材质量在高等教育人才培养中的基础地位和重要作用,按照高等院校经济类和管理类学科本科专业应用型人才培养要求,我们深入分析了新办本科院校经济管理类专业本科学生的现状及存在的问题,探索经济管理类专业高素质应用型本科人才培养途径,在明确人才培养定位的基础上,组织了长期在教学第一线从事教学工作的教师进行教材编写。我们在策划和编写本系列教材过程中始终贯彻精品战略的指导思想,以科学性、先进性、系统性、实用性和创新性为目标,教材编写特色主要体现在强调"新思维、新理念、新能力"三个方面。

  1. 新思维

  关注经济全球化发展新进程和经济管理学科发展的大背景,贯彻教育部《普通高等学校本科专业目录(2012年)》对经济类和管理类学科本科专业设置及人才培养的新要求,编写内容更新,汇集了国内外相关领域的最新观点、方法及教学改革成果，力求简明易懂、内容系统和实用；编写体例新颖，注意广泛吸收国内外优秀教材的写作思路和写作方法，图文并茂；教材体系完整，涵盖经济类和管理类专业核心课程和专业课程，注重把握相关课程之间的关系，构建完整、严密的知识体系。

2. 新理念

秉承陶行知先生"教学做合一"的教育理念，突出创新能力和创新意识培养；贯彻以学生为本的教学理念，注重提高学生学习兴趣和学习动力，如在编写中注重增加相关内容以支持教师在课堂中使用启发式教学等先进的教学手段和多元化教学方法，以激发学生的学习兴趣和学习动力。

3. 新能力

高素质应用型本科人才培养目标核心是培养学生的综合能力，本系列教材力图在培养学生自我学习能力、创新思维能力、创造性解决问题能力和自我更新知识能力方面有所建树。教材具备大量案例研究分析内容，特别是列举了我国经济管理工作中的最新实际实例和操作性较强的案例，将理论知识与实际相结合，让学生在学习过程中理论联系实际，增强学生的实际操作能力。

感谢参加本系列教材编写和审稿的老师们付出的大量卓有成效的辛勤劳动。由于编写时间紧等原因，本系列教材肯定还存在一定的不足和错漏，但本系列教材是开放式的，我们将根据社会经济发展和人才培养的需要、学科发展的需要、教学改革的需要、专业设置和课程改革的需要，对教材的内容不断地进行补充和完善。我们相信在各位老师的关心和帮助下，本系列教材一定能够不断改进和完善，在我国经管专业课程体系建设中起到应有的促进作用。

赵玉阁

2013 年 2 月 1 日

目 录

第一章 采购与采购管理 ... 1
第一节 采购概念、作用与特点 ... 1
第二节 采购的分类 ... 3
第三节 采购的原则和流程 ... 11
第四节 采购管理 ... 14

第二章 采购计划与预算管理 ... 22
第一节 采购信息与采购市场调查 ... 22
第二节 采购需求与采购决策 ... 30
第三节 采购计划的制定与调整 ... 38

第三章 供应商的选择、评估与关系管理 ... 53
第一节 供应商选择的重要性和供应商选择相关因素 ... 53
第二节 供应商选择的方法和步骤 ... 57
第三节 供应商关系管理 ... 60
第四节 供应商绩效考评 ... 67

第四章 采购谈判与采购合同 ... 71
第一节 采购谈判 ... 71
第二节 采购合同的洽谈、签订与管理 ... 81

第五章 采购合同的履行 ... 86
第一节 采购合同的规则 ... 86
第二节 采购产品的质量管理 ... 90
第三节 货物接收与检验 ... 99
第四节 货款支付 ... 104

第六章 采购方式与采购实践 ………………………………………… 110

第一节 定量采购 ……………………………………………………… 110
第二节 定期采购模型 ………………………………………………… 113
第三节 经济批量采购 ………………………………………………… 116

第七章 库存管理 ………………………………………………………… 120

第一节 库存与库存问题 ……………………………………………… 120
第二节 库存管理 ……………………………………………………… 125

第八章 政府采购与招标采购 …………………………………………… 131

第一节 政府采购 ……………………………………………………… 131
第二节 招标采购 ……………………………………………………… 145

第九章 采购成本管理 …………………………………………………… 155

第一节 采购价格管理 ………………………………………………… 155
第二节 采购成本的构成与控制 ……………………………………… 160
第三节 制定降低采购价格的策略 …………………………………… 163

第十章 现代采购 ………………………………………………………… 166

第一节 JIT(准时化)采购 …………………………………………… 166
第二节 MRP 采购 …………………………………………………… 171
第三节 电子商务采购 ………………………………………………… 185

第十一章 采购绩效评价 ………………………………………………… 190

第一节 采购绩效评价的目的 ………………………………………… 190
第二节 采购绩效评价与控制 ………………………………………… 195

第十二章 采购管理的新发展 …………………………………………… 204

第一节 基于全寿命周期的采购 ……………………………………… 204
第二节 供应链环境下的采购 ………………………………………… 207
第三节 战略采购 ……………………………………………………… 211

参考文献 …………………………………………………………………… 218

第一章 采购与采购管理

第一节 采购概念、作用与特点

一、采购的概念

狭义的采购是指企业根据需求提出采购计划并审核计划，选择供应商，经过商务谈判确定价格、交货及相关条件，最终签订合同并按要求收货、付款的过程。这种以货币换取商品（即购买）的方式，可以说是最普通的采购途径。在狭义的采购中，买方一定要先具备支付能力，才能换取他人的商品来满足自己的需求。

广义的采购是指除了可以用购买的方式占有商品的所有权之外，还可以通过交换、租赁、借贷、外包等方式获取所需要的商品。采购并不一定要求必须获得商品的所有权，它可以仅仅获得商品的使用权；采购获得的对象并不局限于实物（如原料、半成品、零部件、成品、维护和运营部件、生产支持部件等），还可以是服务（如运输、仓储、售后服务等）以及信息等非物质对象。

企业采购是指企业根据生产经营活动的需要，通过信息搜集、整理和评价，寻找、选择合适的供应商，并就价格和服务等相关条款进行谈判，达成协议，以确保需求得到满足的活动过程。采购方式除了以购买的方式占有物品之外，还可以用租赁、借贷、交换的方式取得物品的使用权，来达到满足需求的目的。

二、采购的作用与特点

1. 采购的作用

企业在生产经营过程中需要大量的物料，其中包括原材料、零部件。这些物料作为企业的生产手段或劳动对象，对企业的生产经营活动有极其重要的作用。组织好企业采购活动，不仅有助于优化企业采购管理，而且可以有效地推动企业其他各项工作的开展。通过实施科学的采购管理，可以合理地选择采购方式、采购品种、采购批量、采购频率、采购地点和采购时间，以有限的资金保证企业生产经营的需要，在企业降低成本、加速资金周转和提高产品质量等方面发挥重要作用。具体来讲，采购的作用主要体现在以下几个方面：

（1）采购是保证企业生产经营正常进行的必要前提。物资供应是生产经营的前提条件，生产经营所需要的原材料、零部件、设备和工具都要由采购环节来提供。没有采购，就没有生产经营条件；没有物资供应，就不可能进行正常的生产经营。

（2）采购是保证产品质量的重要环节。采购物资的质量好坏直接决定着企业产品质量的好坏。能否生产出合格的产品，取决于采购所提供的原材料、零部件以及所需的设备、工具的质量。

（3）采购是控制成本的主要手段之一。采购成本构成了生产成本的主要部分，其中包括采购费用、储运费用、资金费用以及管理费用等。高额的采购成本将会大大降低生产的经济效益，甚至导致亏损。因此，加强采购的组织与管理，对于节约占用资金、压缩存储成本和加快营运资本周转起着重要的作用。

（4）采购可以帮助企业洞察市场的变化趋势。采购人员虽然直接与资源市场打交道，但是资源市场和销售市场是交融混杂在一起的，都处在大市场之中。因此，采购人员也可以及时为企业提供各种各样的市场信息，供企业进行管理决策。市场对企业生产经营的导向作用是通过采购渠道观察市场供求变化及其发展趋势，借以引导企业投资方向，调整产品结构，确定经营目标、经营方向和经营策略。企业生产经营活动是以市场为导向，凭借市场这个舞台而展开的。

（5）采购是科学管理的开端。企业物资采购直接与生产相联系，物资采购模式往往会在很大程度上影响生产模式。因此，如果企业采用一种科学的采购模式，就必然会要求生产方式、物料搬运方式都做相应的变动，从而共同构成一种科学管理模式。

（6）采购决定着企业产品周转的速度。采购是企业生产过程的起点。采购人员必须解决好采购中物资的适时和适量问题。如果采购工作运行的时点、把握的量度与企业其他环节的活动达到了高度的统一，企业就能获得适度的利益。反之，就会造成产品积压、产品周转速度减缓、产品保管费用增加，以至于动用大量人力、物力去处理积压产品，从而造成极大的浪费。

（7）采购可以合理地利用物质资源。节约和合理地利用物质资源，是开发利用资源的前提。采购工作必须贯彻节约的方针，通过采购工作合理地利用物质资源。①通过合理的采购，企业可以防止优料劣用、长材短用。②优化配置物质资源，防止优劣混用，在采购中要力求优化配置和整体效应，防止局部优化损害整体优化、部分优化损害综合优化。③在采购工作中，要应用价值工程分析，力求功能与消耗相匹配。④通过采购，企业可以引进新技术、新工艺，提高物质资源利用效率。⑤要贯彻执行有关的经济、技术政策和法律，如产业政策、综合利用等法规，防止被淘汰的产品进入流通领域，防止违反政策、法律的行为发生，做到资源的合理利用。

2. 采购的特点

（1）采购是从资源市场获取资源的过程。无论是生活还是生产，采购对于它们的意义，就在于能解决人们生产和生活所需要、但是自己又缺乏的资源问题。这些资源既包括生活资料，也包括生产资料；既包括物质资源（如原材料、设备、工具等），也包括非物质资源（如信息、软件、技术、文化用品等）。能够提供这些资源的供应商形成了一个资源市场，而从资源市场获取这些资源都是通过采购的方式。采购的基本功能就是帮助人们从资源市场获取他们所需要的各种资源。

（2）采购是商流过程和物流过程的统一。采购就是将资源从资源市场的供应者手中转移到用户手中的过程。在这个过程中，一是要实现将资源的所有权从供应者手中转移到用户手中，二是要实现将资源的物质实体从供应者手中转移到用户手中。前者是一个商流过程，主要通过商品交易、等价交换来实现商品所有权的转移。后者是一个物流过程，主要通过运输、储存、包装、装卸搬运、流通加工和配送等手段来实现商品空间位置和时间位置的转移，使商品真实地到达用户手中。采购过程实际上是商流和物流的完整结合，缺一不可。"两流"过程的实现标志着采购过程的结束。因此，采购过程实际上是商流过程与物流过程的统一。

（3）采购是一种经济活动。采购活动是企业经济活动的重要组成部分。经济活动既要遵循经济规律，又要追求经济效益。在整个采购过程中，一方面，通过采购获取了资源，保证了企业正常生产经营的顺利进行，这是采购效益；另一方面，在采购过程中也会发生各种费用，这就是采购成本。要追求采购经济效益的最大化，就要不断降低采购成本，以最少的成本获取最大的效益。科学采购是实现企业经济利益最大化的基本利润源泉。

第二节 采购的分类

依据采购主体、范围、时间等不同的标准对采购进行分类（见表1-1），有助于企业依据每一种采购的特点，合理选择采购方式。

表1-1 采购分类一览表

分类标准	内　　容
采购的主体	个人采购、组织采购
采购的范围	国内采购、国外采购
采购的时间	长期合同采购、短期合同采购
采购的方法	JIT采购、MRP采购、供应链采购、电子商务采购
采购的对象	有形采购、无形采购
采购的实践	招标采购、议价采购、比价采购

一、按采购的主体分类

按采购的主体分类,其结构如图1-1所示。

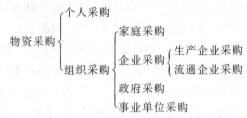

图1-1 按采购的主体分类的结构

二、按采购的范围分类

1. 国内采购

国内采购主要是指在国内市场采购,并不是指采购的物资都一定是国内生产的,也可以是从国外企业设在国内的代理商采购所需物资,只是以本国货币支付货款,不需以外汇结算。国内采购又分为本地市场采购和外地市场采购两种。通常,采购人员应首先考虑本地市场采购,以节省采购成本和时间,减少运输距离,保障供应及时性;在本地市场不能满足需要时,再考虑从外地市场采购。

2. 国外(国际)采购

国外采购是指国内采购企业直接向国外厂商采购所需物资的一种行为。这种采购方式一般通过直接向国外厂方咨询,或者向国外厂方设在国内的代理商咨询采购事宜,主要采购对象为成套机器设备、生产线等。国外采购的优点主要有质量有保证、低价、利用汇率变动获利。但也存在一些不足,其中包括交易过程复杂,影响交易效率;需要较高的库存,加大了储存费用;催货、纠纷索赔困难,无法满足紧急交货。尽管国外采购存在一定的风险,但由于中国在某些材料、装备等方面技术相对落后,所以国外采购仍然是中国企业采购的一种重要途径。

国外采购的对象为:国内无法生产的产品或产品的性能和质量有明显优势的产品,如电脑制造商需要的CPU、汽车制造商需要的光电控制系统等;在国内尚无代理商经销的产品,通常直接进行国外采购;在价格上占据优势的国外产品,如进口汽车、部分农产品等。

三、按采购的时间分类

企业的物资采购,按照采购商与供应商之间交易时间的长短,一般分为如下两类:

1. 长期合同采购

长期合同采购是指采购商和供应商通过合同,稳定双方的交易关系,合同期一般以一年为限。长期采购合同的优势为：有利于增强双方的信任和理解，建立稳定的供需关系；有利于降低双方用于价格洽谈的费用；有明确的法律保证，能够维护双方各自的利益。但是，这种方式也存在如下不足：价格调整困难，如市场供求关系变化，采购方要求供应方调整价格有一定难度；合同数量固定，采购数量调整有难度；采购人员形成了对供应商的依赖，缺乏创新意识，如果在合同期内，采购商有了更好的供货渠道，也将影响采购商的选择。

长期合同采购使供需关系稳定，主要适合于采购方需要量大且需要连续不断的情况，如企业的主要原材料、燃料、动力；主要设备及配套设备，如空调生产企业需长期采购压缩机、发电厂需签订供煤长期合同等。

2. 短期合同采购

短期合同采购指采购商和供应商通过合同，实现一次交易，以满足生产经营活动的需要。短期采购双方之间关系不稳定，采购产品的数量、品种随时变化，对采购方来讲有较大的灵活性，能够依据变化的市场环境，调整供货量或选择供应商。但是，由于这种关系的不稳定性，也将出现价格洽谈、交易及服务等方面的不足。短期采购适用于如下情况：非经常消耗物品，如机器设备、车辆、电脑等；补缺产品，由于供求关系变化，为弥补长期合同造成的供货中断，以签订短期合同补充；价格波动大的产品采购，因为这种产品的供应商和采购商都不希望签订长期合同，以免利益受损；质量不稳定产品，如新试制产品等一般也是一次性采购。

四、按采购制度分类

1. 集中采购

集中采购是指将企业采购工作集中到一个部门管理，企业的各部门、分公司以及各个分厂均没有采购权。

集中采购的优点是：可以使采购数量增加，提高与供应商的谈判力度，比较容易获得价格折扣和良好的服务；可以协调企业内部的各种情况，制定比较合理的采购策略；采购功能集中，解放了人力，便于培训，提高了采购工作的专业化程度；可以综合利用各种信息，形成信息优势，为企业经营活动提供信息源。

集中采购的缺点是：采购流程长，时效性差，难以适应零星采购、地域采购以及紧急采购的需要；采购与需求单位分离开来，有时可能难以准确了解内部需求，从而在一定程度上降低了采购绩效。

集中采购适用于采购规模不大、采购量均匀，只要一个采购部门就能完成全部工作的情况；或者企业各部门及工厂集中在一处，采购工作并没有因地制宜的必要，也就是说不存在地域性采购。

2. 分散采购

分散采购就是由采购单位依法自行组织实施或由采购单位自主委托符合资

质要求的代理机构依法组织实施的采购。

分散采购中,企业的分厂、分公司和车间等都享有自主采购的权利,这样可以使采购与生产经营更加紧密地结合,缩短采购流程,使采购具有较好的时效性。但分散采购会增大采购成本,加大采购管理的难度。

分散采购适用于规模较大、各需求部门分散且需求共性不强的企业。此外,企业的零星需求、紧急需求及地域性很强的需求也应采取分散采购方式。

3. 混合采购(又称半集中半分散采购)

混合采购是将集中采购与分散采购结合起来,对需求共性强、采购金额较大、重要性与风险性较高的项目集中起来采购,而将个性需求、零星需求、一定金额内的临时需求等项目分散采购。

混合采购具有集中采购和分散采购的优点,克服了两种采购的缺点,是一种灵活性较强的采购方式。

五、按采购方法分类

1. 传统采购

传统采购是企业一种常规的业务活动过程。首先,企业根据生产需要,由各需求单位在月末、季末或年末编制需要采购物资的申请计划。然后,由物资采购供应部门汇总成企业物资计划采购表,报经主管领导审批后,组织具体实施。最后,所需物资采购回来后验收入库,组织供应,以满足企业生产的需要。

传统采购存在市场信息不灵、库存量大、资金占用多、库存风险大等不足,可能经常出现供不应求,影响企业生产经营活动的正常进行,或者库存积压、成本居高不下,影响企业的经济效益。

传统采购一般是通过询价采购、比价采购、议价采购、定价采购及公开市场采购的形式实现。

(1)询价采购。询价采购是指对几个供应商的报价进行比较,以确保价格具有竞争性的一种采购方式。

询价采购的特点是:邀请报价的供应商至少为3个;只允许供应商提供一个报价,而且不许改变其报价,不得同某一供应商就其报价进行谈判;采购合同一般授予符合采购需求的最低报价的供应商。

(2)比价采购。比价采购是指采购商对数家供应商的产品性能、质量和价格等比较后,选择报价最低的供应商的一种采购方式。

在市场经济中,企业为了降低成本,比价采购已是普遍采用的方法。实践证明,比价采购有助于保证采购产品的质量,防止采购工作中可能出现的腐败,从而提高企业的市场竞争力。

(3)议价采购。议价采购是指由买卖双方直接讨价还价实现交易的一种采购方式。

议价采购一般不进行公开竞标,仅向固定的供应商直接采购。议价采购分两步进行:一是由采购商向供应商分发询价表,邀请供应商报价;二是如果供应商报价基本达到预期价格标准,即可签订采购合同,完成采购活动。

(4) 定价采购。定价采购是指购买物资数量巨大,不能由少数供应商全部提供,或当市场上该项物资匮乏,确定价格,现款收购。

(5) 公开市场采购。公开市场采购是指采购商在公开交易或拍卖场所随时、机动地采购。

2. 科学采购

科学采购主要采用订货点采购、MRP 采购、JIT 采购、供应链采购、招标采购及电子采购形式,对采购数量、采购价格、采购操作的确定性进行更加科学有效的操作。

(1) 订货点采购。订货点采购就是通过控制订货点和订货批量来进行有控制的订货、进货,达到既满足需要又使库存量最小的一种采购行为。

订货点,就是仓库必须发出订货的警戒点;订货点也就是订货的启动控制点,是仓库发出订货的时机。

订货点采购既是一种采购方法,也是一种库存控制的实施方法。它包括定量订货点采购和定期订货点采购。

控制订货,就是控制订货参数。最主要的订货参数有两个:一是订货时,二是订货数量。订货时机,就是订货点;订货数量,就是订货的批量。

(2) MRP 采购。MRP(Material Requirement Planning,物料需求计划)采购主要应用于生产企业。它是由企业采购人员采用 MRP 应用软件,制定采购计划而进行的采购。

(3) JIT 采购。JIT(Just In Time,准时生产制)是为满足 JIT 生产而采用的一种采购方式。JIT 生产又称无库存生产方式、零库存或者超级市场生产方式。

JIT 采购是一种完全以满足需求为依据的采购方法。采购方根据自己的需要,对供应商下达订货指令,要求供应商在指定的时间将指定的品种、指定的数量送到指定的地点。

JIT 采购的特点主要表现在以下几个方面:

① 与传统采购面向库存不同,JIT 采购是一种直接面向需求的采购模式。

② JIT 采购的送货是直接送达需求点上的。

③ 用户需要什么品种、质量,需要多,什么时候需要,送到什么地点等,都要符合用户需求。

(4) 供应链采购。供应链采购是指供应链内部企业之间的采购。供应链内部的需求企业向供应商企业采购订货,供应商企业将货物供应给需求企业。

(5) 招标采购。招标采购是指由招标人将物资采购的所有条件（如物资名称、规格、数量、交货日期、付款条件、罚则、投标押金、投标厂商资格、开标日期等）详细列明，登报公告或通知；投标人依照公告的所有条件，在规定时间内交纳投标押金参加投标；由招标人对所有投标人进行综合比较，确定其中最佳的投标人为中标人，并与之签订合同的方式。

招标采购是企业采购中一种重要的采购方式，在采购大宗货物、比较重大的建设工程项目和新企业寻找长期供应商时常采用这种方式。

(6) 电子（网络）采购。电子采购就是通过网络支持完成采购工作的一种采购方式，是一种不见面的网上交易，如网上招标、网上竞标、网上谈判等。人们把企业之间在网络上进行的这种招标、竞价、谈判等活动定义为B2B电子商务，这只是电子采购的一个组成部分。电子采购比一般的电子商务和一般性的采购在本质上有了更多的概念延伸，它不仅仅完成采购行为，而且利用信息和网络技术对采购全程的各个环节进行管理，有效地整合了企业的资源，从而帮助供求双方降低成本，提高企业的核心竞争力。可以说，企业采购电子化是企业运营信息化不可或缺的重要组成部分。

六、按采购的对象分类

商品采购按采购对象的形态不同分为有形采购和无形采购。

(1) 有形采购。采购对象是有形的物品，例如汽车、电脑、矿石、机床等，这样的采购称为有形采购。

(2) 无形采购。无形采购是相对于有形采购而言的，其采购对象不具有实物形态，例如服务、软件、技术、保险及工程发包等。无形采购主要是咨询服务采购和技术采购，或是采购设备时附带的服务。

七、按采购的实践分类

经常采用的采购主要有招标采购、议价采购和比价采购三种方式。

1. 招标采购

所谓招标采购，是指通过公开招标的方式进行物资和服务采购的一种行为。它是政府及企业采购的基本方式之一。在招标采购中，其最大的特征是公开性，凡是符合资质规定的供应商都有权参加投标。

2. 议价采购

所谓议价采购，是指由买卖双方直接讨价还价实现交易的一种采购行为。议价采购一般不进行公开竞标，仅向固定的供应商直接采购。议价采购分两步进行：第一步，由采购商向供应商分发询价表，邀请供应商报价；第二步，如果供应商报价基本达到预期的价格标准，即可签订采购合同，完成采购活动。议价采购主要适用于需要量大、质量稳定、定期供应的大宗物资的采购。

议价采购的优点为：节省采购费用；节省采购时间；采购中灵活性大，可依据环境变化，对采购规格、数量及价格做灵活的调整；有利于与供应商建立互惠双赢关系，稳定供需关系。议价采购的缺点是：议价往往价格较高；缺乏公开性，信息不对称；容易形成不公平竞争等。

3. 比价采购

所谓比价采购，是指在买方市场条件下，在选定两家以上供应商的基础上，由供应商公开报价，最后选择报价最低的供应商的一种采购方式。实质上，这是一种供应商有限条件下的一种招标采购。

这种采购方式优点为：节省采购的时间和费用；公开性和透明度较高，能够防止采购"黑洞"；采购过程有规范的制度。缺点是：在供应商有限的情况下，可能出现"轮流坐庄"或"恶性抢标"的现象，使供应品种、规格出现差异；可能影响生产效率的提高，并增加消耗。

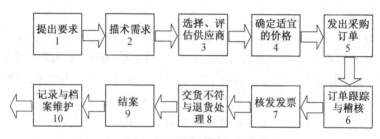

图1-2 采购的基本步骤

（1）提出需求。任何采购都产生于企业中某个部门的确切需求，负责具体业务活动的人应该清楚地知道本部门独特的需求——需要什么、需要多少、何时需要。这样，采购部门就会收到这个部门发出的物料需求单。当然，这类需求也可以由其他部门的富余物资来加以满足。但是企业或早或晚都必然要进行新的物资采购。有些采购申请来自生产或使用部门，有些采购申请来自销售或广告部门，对于各种各样办公设备的采购要求则由办公室的负责人提出。

采购部门还应协助使用部门预测物资需求。采购部经理不仅应要求需求部门在填写请购单时尽可能采用标准化的格式及尽可能少发特殊订单，而且应督促尽早地预测需求以免出现太多的紧急订单。由于不了解价格变化和整个市场状况，为了避免供应终端的价格上涨，采购部门必须发出一些期货订单。采购部门和供应商早期合作会带来更多信息，从而可以削减或避免相关成本支出，加速产品推向市场的进度并能带来更大的竞争优势。

（2）描述需求。描述需求即对所需要的商品或服务的特点和数量进行确认。如果采购部门不了解使用部门到底需要什么，采购部门就不可能进行采购。出于这个目的，就必然要对需要采购的商品或服务有一个准确的描述。准确描述所需要的商品或服务是采购部门和使用部门,或跨职能采购团体的共同责任。由于未来的市场情况起着很重要的作用,所以采购部门和提出具体需求的部门在确定需求的早期阶段进行交流就具有重要的意义;否则,轻则由于需求描述不够准确而浪费时间,重则会产生严重的财务后果并导致供应的中断及企业内部关系的恶化。

由于在具体的需求交给供应商之前,采购部门是能见到它的最后一个部门,所以需要对需求进行最后一次检查。如果采购部门的人员对申请采购的商品或服务不熟悉,这种检查就不可能产生实效。任何关于采购事项描述的准确性方面的问题都应该向采购者或采购团队进行咨询,采购部门不能想当然地处理。

(3)选择、评估供应商。供应商是影响企业生产运作系统的最直接的外部因素,也是保证企业产品的质量、价格、交货期和服务的关键因素。因此,应慎重选择供应商并对其进行评价。

(4)确定适宜的价格。确定了可能的供应商后,就要进行价格谈判,确定适宜的价格。

(5)发出采购订单。对报价进行分析并选择好供应商后,就要发出订单。

(6)订单跟踪与稽核。采购订单发给供应商之后,采购部门应对订单进行跟踪和催货,并进行稽核。企业在采购订单发出时,同时会确定相应的跟踪接触日期。在一些企业中,甚至会设有一些专职的跟踪和催货人员。

对订单例行跟踪,是为了确保供应商能够履行其货物发运的承诺。如果产生质量或发运等方面的问题,采购方就需要对此尽早了解,以便及时采取相应的行动。跟踪需要经常询问供应商的进度,对关键的、大额的和提前期较早的采购事项,甚至有必要到供应商处走访。通常为了及时获得信息并知道结果,跟踪是通过电话进行的,现在一些企业也使用由计算机生成的简单表格,以查询有关发运日期和在某一时点采购计划完成的百分比。

催货是对供应商施加压力,以便按期履行最初的发运承诺、提前发运货物或是加快已经延误的订单所涉及的货物发运。如果供应商未能履行发运的承诺,采购部门就会威胁取消订单或是以后可能进行罚款。催货只是采购订单中的一小部分,如果采购部门对供应商能力已经作过全面分析,那么被选中的供应商就应该是能遵守采购合同的可靠的供应商;另外,如果企业对其物资需求已经做了充分的计划工作,若不是特殊情况,就不必要求供应商提前发运货物。

稽核是依据合同规定,对采购的物资予以严格检验入库。

(7)核对发票。供应商交货经验收合格后,要随即开具发票。供应商要求付清货款时,对于发票的内容是否正确,应先经过采购部门核对,然后财务部门才能办理付款。

(8)交货不符与退货处理。如果供应商所交货物与合同规定不符而验收不合格,应依据合同规定退货,并立即办理重购,予以结案。

(9) 结案。无论是对验收合格的货物进行的付款,还是对验收不合格的货物进行的退货,均需办理结案手续,清查各项书面资料有无缺失等,签报高级管理层或权责部门核阅批示。

(10) 记录与档案维护。凡经过结案批示后的采购案件,应列入档案登记编号分类予以保管,以便查阅。档案应该具有一定保管期限的规定。

第三节　采购的原则和流程

一、采购的原则

要使采购效益最大化,企业采购过程中要遵循应用"5R"原则来指导企业采购活动,也就是采购工作必须要围绕"价""质""时""量""地"5个基本要素来展开。

1. 适当的价格

适当的价格(Right Price)是指在满足数量、质量和时机的前提下支付最合理的价格。价格永远是采购活动中的敏感焦点,企业在采购中最关心的要点之一就是能节省多少采购资金。一个合适的价格往往要经过以下几个环节的努力才能获得。

自行估价。企业成立估价小组,由采购人员、技术人员、成本会计人员等组成,估算出符合品质要求的、较为准确的底价资料。

多渠道询价。这不仅要求有渠道供应商报价,还应该要求一些新供应商报价。企业与某些现有供应商的合作可能已达数年之久,但它们的报价未必优惠获得多渠道的报价后,企业就会对该物资的市场价有一个大体了解,并进行比较。

比价。俗话说"货比三家",专业采购的物资价值高,采购人员必须谨慎行事。由于供应商的报价单中所包含的条件往往不同,所以采购人员必须将不同供应商报价中的条件转换一致后才能进行比较,只有这样才能得到真实可信的比较结果。

议价。经过上述环节后,筛选出最适当的两三个报价。随着进一步深入沟通,不仅可以将详细的采购要求传达给供应商,而且可进一步杀价,供应商的第一次报价往往含有水分。但是如果采购物资为卖方市场,即使是面对面地与供应商议价,最后取得的实际效果可能还要比预期低。

定价。经过上述四个环节后,买卖双方均可接受的价格便作为日后的正式采购价,一般需要保持两三个供应商的报价。这两三个供应商的价格可能相同,也可能不同。

2. 适当的质量

适当的质量(Right Quality)是指采购物资的质量应该适当。质量是产品的生命,是企业的生命,唯有质量合格的原材料、零部件,才能生产出合格的产品。因此,企业无论是在采购还是在生产中都要强调质量的重要性。

企业应通过价值分析,使各种采购物资的质量与性质相当,不能低于相应的质量标准。

3. 适当的时间

适当的时间(Right Time)是指采购时机不可过早,也不能延迟。一方面,采购时机不可过迟,例如:企业已安排好生产计划,若原材料未能如期到达,往往会引起企业内部混乱,即停工待料,甚至会导致产品不能按计划供货给客户,会引起客户强烈不满;另一方面,若原材料提前太长时间买回来,放在仓库里等着生产,又会造成库存过多,大量积压采购资金,导致成本过高,甚至会发生原材料、设备过早到货导致无处堆放的情况,因此,采购时机不可过早,也不能延迟。

不同采购模式的时间要求不同。一般采购时机的选择依据是仓库管理的订货时点控制、连锁企业的销售时点控制和生产企业的 MRP 管理等。此外,对季节和市场波动因素的把握也是采购时机选择的重要因素。

4. 适当的数量

适当的数量(Right Quantity)是指采购的数量不宜太多也不易太少。采购的数量过多会导致积压采购资金,太少又不能满足生产需要,所以合理确定采购数量相当关键。

5. 适当的地点

适当的地点(Right Place)就是选择供应商的所在地要适当,确定的采购送货的地点要适当。

由于供应商的"群聚效应",即在采购企业周边有其所需的大部分供应商,使有的地域构成了良好的采购环境,这样不仅可以货比三家,而且可以节省采购成本,了解市场行情。

二、采购的流程

一个完整的采购过程大体上有一个相同的模式,一个完整的企业采购大体上都要经历以下流程:

(1)接受采购任务,制定采购单。这是采购工作的任务来源。通常是企业各个部门把任务报到采购部门,采购部门把所要采购的物资汇总,再分配给部门采购人员,同时下采购任务单。也有很多是采购部门根据企业生产销售的情况,自己主动安排各种物资的采购计划,给各个采购人员下采购任务单。

(2)制定采购计划。采购人员在接到采购任务单之后,要制定具体的采购工作计划。首先是进行资源市场调查,包括对商品、价格、供应商的调查分析,选定供应商、确定采购方法、采购日程计划、运输方法及货款支付方法等。

(3) 根据既定的计划联系供应商。根据供应商情况,有的要出差去联系,有的则可以通过电话、E-mail、QQ 等方式联系。

(4) 与供应商洽谈、成交,最后签订订货合同。这是采购工作的核心步骤。要和供应商反复进行磋商谈判、讨价还价,讨论价格、质量、送货、服务及风险赔偿等各种限制条件,最后把这些条件以订货合同的形式规定下来。签订订货合同以后,才意味着已经成交。

(5) 运输进货及进货控制。订货成交以后就要履行合同,开始运输进货。运输进货可以由供应商负责,也可以由运输公司办理,或者自己提货。采购人员要监督进货过程,确保按时到货。

(6) 到货验收、入库。到货后,采购人员要督促有关人员进行验收和入库,包括数量和质量的检验。

(7) 支付货款。货物到达后,必须按合同规定支付货款。

(8) 善后处理。一次采购完成以后,要进行采购总结评估,并妥善处理好一些未尽事宜。

但是,不同类型的企业,在采购时又有不同的特点,具体步骤、内容都不相同。例如,生产企业和流通企业就各有不同。

在设计采购流程时,企业规模越大,采购金额越高,管理者对程序的设计越加重视。下面将阐述一般采购作业流程设计应该注意的要点:

(1) 注意先后顺序及实效控制。应当注意作业流程的流畅性与一致性,并考虑作业流程所需时限。例如,避免同一主管对同一采购案件做多次的签核;避免同一采购案件在不同部门有不同的作业方式;避免一个采购案件的会签部门过多,影响作业实效。

(2) 注意关键点的设置。为了便于控制,使各项正在处理中的采购作业在各阶段均能被追踪管制,如国外采购、询价、报价、申请输入许可证、开信用证、装船、报关提货等,均有管制要领或办理时限。

(3) 注意划分权责或任务。各项作业手续及查核责任应有明确权责规定及查核办法。例如,请购、采购、验收、付款等权责应予以区分,并指定主办单位。

(4) 避免作业过程发生摩擦、重复与混乱。注意变化性或弹性范围以及偶发事件的应对措施。例如,在遇到紧急采购及外部授权时,应有权宜的办法或流程来进行特别处理。

(5) 价值与程序相适应。程序繁简或被重视的程度,应与所处理业务或采购项目的重要性或价值的大小相适应。凡涉及数量比较大、价值比较高或者容易发生舞弊的作业,应有比较严密的处理监督;反之,则可略微予以放宽,以求提高工作效率。

（6）处理程序应适合现实环境。应当注意程序的及时改进。早期设计的处理程序或流程，经过若干时间段以后应加以审视，不断改进，以适应组织变更或作业上的实际需要。

（7）配合作业方式的改善。如果手工作业方式改变为电脑作业方式，对流程与表单就需要做相当程度的调整或重新设计。

第四节　采购管理

一、采购管理的定义、目标与作用

1. 采购管理的定义

采购管理有很多种定义，有人认为：采购管理是指为保障企业物资供应而对企业的整个采购过程进行计划、组织、指挥、协调和控制活动（计划、组织、领导和控制活动）。有人认为：采购管理是指为了保障整个企业物资供应，而对企业采购活动进行的管理。它要求对采购计划下达、采购单生成、采购单执行、到货接收、检验入库、采购发票的搜集和采购结算的各个环节状态进行严密的跟踪、监督，以实现对企业采购活动过程的科学管理。

在这里，我们认为：采购管理是指为保障企业物资供应而对企业的整个采购过程进行计划、组织实施和监控的活动。

采购管理是企业管理系统的一个重要子系统，是企业战略管理的重要组成部分，一般由企业的中高层管理人员承担。企业采购管理既包括对采购活动的管理，也包括对采购人员和采购资金的管理等。

2. 采购管理的目标

物资采购就是实现对整个企业的物资供应，具体有以下四个基本目标：

（1）适时适量保证供应。适时适量很重要。物资采购不是货物进得越多、越早越好。进货量不足，当生产需要时，没有货物供应，就会影响生产；但是，进货量过多，会占用大量资金，还会增加仓储和保管费用，使成本升高，造成浪费。进货延迟会造成缺货，但是提前进货增加了存储时间，相当于增加了仓储保管费用，同样增加成本。因此，要求采购适时适量，既保证供应，又使采购成本最小化。

（2）保证质量。保证质量，就是要保证采购的货物能够达到企业生产所需要的质量标准，保证企业生产出来的产品质量合格。保证质量也要做到适度：质量太低，不符合生产要求；质量太高，既浪费又会增加购买费用，经济上不合算。因此，物资采购要在保证质量的前提下尽量采购价格低廉的物品。

（3）费用最省。费用最省是贯穿物资采购过程的准绳。在物资采购的每个环节、每个方面都要发生各种各样的费用,如购买费用、进货费用、检验费用、入库费用、搬运费用、装卸费用、保管费用、银行利息等。因此,在物资采购的全过程中,要运用各种各样的采购策略,使总采购费用最小。

(4) 协调供应商,管好供应链。物资采购要实现资源市场的纽带作用,就要建立起与资源市场的良好关系,即协调供应商,管好供应链。可以说,资源市场也是企业的生命线。它不但是企业的物料来源,而且是资源市场的信息来源,这些信息对企业来说是至关重要的。

3. 采购管理的作用

在现代企业的经营管理中,采购管理已变得越来越重要。一般情况下,企业产品的成本构成中采购占较大的比例,为 $60\%\sim70\%$,因此外购条件与原材料的采购成功与否,在一定程度上影响着企业的竞争力。采购管理是企业经营管理的核心内容,是企业获取经营利润的一个重要源泉,也是获取竞争优势的来源之一。随着全球经济一体化和信息时代的到来,采购及采购管理在企业管理中的作用将会越来越重要。

(1) 采购管理在成本控制中的作用。尽管企业的经济效益是在商品销售之后实现的,但效益高低却与物资购进的时间、地点、方式、数量、质量、品种等采购业务有着密切的关系。企业的经济效益是直接通过利润额来表示的,而物资采购过程中支付费用的多少同利润额成反比,因此购进物资的质量和价格对企业经营的效益有很大影响。采购工作能否做到快、准、好,对于企业是否能生产适销对路的产品、增加销售收入是至关重要的环节。为了提高经济效益,必须注重对采购工作的计划、组织实施和监控。

(2) 采购管理在供应中的作用。从商品生产和交换的整体供应链中可以看出,每个企业既是顾客又是供应商,任何企业的最终目的都是满足最终顾客的需求,以获得最大的利润。企业要获取较大的利润,可采取的措施很多,如降低管理费用、提高工作效率等。但是,企业一般想到的是加快物料和信息的流动,因为它可以提高生产效率,缩短交货周期,从而使企业可以在相同的时间内创造更多的利润。同时,顾客也会因为企业及时、快速的供货而信心倍增,有可能因此增加订单。这样一来,企业就必须加强采购力量,选择恰当的供应商,并充分发挥其作用。

(3) 采购管理在销售中的作用。物资采购作为企业销售经营业务的先导环节,只有使购进物资的品种、数量、质量符合市场需要,产品销售业务才能实现高质量、高效率、高效益,从而达到采购与销售的和谐统一;反之,则会导致购销之间的矛盾,影响企业功能的发挥。因此,产品销售工作质量的高低,在很大程度上取决于物资采购的质量,而销售活动的拓展和创新也与产品采购的规模和构成直接关联。

(4) 采购管理在研发工作中的作用。从某种程度上讲,没有采购支持的研发,成功率会大打折扣。一种情况是研发人员经常会感觉到,因为采购不到某种物料,或者受到某种加工工艺的限制,导致设计方案难以实现。另一种情况是,设计人员费尽心思所获得的研发样品在功能上与同行业的水平相去甚远,或者即使性能一样,但外观、体积、成本、制造方便性、销售竞争等许多方面都明显落后,这主要应归结于研发人员的信息滞后性,对先进元器件了解甚少,表现为采购方面的支持力度不够。

(5) 采购管理在企业经营中的作用。随着现代经济的快速发展,许多企业都将供应商看作是自身企业的业务延伸,并与供应商建立战略合作伙伴关系,在企业不直接投资的前提下,充分利用供应商的能力为其开发、生产产品。这样,一方面可以节省资金,降低投资风险;另一方面又可以利用供应商的专业技术优势和现有的规模生产能力,以最快的速度形成生产能力、扩大产品生产规模。现在,很多企业对供应商的利用范围逐渐扩大,由原来的原材料和零部件扩展到半成品,甚至产成品。

(6) 采购管理在项目中的作用。任何项目的执行都离不开采购活动,如果采购工作准备不足,不仅会影响项目的顺利进行,而且还会影响项目的预期效益,甚至会导致项目的解体。采购工作是项目执行的关键环节,而且是构成项目执行的重要内容。采购工作能否经济、有效地进行,不仅会影响项目成本,而且还会影响到项目管理的充分发挥。一般来说,银行贷款是按照项目实施中实际发生的费用予以支付的,因此,采购延误会直接影响银行对贷款支付的进程,采购进度基本上决定了支付的快慢。从以往的项目管理经验可知,项目招标过程中的支付贷款的滞后,大多数是由采购不及时造成的。同时,采购问题一直是银行贷款项目检查中重点讨论的核心问题。总而言之,采购问题越来越受到人们的重视。

二、采购管理的内容

采购管理的内容示意图如图1-3所示。

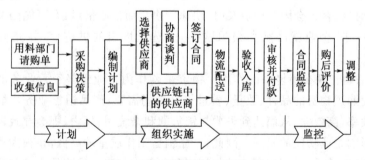

图1-3 采购管理内容示意图

1. 计划

（1）接收采购请求。采购部门负责接收正式采购请求，其内容应包括：①所需物料细项说明。②必需物料的质量与数量。③期望交货日期。④采购申请人。

（2）收集信息。收集企业内外部与采购相关的信息。

（3）进行采购决策。在请购单审核及收集相关信息之后，要决策以下几个方面的问题：

①品种决策：即确定采购物品的品种、规格以及功能要求。

②采购量决策：即确定计划期内的采购数量。

③采购方式决策：即决定是现货采购还是远期合同采购；同种物品，选择一家企业采购还是多家企业采购；由各部门分散采购还是由总部集中采购；是否进行网上采购或招标采购。

④采购批量决策：即确定采购的批次和数量。

⑤采购时间决策：即确定采购周期和进货时间。

（4）编制计划。根据采购部门收到的正式请求（请购单）编制采购计划，包括年度采购计划、季度采购计划和月度采购计划。

2. 组织实施

（1）采购部门选择供应商。采购部门必须选择能够供应所需商品的供应商。如果目前供应商不能满足其条件，应立刻寻找符合条件的新供应商。选择供应商时可以参考供应商分级信息，当考虑到某供应商的未来业绩呈上升趋势时，还应更新分级信息。选择供应商的具体方法将在后面详细介绍。

（2）采购部门向供应商订货。如果订单涉及的费用很大，尤其在一次性购买设备的情况下，往往要求供应商投标，此时需要生产和设计人员来帮助采购部门与供应商进行协商。数量大、经常使用的细项，可以使用总购货订单的方法。一般情况下，每年只需与供应商协商一次价格，其后一年内的价格都遵照它来执行。中等数量的细项可以采用总购货订单的方法，也可以采用个别订货的方法。少量购买也可由需要某细项的企业需求部门直接与供应商联系。当然，对这种采购一定要有控制措施，否则后果不堪设想。

（3）验收入库。收货部门必须检查供应商所供货物的质量与数量，同时通知采购部门、会计部门与需要货物的生产单位。如果货物不符合接收要求，就必须将其退回供应商并要求赔偿或替换，或接受进一步检验。此时，还应及时通知采购、会计与生产等部门。

（4）合同监督。对签订的合同要及时进行分类管理，建立合同台账，定期检查合同执行情况，并将执行过程及时输入数据库，以便对供应商作出评价。采购部门要加强与供应商的联系，督促其按期交货，对出现的质量、数量、到货时间等问题要及时进行交涉。同时，要与企业内部的其他部门密切配合，为顺利执行合同做好准备。

（5）购后评价和调整。对供应商供货情况和合同执行情况进行评价，更新供应商分级评估记录，以便对下一次供货进行调整。

3. 监控

采购活动是企业的很重要的一项工作，采购工作的好坏必然会影响到企业各项工作的正常进行，因此必须加强采购工作的监管与控制，降低采购风险。采购监控的内容及方法如下。

（1）采购监控的内容。采购监管与控制是采购管理工作的一项重要内容，其主要目的是保证实现采购工作的目标和完成采购计划。采购监管与控制既是采购主管的重要职责，也是直线管理人员的重要职责，其主要依据是采购计划。因为在采购的运作过程中，实际工作与采购计划往往会出现偏差，而采购监管与控制的职责就是纠正偏差的过程，采取各种措施，把那些不符合要求的采购活动纳入到正常的轨道上来，使企业稳定地实现采购的目标，其目的是实现适时、适质、适量、适价、适地的"5R"采购目标。

从采购监管与控制的内容来看，主要是采购人员的控制、采购流程的控制、采购资金的控制、采购信息的收集和使用以及采购绩效的考核。

①采购人员的控制。采购人员是采购活动的执行者，也是关系到采购活动顺利进行的关键。企业要依靠采购人员顺利地完成采购工作，就要提高采购人员的素质，避免和消除在采购活动中存在的假公济私、行贿受贿、贪污腐败、损害企业利益等行为。一些供应商给采购人员以一定的回扣，以此获取采购订单，而这些产品往往是高价或者是质量低劣，会给企业带来一定的经济损失。

要加强采购人员的素质管理，使采购人员具备较高的道德素质和敬业精神；热爱企业，品性正派，不贪图私利；有较高的业务素质，对物料的特性、生产过程、采购渠道、运输保管、市场交易行情、交易规则有深入的了解；思维敏捷，表达能力强。还要加强采购人员的职业道德教育和业务知识培训，建立奖惩制度，及时对采购人员进行奖惩。

②采购流程的控制。采购流程的控制包括了整个采购的流程，但这并不意味着整个采购流程事无巨细的各种活动都是控制的直接对象，这需要花费大量的资源，是不可能和不必要的。采购控制应当抓住采购流程中的关键点，以重点控制达到控制全局的目的。企业在采购流程中的采购监管与控制的要点包括以下几个方面：

- 采购计划的制定。
- 采购文件的准备。
- 采购文件的基本内容和要求。
- 采购文件的审批。

- 向合格的供应商提交采购文件。
- 采购合同的审批。
- 采购合同的签订。
- 向供应商提供采购文件。
- 向供应商反馈采购物资的质量状况。
- 在供应商处验证采购产品。
- 对供应商提供的产品进行验证。
- 采购文件的保管。

采购监管与控制应制定并实施对采购质量进行重点控制的工作程序，应当对采购文件的编制、评审和发放实施控制。采购文件主要分为以下几类：ISO 9000 文件、ISO 14000 文件、运作程序、作业指导书、表格、图纸和技术资料，这些采购文件要准确地规定采购产品的要求并有利于供应商的理解。不同企业的采购文件不太一样，但采购合同通常是采供双方之间签订的具有法律效力的协议，是受害方向违约方索赔的重要依据。

采购方应对每一个供应商提供合格产品的能力进行适当的评审，并确保向合格的供应商进行采购。应与供应商就供应产品的质量达成明确的协议，以确保对供应商提供产品的质量控制。

采购方应与供应商就验证方法达成明确的协议，以确保验证方法的合理性和验证结果的统一。应当制定与供应商解决质量争端的规定，以利于及时解决和处理有关质量的事宜。

采购方应当规定适当措施，以确保收到的产品符合规定的质量要求。采购方应当保存与接收有关的产品质量记录，以便证实与追查产生质量问题的原因。

③采购资金的控制。在一个企业组织中，采购管理者对采购资金的控制是相当重要的，采购预算控制是采购资金控制常用的手段。采购预算是一种以货币和数量表示的采购计划，它实现了采购计划的具体化，为采购资金的控制提供了明确的标准，有利于采购资金控制活动的开展。因此，采购人员必须按照预算使用采购资金，努力使采购计划符合实际，贯彻既保证生产又节约资金的原则，需要什么就采购什么，需要多少就采购多少，对采购的顺序也要做到心中有数。

对于采购资金的使用，要建立起一套严格的规章制度；对资金的审批、领取、使用，一般要规定具体的权限范围，要有审批制度和书面证据制度。对于货款的支付，要根据对方的信用程度及具体的风险情况进行妥善的处理。比如，一般货款的支付，要等到货物到手并验收合格以后，再付全部货款；对差旅费的领取审批、领取数量等，都要有较详细的规定。

④采购信息的收集和使用。采购控制过程是通过采购信息的传输和反馈得以实现的，控制部分有采购控制信息输入到受控部分，受控部分也有反馈信息送

到控制部分,从而形成闭合回路。控制正是根据反馈信息来比较、纠正和调整它发出的控制信息,以此实现有效控制。

⑤采购绩效的考核。绩效评估可以清楚地显示目前部门及个人的工作表现,从而找到现状与预设目标的差距,也可以奖勤罚懒,提高工作效率,促进组织目标的实现。

对采购绩效的考核可以分为对整个采购部门(采购团队)的考核及对采购人员(个人)的考核。对采购部门绩效的考核可以由企业高层管理者来进行,也可以由内部客户来进行;而对采购人员的考核通常由采购主管来进行。

(2) 采购监控的方法。要使采购监管与控制能够顺利地进行,并行之有效,采购监管与控制的方法是至关重要的。具体包括以下方法:

①建立并健全完善的采购规章制度。完善的采购规章制度可以规范采购人员的行为和采购作业流程,从而起到规范采购活动的作用。采购规章制度包括以下内容:

- 采购控制程序。目的是使采购工作有所依循,完成适质、适量的采购职能。内容包括各部门、有关人员的职责;采购程序要点;采购流程图以及采购的相关文件、相关表格等。
- 采购规范。指将所采购的物料规格详细地记录下来,作为采购人员要求供应商遵守的规范,包括商标或商品名称、蓝图或规格表、化学分析或物理特性、材料明细表及制造方法、用途及使用说明、标准规格及样品等。
- 采购管理办法。是对企业采购流程的每一个步骤的详细说明。
- 采购作业规定。指采购作业的信息收集;询价采购、比价采购或议价采购;供应商的评估和所取样品;选择供应商;签订采购合同;请购、订购;与供应商的协调沟通以及催交;进货验收;整理付款等的相关规定。
- 采购作业指导。目的是对采购作业进行指导,使采购作业有序地进行。
- 外协加工管理办法。包括外协加工的目的、范围、类别、厂商调查、选定方法及基准、试用、询价、签订合同、申请、外协、质量控制、不良抱怨、付款、模具管理、外协厂商辅导以及考核的规定。
- 有关物料与采购管理系统的规定。包括材料分类编号、存量控制、请购作业、采购作业、验收作业、仓储作业、领料发料作业、成品仓储管理、滞料废料处理等有关规定。
- 进料验收管理办法。目的是使物料的验收以及入库作业有所依据。
- 采购争端解决的规定。包括解决采购争端的要求、解决采购争端的常见方法等。

上述采购规章制度既是采购工作的基础,又是采购监管与控制的有效方法。

②实施采购标准化作业。要制定标准化的采购作业流程,制定采购作业手

册,明确每一个步骤,对如何处理出现的每一种情况要做出规定,要求记录每一个步骤,这样才能有效地进行监管。

• 要明确采购人员的权限范围。既要给予采购人员一定的自主权,以提高其积极性和工作效率,又要予以限制,以防止采购人员滥用权力,增加采购风险,给企业带来经济损失。

• 建立请示汇报制度。如果出现超越权限范围的情况,要及时请示采购主管或者采购副总,特别是在采购活动中的一些关键环节,如签订合同、改变作业程序、指标等。

• 建立资金使用制度。对采购资金的使用要建立严格的规章制度,对资金使用的各环节加以监控。特别是支付货款,要慎重从事,充分考虑供应商的信用情况,从而降低采购风险。

• 建立运输、进货控制制度。在签订采购合同时要明确进货风险与责任,以及理赔的相应办法,对一些贵重货物要办理好保险,以降低采购进货的风险。

③建立采购评价制度。采购评价包括两个部分:一是对采购人员的评价,二是对采购部门的评价。建立采购评价制度的目的是评定业绩、总结经验、纠正缺点、改进工作,这也是一种监管与控制。

采购人员的自我评价就是一种主观考核技术,可以采用填写自我评价表的方式进行,其内容包括实际完成情况的汇报、实际情况与计划对比的变化及原因,以及实际完成指标的优劣程度评价。这种方法简便易行,但易受考核者主观心理偏差的影响,会削弱考核的公正性。对采购人员也可以采用客观评价技术,但要强化考核指标的设计。一般可以采用分值评价法,即对人员绩效评价的项目加以指标化,每一指标确定若干个等级和分值,并逐项对被考核者进行评级和评分,然后将各项指标的得分值汇总,其总分就是对人员绩效考核的结果。此方法将定性与定量相结合,有较系统的评价依据,因而比较科学合理,有助于提高考核的效率与质量。

对采购部门的评价可以采用单次审核评估、月末评估和年末评估的方法进行。单次审核评估就是将采购人员自我评价表和采购计划进行对比,如果出现偏差就要及时查清原因,进行监管与控制。月末评估就是将一个月内所有的自我评价表进行统计汇总,得出整个采购部门的业绩评价。年末评估是将月末评估进行汇总,得出全年的业绩汇总。

④及时对采购人员进行奖惩。奖励与惩罚是对采购人员的行为进行监控的重要内容之一。奖惩的意义在于鼓励和肯定积极因素,抵制和否定消极因素,从而使采购队伍保持积极向上、努力工作的精神面貌。奖惩要有明确的规章制度,要公之于众,并经常对采购人员进行教育。奖惩要公平合理,要建立在采购绩效考核的基础上,以客观事实为依据。要及时进行奖惩,以达到激励或教育的最佳效果。奖励要注意物质奖励和精神奖励相结合,惩罚要以理服人,重在说服教育。

第二章 采购计划与预算管理

第一节 采购信息与采购市场调查

一、采购信息

为了更好地进行采购决策,需要大量搜集相关的采购信息。采购业务中的信息主要可以归为两大类,即企业内部和外部流向采购部门的内部信息流;企业内部从采购部门流向其他部门的信息流。

1. 企业内部和外部流向采购部门的内部信息流

(1) 企业内部流向采购部门的信息流。企业内部的每一个职能部门的活动,或者产生流入采购部门的信息,或者需要来自采购部门的信息。也有可能既有信息流出,也需要信息流入。

流入采购部门的信息主要有两类:可从公司内部得到的物料或服务的需求申请;要求提供在采购部门内可以得到或是可以从公司外部得到的信息。

①计划。计划对于采购部门有着特殊意义,有序的计划可以带来有序的采购和需求规划。计划可以让采购部门了解公司未来对物料、设备和服务的长期需求,这样采购部门对于未来的建设需要和比较紧张的或是日益减少的原材料、部件的供应等就可以进行有计划的准备,这对于采购部门来说至关重要。

②销售预测。良好的销售预测有利于采购部门规划战略部署,如果采购部门能够提早知道可能需要的物料项目和数量,它就可以处于有利地位,更容易在市场状况和公司需求之间取得最佳的平衡。

③预算和财务控制。综合计划部门、销售预测部门和预算部门提供的信息,对于采购部门决策很有帮助。预算和财务部门的信息使采购部门注意到公司财务控制职能方面的限制因素,这类限制不仅影响采购系统的运营费用,而且影响采购部门采取按需采购以外的其他库存政策的可能性。

④会计。会计部门提供的信息包括供应商进行的货款支付、自制或外购决策的成本研究,以及实际开支与预算的对比。

⑤法律。由于采购职能是获得授权的、使公司承担与物料或服务方面的采购

合同相关的法律责任的主要活动,法律部门的责任就是提供与合同和采购程序相关的信息。

⑥工程技术。工程技术部门的主要责任是提供有关物料需求类型和具体需求数量方面的信息。采购部门获得被承认的对于具体规格和要求提出质疑的权利常常可以大大提高企业的效率。

⑦生产和生产控制。生产部门提供的信息通常是关于物料质量要求方面的;而生产控制和计划部门提供的信息则是关于在一个生产周期所涵盖的时段内物料需求的项目和数量。对这些信息进行妥善整理后,可以为采购部门提供有用的、规划采购和供应业务方面的帮助。

⑧库存控制。这一职能提供的信息主要是关于在给定的时间内需要采购或订购的物品名称。经济订货批量的使用要由在给定的时期内控制库存投资的库存政策决定,而库存政策则受到公司财务资源、未来的计划、目前的市场状况和物料采购间隔期等因素的影响。

⑨质量控制和收货。这两个职能部门提供的信息内容是供应商是否按质量和数量要求供应物料。这类信息对于采购职能有计划地开展业务是很关键的。

⑩新产品。在市场经济的大环境下,新产品的开发对于一个公司在市场竞争中获胜很有帮助。但要使采购部门在新产品开发的环节中充分发挥作用,那么有关新产品的信息必须在项目开始时就到达采购部门。

(2)企业外部流向采购部门的信息流。高效的采购部门是公司与外界联系的一个主要连接点,它时常从外部获得大量的信息,而这些信息对于公司的经营至重要。

①市场的总体情况。有能力的采购人员和采购主管都能熟知市场和商业总体情况。供应商的销售人员、采购业出版物、国家采购管理协会出版的各种出版物和提供的服务,以及当地的采购协会召开的会议和主办的出版物,都能提供有关价格、供求因素和竞争者相关方面的稳定信息流。

②供应源。这类信息从供应商的销售员、各种广告媒体、特别的营业推广、贸易展会和会议中的展示,以及供应商的财务、信用报告中有关客户的信息中获得。

③供应商的生产能力、生产率、供应商工厂内以及业内的劳动力状况。这类信息对于采购部门确定库存政策和确保供应和生产的连续性具有重要意义。

④价格和折扣、关税、销售税和消费税。任何和价格相关的信息对于采购部门来说都意义重大。从供应商或是潜在的供应商的销售代表那里可以获得许多的价格信息。在预测价格趋势时,咨询顾问提供的有关经济发展趋势的建议非常有用。关税和其他税收时常变化,这就要求对其进行持续的跟踪了解。

⑤可利用的运输工具和费用。近年来,运输服务的类型、可利用性和费率对于物料价格的影响越来越大。采购部门要关注有关对物料成本起显著作用的因

素的信息，考虑如何为本部门所用。

⑥新产品和新产品信息。无论是新的还是旧的产品信息对于提高效率、降低成本和公司开发新产品都可能有价值，这就使得采购部门要对从外界收集的产品和服务信息进行处理，从而使公司内部相关部门对这些产品信息保持警觉。

2. 企业内部从采购部门流向其他部门的信息流

在企业的内部，几乎所有职能部门在某种程度上都和采购部门发出的或可从采购部门获得的信息有关。

（1）高层管理层。采购部门人员与市场紧密接触，可获得大量有关市场和行业状况的最新信息，这些信息经过妥善的处理后可以为高层管理人员经营公司提供有价值的信息。

（2）工程技术部门。工程技术部门需要很多市场信息。尽管工程师可与供应商直接接触，了解产品和价格信息，或是发订单，但应视为例外。和工程师相比，有能力的采购专家或是跨职能团队可以通过寻找更好的供应商进行更有效的谈判。

（3）产品开发部门。此部门可从与市场紧密接触的采购部门获得新的物料信息和价格信息。

（4）市场营销部门。采购部门在与市场接触时，常常是供应商销售和商业推广计划的对象，所以采购人员可以接触到有新意的销售活动信息，这些信息对于销售部门可能有潜在的价值。

（5）生产部门。采购部门可以向生产部门提供有关物料的相关信息，如物料可否购得、发运提前期、替代品，还有新的维修、修理和辅助物料方面的信息，也能提供生产设备供应商的信息。

（6）法律、财务、会计部门。采购部门提供给法律部门的信息是有关使用总括合同、无库存采购计划、长期协议和EDI系统进行各种物料的采购时，签订采购合同必需的信息。采购部门提供的有助于会计和财务部门计划的信息有物料和运输成本及其发展趋势，为应付需求突然变大造成的供应短缺或由于大罢工等原因可以预测的供应中断，而进行远期采购的必要性。

（7）仓储部门。采购部门向仓储部门提供的信息对于仓储部门的库存政策的制定非常重要。例如，物料是否能买到、价格趋势、替代材料等方面的信息。

二、采购市场调查

采购市场调查就是指运用科学的方法，有目的地、有系统地搜集、记录、整理有关采购的信息和资料，分析采购市场情况，了解采购市场现状及其发展趋势，为市场预测和采购决策提供客观的、正确的资料。

1. 组织采购市场调查

采购市场调查是进行需求确定和编制采购计划的基础环节。对于制造业企业来说,采购市场调查的核心是市场供应状况的调查与分析;而对于零售业特别是连锁经营企业来说,由于采购与销售一体化的运营模式,使这项工作成为事实上的整体市场调查过程。

2. 明确市场调查目的与主题

虽然不同企业、不同状态下的采购市场调查目的与主题往往不尽相同,但不外乎是针对企业采购活动的需求确定问题,并据以发现解决问题的途径和方法。通常,以采购为核心的企业市场调查目的与主题主要有以下四个方面:

(1) 为编制和修订采购计划进行需求确定。旨在进行需求确定的市场调查,是要解决企业"买什么""买多少"的计划是否妥当、可靠的问题。这往往是同企业总体的市场调查一起进行的。在生产和经营过程中,受市场和供求关系变化的影响,企业生产和销售会出现这样或那样的困难,如销售出现困难导致产品积压,或采购出现困难导致生产停工待料,从而给采购的需求确定带来变数,需要进行市场调查,为编制和修订采购计划提供资料和依据。

(2) 供应商之间的关系和市场竞争状况。诸如供应能力、市场垄断地位、竞争程度、合作倾向、价格变化和定价策略等。

(3) 企业潜在市场和潜在供应商开发问题。通俗地讲,这一调查主题就是发现谁是未来的主要买家和卖家,以及它们的市场地位和变化趋势。

(4) 规划企业采购与供应战略。由于市场环境的变化,企业为了生存与发展,就必须在分析环境变化所带来的机会与威胁以及挖掘自身优势的基础上,制定一套合乎企业未来发展需要的采购与供应规划。

3. 确定调查对象和调查单位

这主要是为了解决"向谁调查"和"由谁来具体提供资料"的问题。在确定调查对象和调查单位时,应该注意以下问题:一是严格规定调查对象的含义,以免造成由于界限不清而发生差错;二是调查单位的确定取决于调查的目的和对象,调查目的和对象变化了,调查单位也要随之变化;三是不同的调查方式会产生不同的调查单位。

4. 确定市场调查项目

调查项目是为了获得统计资料而设立的,它必须依据调查的目标和主题进行设置,这是市场调查策划的基本内容。调查项目必须紧扣调查主题,其具体作业程序如下:为达到调查目的,需要收集哪些材料和基本数据;在哪里可以取得数据以及如何取得数据。

5. 决定市场调查方法

为达到既定的调查目的,必须解决的问题是在何处、由何人、以何种方法进行调查,才能得到必要的资料,这是保证调查目的实现的基本手段。因此,在调查目的和调查项目确定之后,就要研究采用什么方法进行调查。调查方法选择必须考虑以下原则：第一，用什么方法才能获取尽可能多的情况和资料；第二，用什么方法才能如实地获得所需要的情况和资料；第三，用什么方法才能以最低调查费用获得最好的调查效果。

6. 估算市场调查费用

调查费用因调查种类的不而有所差异，应遵循节约的原则，在有限的预算条件下求得调查费用的最小消耗。在实际中，有关市场调查费用的预算大都提交经费报价单，包括花费的项目、数量、单价、金额及备注等。根据若干市场调查案例总结的一般经费预算比例为：策划费20％、访问费40％、统计费30％、报告费10％。若接受委托代理的市场调查，则需加上全部经费20％～30％的服务费，作为税款、营业开支及代理公司应得的利润。

表2－1 调查费用估价单

申请人：			
调查题目：			
调查地点：			
调查时间： 年 月 日 —— 年 月 日			

项目	数量	单位	金额	备注
资料费				
文件费				
差旅费				
统计费				
交际费				
调查费				
劳务费				
杂费				
其他				
总计				

调查费用的估算对调查效果的影响很大，企业自身组织的市场调查，费用越低越好；但对市场调查部或单独的市场调查机构而言，调查估算的费用越高越好。当然还是要实事求是，不能过高也不能过低。合理的支出是保证调查顺利进行的重要条件。

7. 确定市场调查进度

调查进度表示将调查过程每一阶段需完成的任务做出规定，避免重复劳动、拖延时间。确定调查进度，一方面可以指导和把握计划的完成进度，另一方面可以控制调查成本，以达到用有限的经费获得最佳效果的目的。

市场调查的进度一般分为以下几个阶段：①策划、确立调查目标；②查找文字资料；③进行实地调查；④对资料进行汇总、整理、统计、分析；⑤市场调查报告初稿完成、征求意见；⑥市场调查报告的修改与定稿；⑦完成调查报告，提交企业或有关部门。

8. 撰写调查项目建议书

通过对调查项目、方式、资料来源及经费估算等内容的确定，调查人员可按所列项目向企业提出调查项目建议书，对调查程序进行简要地说明，供企业审阅。调查项目建议书是调查人员经过试验性调查及一系列的分析研究拟定的，它对企业提出的调查任务做了更具体更详细的说明。因此，调查项目建议书完全是以调查者的角度对调查目标及调查程序所做的说明。但由于调查项目建议书是供企业审阅及参考之用的，所以其中的内容一般都比较简明扼要，以便于企业有关人员阅读和理解（见表 2-2）。

表 2-2 调查项目建议书

调查题目：	年 月 日
调查单位：	
调查人员：	
调查负责人：	
日期： 年 月 日	
1. 问题以及背景材料：	
2. 调查内容：	
3. 调查所要达到的目的：	
4. 调查方式：	
5. 调查对象：	
6. 调查地点：	
7. 经费估算：	
负责人审批意见	申请人：
财务审批意见	申请日期： 年 月 日

三、采购预测

采购预测指企业的采购决策者在商品采购市场上通过调查取得资料的基础上,经过分析研究,并运用科学的方法来测算未来一定时期内商品市场的供求及其变化趋势,从而为商品采购决策和制定商品采购计划提供科学的依据,实现企业利润等目标的过程。

1. 确定采购预测目标

确定预测目标就是明确预测目的。预测目的有一般目的和具体目的之分。一般目的往往比较笼统、抽象,如反映市场变化趋势、市场行情变动、供求变化等;具体目的是进一步明确这次为什么要预测,预测什么具体问题,要达到什么效果。

2. 收集、分析调查资料

(1) 搜集资料。市场预测建立在对客观事实分析的基础上。资料充分,可以从不同侧面、不同角度分析出市场变化规律,使预测的现象趋势更加客观。资料真实,可以保证预测结果的准确性,减少非随机性误差。搜集资料过程就是调查过程。按照预测目的,主要搜集以下两类资料:

①现象自身的发展过程资料。现象未来变动趋势和结果,必定受该现象现实情况、历史情况的影响,因此要搜集预测对象的历史资料和现实资料。

②影响现象发展的各因素资料。现象发展具有关联性特点。一种现象的变动,往往受许多因素或现象变动的共同影响,因此要搜集与预测对象相联系的、影响较大的各因素资料,同样包括现实资料和历史资料。

(2) 分析资料。预测一般是根据现象发展的规律来测定未来趋势。对调查搜集的资料只有经过综合分析、判断、归纳、推理,才能正确了解现象之间是否存在联系,如何联系,才能发现现象演变的规律性表现。预测离不开分析,分析工作的主要内容有以下三点:①分析观察期内影响市场诸因素同采购需求的依存关系。②分析预测期的产供销关系。③分析消费心理、消费倾向的变化趋势。

3. 选择市场预测方法

市场预测方法很多,按照分析市场现象特征不同,分为定性分析预测法和定量分析预测法。

(1) 定性预测分析法。定性预测分析法是从市场现象的实质特点方面进行分析判断,然后做出预测的方法。定性预测依靠预测者的知识、经验和综合判断能力,根据历史资料和现实资料,对市场现象性质的变化进行推断。定性预测方法比较简单,省时间、省费用,对现象发展的方向把握较准确,它还可用于难以量化的现象预测。但定性预测容易受到预测者主观的影响,必要时可与定量分析预测法相结合使用。定性预测的具体方法很多,有集合意见法、专家预测法、联想预测法、类推预测法、征兆预测法等。

(2)定量分析预测法。定量分析预测法对市场现象的性质、特点、关系进行分析后,建立数据模型,进行现象数量变化预测。定量分析预测法又分为时间序列预测法和因果关系预测法。

①时间序列预测法。该法不需考虑现象之间的各种关系,假定现象变化是过去和现在的延续,于是依据现象的时间序列的发展特点,建立动态的数学模型,描述现象变化规律,预测未来水平和变化趋势。该法有平均数法、移动平均预测法、指数平滑预测法、季节变动预测法、趋势预测法等。

②因果关系预测法。该法先分析影响市场变动的原因及影响因素,分析影响方向、程度与形式,分析原因与结果的联系结构,然后建立适合的数学模型,以原因的变动来测算变化趋势和结果的可能水平。

4. 修正预测结果

按照预测方案和选定的预测方法,对资料进行分析判断和计算预测值,即可形成初步预测结果。由于:其一,预测所用资料不完全或不真实;其二,预测人员素质偏低、能力不足;其三,受预测模型影响,选定的预测模型或新建立的预测模型本身有误,或与现象实际运动特点出入过大;其四,预测现象所处外部环境条件或内部因素发生显著变化。预测结果要达到100%准确、完全符合未来实际是不可能的,一般能达到90%左右的准确程度,就相当成功了。预测结果与实际的差别为预测误差。预测结果出现较小误差是允许的,也是必然的。可以根据预测现象和影响因素出现的先兆,估计预测结果的变化程度;也可以采用多种方法预测,然后比较各方法预测的可信度;还可以对定量预测结果,运用相关检验、假设检验、差值检验(或方差检验)等方法分析预测误差。分析误差大小最常用的方法是利用已定的预测方法或模型,对现期或近期的现象进行预测,然后将预测结果与观察的实际结果进行比较,误差过大的应予放弃或修正。

5. 作出最终预测

依据原选定的资料和方法,预测结果如果误差稍大于允许值,可通过分析原因后进行调整。如果误差大幅度超过允许值,并且不存在资料记录、计算笔误,则原预测结果应推倒重来。重新预测之前要对原预测方案的可靠性进行分析,对预测所用资料进行审查。方法正确,资料不全、不实的重选资料再按原方法进行预测。方法不符合市场现象运行特点的,要按既定预测目标重选定,然后重新搜集所需资料,按新方法进行预测,直至预测结果接近实际值为止,以此作为预测最终结果。

第二节 采购需求与采购决策

一、采购需求

采购需求是指对采购标的的特征描述。采购需求量是其中最重要的特征之一,决定采购需求量的主要依据是生产计划、用料清单和存量管制卡。

1. 采购需求量的确定

(1) 根据物料需求计划确定采购清单。使用 MRP(物料需求计划)的企业根据 MRP 系统生成的结果来确定采购清单,需求量的确定其实就是 MRP 的一个运行过程。对于没有使用 MRP 系统的传统企业来讲,采购清单的生成是在企业各使用部门提出的采购申请单的汇总基础上生成的。

(2) 根据消耗定额确定采购需求量。一般的生产企业在材料消耗上大都采用物资消耗定额管理,也就是为每一个产品或零部件都制定了一个合理的消耗定额。所谓物资消耗定额,是在一定的生产技术组织条件下,生产单位产品或完成单位工作量所需要消耗的物资的标准量。制定物资消耗定额,一方面为提高操作技术水平提出了一个标准,为物资节约提出了一个目标,另一方面也为物资采购提出了一个采购需求量。

物资消耗定额由"物资消耗量"和"生产任务量"两部分构成,其中"物资消耗量"一般由以下几个部分构成:

①有效消耗。有效消耗是指生产物资转化为产品实体或为促进产品实体形成的必要消耗。这种消耗,有些物资转化为产品实体,形成"理论净值",可以称量或测量出来;有些物资并不转化为产品实体,却是促进产品实体形成所必不可少的,可以通过理论方法计算出来。有效消耗是生产产品或完成工作量所必不可少的物资消耗。

②工艺消耗。工艺消耗是指物资在制成产品(零件)的工艺过程中,由于形状或性能改变而产生的损耗。以制造机械品消耗金属材料为例,大致包括四方面的内容:

- 下料损耗。指从下料开始到投入工艺技术加工前产生的物资消耗。如下料的切头、锯头等。
- 加工余量损耗。指从毛坯开始到产品制成过程中所产生的物资消耗,即产品自身构成量与其毛坯重量之间的差额量。如切削加工过程中所留的夹头、切口、切削余量、锻造的切割损耗等。
- 永久性及半永久性的自然损耗。指在生产过程中不可避免与基本上不可能再用的自然损耗。如铸、锻时的烧损及锻造时的气化损失。

- 残料损耗。指由于供应的材料不能满足工艺所规定的产品毛坯尺寸要求而发生的物资损耗。如合理下料后,本产品和本企业不能再利用的残料。

工艺消耗一般不可以避免,同时也受企业生产技术水平及工人操作水平的影响。随着科学技术不断进步,这种消耗可以不断降低,以至减少到最低程度。

③非工艺损耗。非工艺损耗是指生产加工和流通过程中,工艺性损耗之外的合理物资损耗。主要包括:

- 途耗。即在物资运输过程中允许发生的损耗,如散装物资的漏失或飞扬、平板玻璃的破碎等。
- 验收保管损耗。即验收时允许发生的镑差和保管中的自然损耗,如液体产品挥发、钢铁锈蚀等。
- 代用原材料增加的损耗。指由于供应的材料不能满足工艺所规定的标准要求,而采用替代品所增加的物资消耗,如以大代小、以厚代薄等。
- 必要的生产准备消耗。指验收或投料前取样鉴定、调整加工设备及试车等消耗。
- 废品消耗。指由于出现废次品(工艺规定范围内的废次品)而引起的物资消耗。

④其他损耗。如由于停电、停水、灾害事故等原因产生的物资消耗等。

2. 采购的订购方法与订购数量

采购数量只表示某一物料在某时期应预订购的总量。至于订购的方法,主要分为定期订购和订量采购。

(1) 定期订购法。指按预先确定的订货间隔期进行采购补充库存的一种方式。这是从时间上控制采购周期,从而达到控制库存量的目的。适用于品种数量大、占用资金较少的超市商品。

(2) 定量订购法。指当库存量下降到预定的最低库存数量时(采购点)时,按规定数量进行采购补充的一种方式。适用于品种数目少但占用资金大的商品。

3. 决定最适当的采购数量

采购量的大小取决于生产与销售的顺畅与资金的调度。物料采购量过大,会造成过高的存货储备成本与资金积压;物料采购量过小,则采购成本提高,因此确定适当的采购量是非常必要的。决定最适当的采购数量有以下几种方法:

(1) 经济订购数量法(Economic Ordering Quantity,EOQ)。例如,每次订购费用 S 为 45 元;储存成本 C 为 1.5 元(每周);商品单位成本 U 为 1 元;平均每周净需求 A 为 $110 \div 12 \approx 9$;则 EOQ 的计算公式及答案如下:

$$EOQ = \sqrt{\frac{2AS}{UC}} = \sqrt{\frac{2 \times 9 \times 45}{1 \times 1.5}} \approx 23$$

(2) 固定数量法(Fixed Ordering Quantity, FOQ)。固定数量法举例如表 2-3 所示。特点是：

①每次发出的数量都相同。

②订购数量的决定是凭过去的经验或直觉。

③也可能考虑某些设备产能的限制、模具的寿命的限制、包装或运输方面的限制、储存空间的限制等。

④此法不考虑订购成本和储存成本这两项因素。

表 2-3 固定数量法举例

周	1	2	3	4	5	6	7	8	9	10	11	12	合计
净需求		10	10		14		7	12	30	7	15	5	110
计划订购		40					40		40				120

(3) 批对批法(Lot For Lot, LFL)。批对批法举例如表 2-4 所示。特点是：

①发出的订购数量与每一期净需求的数量相同。

②每一期均不留库存数。

③如果订购成本不高，此法最实用。

表 2-4 批对批法举例

周	1	2	3	4	5	6	7	8	9	10	11	12	合计
净需求		10	10		14		7	12	30	7	15	5	110
计划订购		10	10		14		7	12	30	7	15	5	110

(4) 固定期间法(Fixed Period Requirement, FPR)。固定期间法举例如表 2-5 所示。特点是：

①每次订单涵盖的期间固定(每个月的第一周下订单)，但是订购数量变动。

②基于订购成本较高的考虑。

③期间长短的选择是凭过去的经验或主观判断。

④采用此法，每期会有些剩余。

表 2-5 固定期间法举例

周	1	2	3	4	5	6	7	8	9	10	11	12	合计
净需求		10	10		14		7	12	30	7	15	5	110

(5) 物料需求计算法(Material Requirement Planning, MRP)。物料需求计算法的公式可表示为：

主生产计划×用料表＝个别项目的毛需求

个别项目的毛需求－可用库存(库存数＋预计到货数)＝个别项目的净需求

二、采购决策

1. 采购决策的特点

（1）决策是指根据企业经营目标的要求，提出各种可行方案，对方案进行评价和比较，按照满意性原则，对可行方案进行抉择并加以实施和执行的管理过程。采购决策是企业决策中的重要组成部分，它具有以下特点：

（2）预测性。指对未来的采购工作作出推测，应建立在对市场预测的基础之上。

（3）目的性。任何采购决策的目的都是为了达到一定的采购目标。

（4）可行性。指选择的决策方案应是企业切实可行的，否则就会失去决策的意义。

（5）评价性。评价性是指通过对各种可行方案进行分析评价，选择满意方案。

2. 采购决策的作用

企业在生产经营活动中面临着大量的决策问题，也是管理者花费时间和精力最多的工作之一。科学的决策可以把握正确的经营方向、趋利避害、扬长避短，对于提高企业的生存能力和竞争能力具有积极的作用。采购决策除了具有规避风险、增强活力等一般作用之外，还可以发挥以下重要作用：

（1）优化采购活动。如上所述，采购活动对生产经营过程、产品成本和质量等产生重要影响，为了保证企业各项目标的实现，必须推进采购活动的优化，实现采购方式、采购渠道、采购过程的优化，提高采购资源的最佳配置。很显然，优化采购活动必须对采购活动涉及的诸多重大问题进行科学的谋划，作出最佳的选择。没有科学的采购决策就不可能产生理想的采购活动。

（2）实现准时采购。为了满足即时生产的需要，应实行准时采购，而合理的采购决策则使准时采购成为可能。

（3）提高经济效益。在产品的规格、质量、服务等一定的情况下，准确采购可降低进价、减少库存、降低各种费用的支出，使企业获得更大的利润，提高企业的竞争力。采购活动受到诸多因素的影响，它们之间存在特定的关系，任何一种因素处理不好，都可能影响经济效益的提高，必须以采购决策正确处理这些影响因素。

3. 采购决策的程序

采购决策关系到采购工作的质量，是一项复杂的工作，必须按照一定的程序来进行。基本程序如下：

（1）确定采购目标。根据企业的总体经营目标，确定企业的采购目标。企业采购的总目标是实现及时准确的采购，满足经营的需要，降低采购费用，提高经济效益。根据采购总目标,可制定采购的具体目标,如订购批量目标、订购时间目标、供应商目标、价格目标、交货期目标等。

(2) 收集有关的信息。信息是采购决策的依据,信息的可靠性决定采购决策的正确性。信息按来源不同分为外部信息和内部信息。

①企业外部信息包括以下内容:

- 宏观的法律、经济政策。了解《合同法》、《反不正当竞争法》、《商标法》等,掌握国家的价格政策、产业政策、外贸政策等。
- 货源的信息。物品的市场供求状况,有哪些采购渠道;供应商的价格、服务、质量、规格品种等资料。
- 科技信息。了解与本企业所采购物品密切相关的科技水平发展情况,例如是否有新材料,用新材料替代老材料的经济性分析等。
- 运输方面的信息。有关运输的新规定、各种运输方式;运输工具的费用如何。
- 有相同需求的同行情况。别人从哪里采购,进价是多少;是否有更经济的材料;能否联合采购,以降低进价等。

②企业内部信息包括以下内容:

- 物资需求情况。根据销售计划、生产计划制定需求计划,再结合库存情况,制定采购计划。
- 库存情况。如企业库存能力如何,库存费用是多少,现有商品库存状况。
- 财务情况。如是否有充足的采购资金,采购资金的周转速度和筹集状况。
- 本企业采购队伍情况。包括采购人员的敬业精神、综合素质、合作精神等。

(3) 拟定实现目标的多个可行性方案。在收集分析企业内部各种信息的基础上,组织有关人员,集思广益,提出各种可行性的采购方案,每个采购方案应包括采购预算、货源渠道、供应商、产品质量、价格、服务、运费、交货期、结算条件等,为采购决策者作出正确的决策提供依据。

在具体拟订方案中应把握两点:一是尽可能地将所有可行性方案都找出来,以避免漏掉满意方案;二是各方案之间应是互斥的,相同或相似的可归为一类。

(4) 选择满意的方案。针对以上各种方案,综合分析,选择满意方案。

方案的选择是一个对各种可行方案进行分析评价的过程。具体的评价标准因企业不同以及企业外部环境不同而异。例如,某企业在夏季经销电风扇,货源有本地、外地两种选择,具体情况如表2-6所示。

表 2-6 电风扇货源情况

项目	质量	进货成本
本地	一般	较低
外地	好	较高

对于这种问题的决策,其选择标准因市场供求状况不同而不同。若该地电风扇供过于求,竞争激烈,则选择外地进货,用优质来竞争;若电风扇供不应求,则选本地进货较好,因为即使质量一般,也不必担心卖不出去。

在实际工作中,即使市场行情一定,不同类型的企业也会根据自身条件有不同的评判标准。满意的方案不一定是赢利最大的方案,而是对企业最有利、最切实可行的方案。

采购决策的内容很多,包括供应商的选择、采购渠道的选择、采购商品的品种、规格和质量的选择。不同的决策内容如采购时机、采购批量、采购价格等的决策,有不同的决策方法。采购决策的方法很多,有定量决策的方法,也有定性决策的方法。这里结合国内采购工作的实际,主要介绍采购人员估计法、期望值决策法、经理人员意见法、数学模型法和直接观察法。

①采购人员估计法。这种方法是召集一些采购经验较丰富的采购人员,征求他们对某一决策问题的看法,然后将他们的意见综合起来,形成决策结果。

例 2.1 某企业计划明年采购某种产品,现需预测其采购量,特召集甲、乙、丙 3 名采购员征求他们对能够采购数量的意见,甲、乙、丙 3 人的采购预测如表 2-7 所示。

表 2-7 采购预测

人员	可采购数量(吨)		概率
甲	最高采购量	1 500	0.3
	最可能采购量	1 200	0.5
甲	最低采购量	1 000	0.2
乙	最高采购量	1 800	0.2
	最可能采购量	1 600	0.4
	最低采购量	1 400	0.4
丙	最高采购量	1 200	0.2
	最可能采购量	1 000	0.5
	最低采购量	800	0.3

要求:试根据甲、乙、丙3名采购员的估计值为明年购进量作出决策。

第一步:求每一位采购员的采购期望值

$$E = PQ$$

式中,E 为期望值;P 为4概率;Q 为估计值

甲:$E_1 = 0.3 \times 1500 + 0.5 \times 1200 + 0.2 \times 1000 = 1250$(吨)

乙:$E_2 = 0.2 \times 1800 + 0.4 \times 1600 + 0.4 \times 1400 = 1560$(吨)

丙:$E_3 = 0.2 \times 1200 + 0.5 \times 1000 + 0.3 \times 800 = 980$(吨)

第二步:综合3名采购员的意见采购量

$$(E_1 + E_2 + E_3)/3 = (1250 + 1560 + 980)/3 \approx 1263 \text{(吨)}$$

根据3名采购员的意见,我们可以确定明年能够采购的数量约为1263吨。

②期望值决策法。这种方法是根据历史资料来进行决策。

例2.2 某商店在夏季经销一种易腐水果,每箱进货成本为20元,售价为35元,若当天卖不出去,第二天削价处理每箱只能卖10元。试根据去年同期销售资料为该商店的进货批量作出决策,具体资料如表2-8所示。

表2-8 去年同期销售资料

日销量(箱)	20	30	40
完成天数(天)	27	45	18

第一步:求概率。

日销20箱概率 $= 27/(27+45+18) = 0.3$

日销30箱概率 $= 45/(27+45+18) = 0.5$

日销40箱概率 $= 18/(27+45+18) = 0.2$

第二步:编制决策的收益表,如表2-9所示。

表2-9

概率 收益值(元) 状态	市场销售状态		
	20	30	40
	0.3	0.5	0.2
日进20箱	300	300	300
日进30箱	200	450	450
日进40箱	100	350	600

日进20箱市场需要20箱时的收益值 $= 20 \times (35-20) = 300$(元)

日进20箱市场需要30箱时的收益值 $= 20 \times (35-20) = 300$(元)

日进20箱市场需要40箱时的收益值 $= 20 \times (35-20) = 300$(元)

日进 30 箱市场需要 20 箱时的收益值 $=20\times(35-20)-10\times(20-10)$
$$=200(元)$$
日进 30 箱市场需要 30 箱时的收益值 $=30\times(35-20)=450(元)$
日进 30 箱市场需要 40 箱时的收益值 $=30\times(35-20)=450(元)$
日进 40 箱市场需要 20 箱时的收益值 $=20\times(35-20)-20\times(20-10)$
$$=100(元)$$
日进 40 箱市场需要 30 箱时的收益值 $=30\times(35-20)-10\times(20-10)$
$$=350(元)$$
日进 40 箱市场需要 40 箱时的收益值 $=40\times(35-20)=600(元)$

第三步:求期望值 $E=PQ$。

进 20 箱的期望值 $E_1=0.3\times300+0.5\times300+0.2\times300=300(元)$
进 30 箱的期望值 $E_2=0.3\times200+0.5\times450+0.2\times450=375(元)$
进 40 箱的期望值 $E_3=0.3\times100+0.5\times350+0.2\times600=325(元)$

第四步:决策(选择满意方案)。

$\text{Max}\{E_1,E_2,E_3\}=E_2=375(元)$

因此,进 30 箱为满意方案。

③经理人员意见法。这种方法先征求部门经理的意见,再作出决策,如果企业要选择合适的供应商,采用经理人员意见法。具体步骤是:

• 可征求采购、生产、技术、销售、财务等各部门经理人员意见,各经理按自己的标准给予不同评分。

• 汇总,按评分淘汰一部分供应商。

• 让各经理对剩下的供应商打分。

• 多次反复第三步骤,直到选择合适的供应商。

此种方法需多次反复,耗费时间长,可行性差。

④数学模型法。如企业为了达到采购存储总费用最低的目的,就必须用经济批量模型计算最佳采购批量。值得注意的是,采用数学模型一定要注意使用条件。

⑤直接观察法。采购部门的决策者在对简单问题决策时,按一定的标准或按关键采购标准,淘汰不符合标准的方案,对符合标准的方案按优劣顺序及可行性排列,选择满意方案。

总之,根据决策问题的特点,选择一种方法或几种方法结合起来,能提高采购决策的正确性,减少采购风险。

(5) 实施与反馈。有了采购目标和满意的采购方案,还要制定具体的实施细则,以使满意方案得以实施。同时,还应注意收集、整理方案在实施过程中出现的新情况和新问题,进行必要的调整,以保证采购目标的实现。

最后,对满意方案的实施进行检查和分析。在实施与反馈过程中,应对实际执行情况与原定决策目标进行比较。

上述采购决策程序,可用图2-1表示。

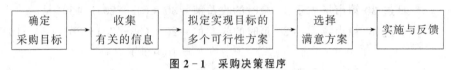

图2-1 采购决策程序

决策误差的出现是不可避免的,误差产生的原因可以概括为两个方面:一是决策本身有漏洞;二是具体实施过程中的执行力差。无论是什么原因,都应该确定改进的措施,为下一步的采购决策提供依据。

第三节 采购计划的制定与调整

实际的计划工作过程始于从每年的销售预测、生产预测、经济预测中获得的信息。销售预测将提供关于材料需求、产品及采购后获得的服务的总预测信息;生产预测将提供关于所需材料、产品、服务的信息;经济预测将提供用于预测价格、工资和其他成本总趋势的信息。

在许多公司中,不到20‰的采购需求占用了超过80‰的采购资金。将总预测分解成特定的计划,然后为每一个重要的需求制定有效的价格和供应预测。材料消耗量的估计分为月度和季度,将估计数据与库存控制数据进行核对,而库存控制数据的确定考虑了采购提前期及安全库存量。然后,将这些估计值与材料的价格趋势和有效的预测相联系,制定出采购计划。如果预计材料供应充足、价格可能下降,那么采购政策就可能是将库存减少到经济合理的最低水平。相反,如果预测到材料供应少、价格有上升的趋势,明智的采购政策将是确保持有足够的库存或合同,并且将会考虑购买期货的可能性。

这一方法在早期是用于原材料及零部件采购的。在预测影响零部件的价格和供应有效性的趋势时,要考虑到预测的零部件供应行业的生产周期的情况。

主要需求可以分为相关产品组。对主要项目预测的分析模式可应用于相关产品组。

在每个月/季末将每一个项目或相关产品组的数量及估计资金费用制成图表,并据此对采购计划进行修改,每个采购人员对其所负责的项目进行分析。他们建立了在计划期内指导其活动的目标,价格可能会因此被进一步修订。

完成特殊项目时,例如新设施的建设或以前没有生产过的新的主要产品的生产,就会产生时间上的不确定性,制定计划就会很困难。

一、制定采购计划的目的

采购计划是指企业管理人员在了解市场供求的情况下,在认识企业生产经营活动过程和掌握物料消耗规律的基础上对计划期内物料采购活动所做的预见性安排和部署。它包括两部分内容:一是采购计划的制定;二是采购订单的制定。

制定采购计划是采购作业的第一步。采购计划是为了维持正常的产销活动,在某一特定时期内,确定应在何时购入何种物料的估计作业,在企业的产销活动中具有重要作用。

采购计划的编制应该达到如下目的:
(1) 预计物料需用的时间和数量,防止供应中断,影响产销活动。
(2) 避免物料储存过多,积压资金,占用库存空间。
(3) 配合企业生产计划和资金调度。
(4) 使采购部门事先准备,选择有利时机购入物料。
(5) 确定物料的耗用标准,以便于管制物料的采购数量和成本。

二、影响采购计划的因素

1. 年度销售计划

在激烈的市场竞争中,企业根据市场销售情况确定生产经营规模。当市场没有出现供不应求的现象时,企业年度的计划多以销售计划为起点;而销售计划的拟定,又受到销售预测的影响。

2. 生产计划

生产计划规定企业在计划期内(年度)所生产品种、质量、数量和生产进度以及生产能力的利用程度,它以销售计划为主要依据。生产计划确定企业在计划期内生产品的实际数量及其具体分布情况,其公式为:

$$预计生产量 = 预计销售量 + 预计期末存货量 - 预计期初存货量$$

生产计划决定采购计划,采购计划对生产计划的实现起物料供应保证作用。企业采购部门应积极参与生产计划的制定,提供各种物料的资源情况,以便企业领导和计划部门在制定生产计划时参考。企业制定的生产计划要相对稳定,以免出现物料供应不上或物料积压的现象。

3. 用料清单

用料清单是根据产量计算出来的各种规格的物料需求数量,以及根据生产计划时间表估算出来的物料需求时间表。在企业中,特别是在高新技术行业中,为适应市场需求,产品的研究与开发层出不穷,对用料清单难以做出及时修订,致使根据产量计算出来的物料需求数量与实际使用量或规格不尽相符,造成采购数量过多或不足,物料规格过时或不易购得,从而影响企业的生产经营。因此,为保证采购计划的准确性,必须依赖最新、最准确的用料清单。

4. 存量管制卡

若产品有存货,则生产数量不一定要等于销售数量。同理,若材料有库存数量,则材料采购数量也不一定要等于根据用料清单所计算的材料需用量。因此,必须建立物料的存量管制卡,以表明某一物料目前的库存状况,再依据用料需求数量,并考虑购料的作业时间和安全存量标准,算出正确的采购数量,然后才开具请购单,进行采购活动。由于应该采购数量必须扣除库存数量,因此存量管制卡记载是否正确,将是影响采购计划准确性的因素之一。

5. 物料标准的设定

在编制采购预算时,因为将来拟采购物料的价格不易预测,所以多以标准成本替代,但出于多种原因很难保证其正确性。因此,标准成本与实际购入价格的差额,即是采购预算正确性的评估指标。

6. 劳动生产率

劳动生产率的高低将使预计的物料需要量与实际的耗用量产生误差,因此劳动生产率也会影响到采购计划的准确性。

7. 价格预期

在编制采购预算时,常对物料价格涨跌幅度、市场景气或萧条、汇率变动等进行预测,并将其列为调整预测的因素。

因影响计划的因素很多,故拟定采购计划后,必须与产销部门保持经常的联系,并针对现实情况做出必要的调整与修订,才能实现维持正常产销活动的目标,并协助财务部门妥善规划资金来源。

三、采购计划的编制

1. 采购认证计划

采购计划的制定需要具有丰富的采购计划经验、采购经验、开发经验、生产经验等复合知识的人才来担任,并且要和认证单位等部门协作进行。采购认证计划的主要环节有:准备认证计划、评估认证需求、计算认证容量、制定认证计划。

(1)准备认证计划。准备认证计划是采购计划的第一步,也是非常重要的一步。关于准备认证计划,可以从以下五个方面进行详细的阐述:

①熟悉认证的物资项目。在拟定采购计划、与供应商接触之前,要熟悉认证的物料项目,包括该物料项目涉及的专业知识范围、认证的需要以及目前的供应状况。

②熟悉开发批量需求。要想制定比较准确的认证计划,首先要做的就是熟悉开发需求计划。目前,开发批量物料需求通常有两种情形:一是在以前或目前的采购环境中就能够发掘到的物料供应;二是企业需要采购的是新物料,在原来形

成的采购环境中不能提供，需要企业的采购部门寻找新物料的供应商。

③掌握余量需求。随着企业规模的扩大，市场需求也会变得越来越大，旧的采购环境容量不足以支持企业的物料需求，或者是因为采购环境有了下降趋势从而导致物料的采购环境容量逐渐缩小，这样就无法满足采购的需求。以上两种情况会产生余量需求，这就产生了对采购环境进行扩容的要求。采购环境容量的信息一般是由认证人员和订单人员来提供的。

④准备认证环境资料。通常，采购环境的内容包括认证环境和订单环境两个部分。有些供应商的认证容量比较大，但是其订单容量比较小；有些供应商的情况恰恰相反，其认证容量比较小，但是订单容量比较大。产生这种情况的原因是，认证过程本身是对供应商样件的小批量试制过程，这个过程需要强有力的技术力量支持，有时甚至需要与供应商一起开发。但是，订单过程是供应商的规模化生产过程，其突出的表现就是自动化机器流水作业及稳定的生产、技术工艺已经固化在生产流程之中，所以订单容量的技术支持难度比认证容量的技术支持难度要小得多。因此，可以看出认证容量和订单容量是两个完全不同的概念。企业对认证环境进行分析时一定要分清这两个概念。

⑤制定认证计划说明书。主要内容包括认证计划说明书（物料项目名称、需求数量、认证周期等），同时附有开发需求计划、余量需求计划、认证环境资料等。

(2) 评估认证需求。评估认证需求是采购计划的第二个步骤，下面从三个方面进行详细的阐述。

①分析开发批量需求。要做好开发批量需求的分析，需要分析量上的需求和掌握物料的技术特征等信息。开发批量需求的样式是各种各样的：

- 按照需求的环节，可以分为研发物料开发认证需求和生产批量物料认证需求。
- 按照采购环境，可以分为环境内物料需求和环境外物料需求。
- 按照供应情况，可以分为可直接供应物料和需要定做物料。
- 按照国界，可分为国内供应物料和国外供应物料。

对于如此复杂的情况，计划人员应该对开发物料需求做详细的分析，必要时还应该与开发人员、认证人员一起研究开发物料的技术特征，按照已有的采购环境及认证计划经验进行分类。从以上所述内容可以看出，认证计划人员需要具备计划知识、开发知识、认证知识等，兼有从战略高度分析问题的能力。

②分析余量需求。首先要对余量需求进行分类。余量认证的产生来源：一种是市场销售需求的扩大；另一种是采购环境的订单容量的萎缩。这两种情况都导致目前采购环境的订单容量难以满足用户需求的现象，因此需要增加采购环境的订单容量。对于因市场销售量增加等原因造成的，可以通过市场及生产需求计划得到各种物料的需要量及时间；对于因供应商萎缩造成的，可以通过分析现实采

购环境的总体订单容量与原定容量之间的差别得到。这两种情况的余量相加即可得到总的需求容量。

③确定认证需求。认证需求是指通过认证手段,获得具有一定订单容量的采购环境,可以根据开发批量需求及余量需求的分析结果来确定。

(3) 计算认证容量。计算认证容量是采购计划的第三个步骤,它主要包括以下四个方面的内容。

①分析项目认证资料。这是计划人员的一项重要事务,不同认证项目的过程及周期是千差万别的。各种物料项目的加工过程各种各样,非常复杂。作为采购主体的企业,需要认证的物料项目往往只有几种,熟练分析几种物料的认证资料是可能的。企业的物料采购计划人员要尽可能熟悉物料采购项目的认证资料。

②计算总体认证容量。在采购环境中,供应商订单容量与认证是两个不同的概念,有时可以相互借用,但存在着差别。在认证供应商时,一般要求供应商提供一定的资源用于支持认证操作,或者只做认证项目。

总之,在供应商认证合同中,应说明认证容量与订单容量的比例,防止供应商只做批量订单,不做样件认证。计算采购环境的总体认证容量的方法,是把采购环境中所有供应商的认证容量叠加,对有些供应商的认证容量需要加以适当系数。

③计算承接认证容量。供应商的承接认证容量等于当前供应商正在履行认证的合同量。一般认为认证容量的计算是一个相当复杂的过程,各种各样的物料项目的认证周期也不相同,一般是计算要求的某一时间段的承接认证量。最恰当、最及时的处理方法是借助电子信息系统,模拟显示供应商已承接认证量,以便认证计划决策使用。

④确定剩余认证容量。某一物料所有供应商群体的剩余认证容量的总和,称为该物料的认证容量。可以用下面的公式简单地进行说明:

物料认证容量＝物料供应商群体总体认证容量－承接认证容量

这种计算过程也可以被电子化,一般物料需求计划系统不支持这种算法,可以单独创建系统。认证容量是一个近似值,仅做参考,认证计划人员对此不可过高估计,但它能指导认证过程的操作。

采购环境中的认证容量不仅是采购环境的指标,而且也是企业不断创新、维持持续发展的动力源。源源不断的新产品问世是认证容量价值的体现,也由此能生产出各种各样的产品新部件。

(4) 制定认证计划。制定认证计划是采购计划的第四个步骤,它主要包括四个方面内容。

①对比需求与容量。物料认证需求与供应商对应的认证容量之间会存在差异。如果认证需要量小于认证容量,则直接按照认证需求制定认证计划;如果认

证需要量大大超出供应商容量,则要为剩余认证需求制定采购环境之外的认证计划,寻找新的供应环境和新的供应商。

②综合平衡。综合平衡是指从全局出发,综合考虑生产经营、认证容量、物料生命周期等要素,判断认证需求的可行性,通过调节认证计划来尽可能地满足认证需求,并计算认证容量不能满足的剩余认证需求。这部分剩余认证需求需要到企业采购环境之外的社会供应群体之中寻找容量。

③确定余量认证计划。指对于采购环境不能满足的剩余认证需求,应提交采购认证人员分析并提出对策,与之一起确认采购环境之外的供应商认证计划。采购环境之外的社会供应群体如没有与企业签订合同,那么制定认证计划时要特别小心,并由具有丰富经验的认证计划人员和认证人员联合操作。

④制定认证计划。这是认证计划的主要目的,是衔接认证计划和订单计划的桥梁。只有制定好认证计划,才能根据该认证计划做好订单计划。

认证物料数量以及开始认证时间的确定方法如下:

认证物料数量＝开发样件需求数量＋检验测试需求数量＋
样品数量＋机动数量数量

开始认证时间＝要求认证结束时间－认证周期－缓冲时间

2. 采购订单计划

采购订单计划主要包括以下四个环节:准备订单计划、评估订单需求、计算订单容量、制定订单计划。

(1) 准备订单计划。

①预测市场需求。市场需求是启动生产供应程序的原动力,要想制定比较准确的订单计划,首先必须掌握客户订单和市场需求计划。进一步分解客户订单和市场需求计划,便可得到生产需求计划。企业的年度销售计划一般在上一年的年末制定,并报送至各个相关部门,同时下发到销售部门、计划部门、采购部门,以便指导全年的供应链运转,然后再进行目标分解。

②确定生产需求。生产需求对采购来说可以称为生产物料需求。生产物料需求的时间是根据生产计划而产生的,通常,生产物料需求计划是订单计划的主要来源。采购计划人员需要熟知生产计划以及工艺常识,以利于理解生产物料需求。编制物料需求计划的主要步骤包括:决定毛需求;决定净需求;对订单下达日期及订单数量进行计划。

③准备订单环境资料。这是准备订单计划中的一个非常重要的内容。订单环境是在订单物料的认证计划完毕之后形成的。订单环境的资料主要包括:订单物料的供应商消息;订单比例信息(对多家供应商的物料来说,每一个供应商分摊的下单比例称为订单比例,该比例由认证人员产生并给予维护);最小包装信息;订单周期是指从下单到交货的时间间隔,一般是以天为单位的。

④制定订单计划说明书。也就是准备好订单计划所需要的资料,其主要内容包括:物料名称、需求数量、到货日期等,附有市场需求计划、生产需求计划、订单环境资料等。

(2) 评估订单需求。评估订单需求是采购计划中非常重要的一个环节,只有准确地评估订单需求,才能为计算订单容量提供参考依据,以便制定出好的订单计划。它主要包括以下三个方面的内容:

①分析市场需求。制定订单计划需要分析市场要货计划的可信度。因此,必须仔细分析市场签订合同的数量、还没有签订合同的数量(包括没有及时交货的合同)等一系列数据,同时考虑其他因素,对市场需求有一个全面的了解,才能制定出一个满足企业远期发展与近期实际需求的订单计划。

②分析生产需求。这是评估订单需求首先要做的工作。先要研究生产需求的产生过程,然后再分析生产需要量和要货时间。在这里不再做详细的阐述。

③确定订单需求。根据对市场需求和对生产需求的分析结果,可以确定订单需求。通常,订单需求的内容是指通过订单操作手段,在未来指定的时间内将指定数量的合格物料采购入库。

(3) 计算订单容量。若不能准确地计算订单容量,就不能制定出正确的订单计划。计算订单容量主要有以下四个方面的内容:

①分析项目供应资料。对于采购工作来讲,在目前的采购环境中,所要采购物料的供应商信息是非常重要的一项信息资料。如果没有供应商供应物料,那么无论是生产需求还是紧急的市场需求,一切都无从谈起。可见,有供应商的物料供应是满足生产需求和紧急市场需求的必要条件。

②计算总体订单容量。总体订单容量是多方面内容的组合,一般包括两方面内容:一方面是可供给的物料数量;另一方面是可供给物料的交货时间。举一个例子来说明这两方面的结合情况:供应商金城公司在11月30日之前可供应6万个特种开关(3万个A型开关,3万个B型开关),供应商佳华公司在11月30日之前可供应10万个特种开关(6万个A型开关,4万个B型开关),那么在11月30日之前,A型和B型两种开关的总体订单容量为16万个,A型开关的总体订单容量为9万个,B型开关的总体订单容量为7万个。

③计算承接订单容量。承接订单容量是指某供应商在指定的时间内已经签下的订单量。承接订单容量的计算过程较为复杂,下面举例子来说明:供应商金城公司在本月18日之前可以供给5万个特种开关(3万个A型开关,2万个B型开关),若已经承接2.5万个A型开关,1.5万个B型开关,那么对A型和B型物料已承接的订单量为:2.5万个A型开关+1.5万个B型开关=4万个开关。有时,在各种物料容量之间进行借用且存在多个供应商的情况下,其计算比较复杂。

④确定剩余订单容量。剩余订单容量是指某物料所有供应商群体的剩余订

单容量的总和,用下面的公式表示:

物料剩余订单容量＝物料供应商群体总体订单容量－已承接订单量

(4) 制定订单计划。制定订单计划是采购计划的最后一个环节,也是最重要的环节。它主要包括:对比需求与容量、综合平衡、确定余量认证计划。

做好订单计划之后,就可以按照计划进行采购工作。一份订单包含的内容有下单数量和下单时间两个方面。

下单数量＝生产需要量－计划入库量－现有库存量＋安全库存量

下单时间＝要求到货时间－认证周期－订单周期－缓冲时间

四、采购计划调整

计划是人们认识客观世界的产物,而人的认识又必然受到认识能力和客观条件的制约。由于人们认识的局限性和客观实际的不断变化,都可能引起原定计划的变更,使原计划指标发生增加或减少,这就要求在计划执行过程中必须进行相应的修订和调整。

1. 内部条件变化因素

(1) 经营要素的调整。影响企业采购计划发生变化的因素主要是:

①计划任务量的变动。如市场供求关系发生了变化,引起产品品种、生产量变更;由于受投资、资金的影响,致使建设项目及内容发生了扩大或缩小。

②产品设计的变动。如在产品生产过程中,由于技术革新和技术革命,增加了新技术、新材料,或根据用户意见改进产品设计;基建在施工过程中,由于现场地质条件变化或其他原因而改变工程设计,都会引起物资品种和需求量的变更。

③工艺的变动。在产品制造过程中发生工艺改进的举措,也是影响物资需求量发生增减变化的常见因素。

④消耗定额和储备定额的变动。由于料源、进货条件、运输条件、储备分工等多种因素的影响,而使周转储备、保险储备发生增减变化。

⑤计划期初库存、其他内部资源的变动。即这些资源性质的指标,由于主客观原因,在计划执行中发生增减变化,也需要对原计划指标进行及时修订。

以上这些变动因素的存在,都必须对采购计划进行相应的修订和调整。

(2) 经营战略的改变。为了保证生产经营活动的顺利进行,又要尽可能降低采购成本,应依据物品在企业中的重要程度和对供应商的依赖性,对企业需要采购的物品进行战略定位。如果该物品的战略定位发生变化,企业对该物品的采购计划应随之调整。

2. 外部环境变化因素

(1) 宏观环境变化。宏观市场环境是指那些给企业采购工作带来机会和威胁的主要社会力量和社会条件,主要内容包括政治环境、经济环境、法律环境和其他环境。

①政治环境。如本国与供应商所在国的政局是否稳定;政治路线的变更与调整;政府人事变动;战争与恐怖事件。

②经济环境。如国民经济结构;经济增长速度;财政政策;货币政策;外贸政策;投资政策;多国组成的经济、政治联盟,如世界贸易组织、石油输出国组织、亚太经合组织及欧盟等。

③法律环境。如反不正当竞争法,经济合同法,专利法,税法,环境保护法及世界贸易组织规则。

④其他环境。如社会环境,自然环境,技术环境等。

(2) 市场需求变化。某种产品的市场需求是指在特定的地理区域、特定的时间、特定的营销环境中,特定的顾客愿意购买的总量。企业只有在确定和捕捉顾客需求之后,才有可能采取适当策略满足需求,最终实现企业目标。市场需求研究主要包括:通过市场确定行业的市场需求总量。市场需求总量是一个多变量的函数,它主要受以下六个因素的影响,研究市场需求总量就是要研究这六个因素的变化过程和趋势:

①产品。市场需求量的估计需要确定产品种类的范围,否则就难以衡量和说明市场的大小。如一个金属果盒,制造商必须明确它的市场是限定在金属果盒用户范围内,还是包括塑料、瓷器等在内的全部果盒用户。

②顾客。市场需求的衡量可以针对整个市场或任何细分市场,如服装制造商需要明确其市场是针对儿童、妇女还是所有顾客。因此,确定目标顾客的范围将影响市场需求的预测。

③地理区域。市场需求的衡量必须明确界定地理边界,如是北京、上海、全国,还是全世界的用户购买量。

④时限。市场需求的衡量应该有一个时限,如一年、五年或更长时期。一般来说,由于影响市场需求因素的不确定性,时间越长,其准确性就越差。

⑤营销环境。市场需求受许多不可控制因素的影响,因此,在预测市场需求时,必须详尽地列出由人口统计、经济、技术、政治和法律、思想文化等方面所做的假设。

⑥营销组合方案。营销组合方案是企业可以控制的因素,不同的营销组合方式可能改变市场需求的强弱。

综上可知,上述六个因素无论哪一个发生变化,市场需求都会随之改变。

(3) 竞争对手变化。可以从两个方面寻找竞争对手:一是从行业的角度看,生产同一种类型,或功能相近、在使用价值上可以相互替代的产品的同行企业,互为竞争对手,如汽车制造商、自行车制造商、打字机制造商各有自己行业内的竞争对手。二是从市场或顾客的角度看,凡是满足相同顾客需要或服务于同一顾客群的公司也互为竞争对手。

①识别谁是竞争对手。并非只有经营范围类似、规模相当的企业才是竞争对手,要重视许多大小不一、现实或潜在的竞争对手。

②了解竞争者的目标。确定了谁是企业的竞争对手之后,还需了解它们在市场上追求的目标是什么。企业常以为每位竞争者都在追求利润最大化、市场占有率和销售增长,而实际上,大多数竞争对手和自己一样,在追求一组目标,各目标有轻重缓急、侧重点的不同,通常也会为各项目标规定一个合理且可行的期望值。如美国公司多以最大限度增加短期利润为目标;日本公司则主要按最大限度扩大市场占有率的模式经营。一家大型零售企业在商店旁边开设了快餐店,主要目的是吸引更多客流或使来购物的顾客饱餐一顿后继续逛商店;而一家快餐连锁公司则通过每一新开的快餐店追求增加销售、提高市场占有率的利益,因为这是它的主业。公司还应随时了解竞争对手进入新的细分市场或开发新产品的目标,以便预先有所防备或制定应对措施。

③确认竞争者的战略、优势和弱点。一般来说,多数行业中相互竞争的企业均可分为采用不同战略的群体。企业可通过了解各竞争者的产品质量、特色、服务、定价和促销策略等,判断由哪些公司组成了哪些战略群,及这些战略群之间的差异如何。

每位竞争对手能否有效地实施其战略并达到目标,取决于他们的资源与能力、优势与弱点。企业可通过收集每位竞争者过去的重要业务数据,如销售额、市场占有率、投资收益率、生产能力利用情况等,分析其优势和不足;也可通过向中间商、顾客调查来了解竞争者的实力;还可跟踪调查竞争者的各项财务指标的变化情况,特别是利润率和周转速度的变化。

④判断竞争者的反应模式。竞争者的反应模式首先受行业竞争结构的影响,如在寡头垄断和垄断竞争的行业,竞争者的反应不可能一样;其次,受竞争者的目标、优势和劣势影响。此外,各竞争者都有自己的经营哲学、企业文化和传统信念,这些因素也是应该研究的。

常见的竞争者反应类型可归纳为以下几种:

• 从容不迫型。即竞争者没有反应或反应不强烈。为此本公司主要应搞清楚竞争者反应不强烈的原因——是因为所需的资源实力,还是因为对自己经营前景和顾客的忠实性充满信心,或仅因为反应迟钝。

• 选择型。即竞争者可能仅对某些方面的攻击行为做出反应,而对其他方面的攻击不予理会。如有些公司对产品更新、质量创优反应强烈,而对削价竞争不予理会;另一些公司对削价竞争反应强烈,绝不甘拜下风,但对广告费用的增加不做反应,认为不会构成威胁。

• 强烈型。有个别竞争者对任何有碍于它的进攻都会做出迅速而强烈的反应,且对抗到底。这类公司当然一般都具有相当实力,其激烈的反应也是为向竞争者表明它坚定的态度,以使其他公司轻易不敢发动攻击。

- 随机型。这类竞争对手的反应难以琢磨,而且无论根据其资源实力、历史或其他方面情况,都很难预见其如何反应。

客观上,在一些行业内,竞争较为和缓,对手之间的关系较和谐,甚至竞争行为也较规范;在另一些行业,竞争激烈,对手之间你争我夺,无休止地冲突。有学者认为这主要取决于行业的"竞争平衡"。显然,当行业处于"竞争平衡"状态,竞争者之间的关系自然较为和缓。

(4) 目标顾客群变化。市场的主导权已转到顾客手中,使市场由卖方市场变为买方市场,顾客选择商品的余地大为扩展。因此,怎样使顾客满意,就成为企业的目标和一切工作的归宿。

①顾客群的种类。

- 单体顾客。指购买商品或服务,以满足居住和提高生活质量的人群,其特征是个性化的小量购买。
- 团体顾客。指购买商品或服务,以满足营业需求的顾客(如饭店、宾馆、公司等)和销售需求的经销商(含海外顾客)。其特征是个性化设计的成批购买和来样成品生产组织。
- 有特殊需求的顾客。指购买服务范畴内的,以满足生产组织、品质控制等需求的顾客(个人或企业)。

②顾客需求满足。一定品质标准的产品和服务,分别满足三个顾客群的现实和潜在的需求:以个性化的商品和服务满足单体顾客群中的不同层次的需要,以整体化销售的方式满足这一类顾客对有效营造温馨居室和彰显文化品位的潜在需求;以准时化服务满足团体顾客群的需求;以有显见成效的方案和策划满足有特殊需求顾客的现实需求。商品采购中,应满足顾客的现实需求和潜在需求。

(5) 供货源变化(供应商及所处的行业环境)。该环境因素一方面是供应商因素,包括供应商的组织结构、财务状况、产品开发能力、生产能力、工艺水平、质量体系、交货周期及准时率、成本结构与价格等;另一方面是供应商所处的行业环境因素,包括该行业的供求状况、行业效率、行业增长率、行业生产与库存量、行业集中度、供应商的数量与分布。根据产业组织理论,供应商所处行业的市场结构可划分为完全竞争市场、垄断竞争市场、寡头垄断市场和完全垄断市场。

①完全竞争市场。供应商处于完全竞争市场时,市场信息完备,透明度高,产品结构、质量、性能和价格在不同供应商之间几乎没有差异,如农产品。

②垄断竞争市场。供应商处于垄断竞争市场的比例最高,这样的市场上有大量供应商的存在,各供应商提供的物品的品质不同,企业进入和退出的障碍很低,供应商的讨价能力不强,如大多数日用消费品、家用电器和工业产品。

③寡头垄断竞争市场。供应商处于寡头垄断市场时,几家大供应商占据绝大多数市场份额,企业进入障碍高,供应商的讨价还价能力强,如石油、电力、电信等。

④完全垄断市场。完全垄断可分为自然资源垄断,如一些国家造币所需专有林场的木材;政府垄断,如铁路、邮政;控制垄断,如拥有专利权。在这样的市场上,供应商只有一家,所以在交易中占有绝对优势,完全控制了价格。

(6) 修订和调整采购计划的方法。修订和调整采购计划一般有三种形式:定期调整、经常调整和专案调整。

①定期调整。定期调整一般在订购前进行,即对该种物资的计划指标进行全面检查,根据其变动情况进行定期修订。

②经常调整。经常调整是指对物资供销来说,在物资供应全过程中,对其发生的变动随时进行修订。

③专案调整。专案调整指在生产建设过程中,对于某种产品或某项工程,由于任务计划的增减,或在时间上发生提前或拖后,使采购计划有较大的变动,需要设立专案进行修订。

总体上说,采购计划调整的内容包括:总量调整,即按金额和数量所进行的采购计划总量的调整;结构调整,即按采购的品类、品种、规格等进行的调整。

五、采购预算

预算就是用金额来表示的计划,是将企业未来一定期间经营决策的目标通过数据系统地反映出来,是对经营决策的具体化和数量化。预算的时间范围要与企业的计划期保持一致,不能过长或过短。所谓采购预算就是一种用采购数量来表示的计划,是将企业在未来一定时期内的采购决策目标通过有关数据系统地反映出来,是采购决策具体化、数量化的表现。

传统采购预算的编制是将本期应购数量(订购数量)乘以各项物料的购入单价,或者按照物料需求计划(MRP)的请购数量乘以标准成本,即可获得采购金额(预算)。为了使预算对实际的资金调度具有意义,采购预算应以现金基础编制,也就是说,采购预算应以付款的金额来编制,而不以采购的金额来编制。

1. 预算的作用与类型

(1) 预算的作用。一般来说,预算的作用主要表现在:

①保障战略计划和作业计划的执行,确保组织向良好的方向发展。

②协调企业的经营资源。

③在部门之间合理安排有限资金,保证资金分配的效率。

④通过审批和拨款过程以及差异分析控制支出。

⑤将目前的收入和支出与预算收支进行比较,对企业财务状况进行监控。

(2)预算的种类。预算的种类不同,所起的作用也不同。根据时间的长短,可以将预算分为长期预算和短期预算。长期预算是时间跨度超过一年以上的预算,主要涉及固定资产的投资问题,是一种规划性质的资本支出预算。长期预算对企业战略计划的执行有着重要意义,其编制质量的好坏将直接影响到企业的长期目标是否能实现,影响到企业较长时间内的发展。企业的短期预算是企业一年内对经营财务等方面所进行的总体规划的说明。短期预算是一种执行预算,对业务计划的实现影响重大。

根据预算所涉及的范围,可以将预算分为全面预算和分类预算。全面预算又称为总预算,是短期预算的一种,涉及企业的产品或服务的现金收支等方面的问题。总预算由分类预算综合而成。分类预算种类繁多,有基于各种活动的过程预算,也有按各部门制定的部门预算,当然,对于分部门来说,这一预算又是总预算。因此,分预算与总预算的划分是相对的。

总预算根据其内容的不同分为财务预算、专门决策预算和业务预算三类。财务预算是指企业在计划期内有关现金收支、经营成果以及财务状况的预算,主要包括现金预算、预计损益表、预计资产负债表等;专门决策预算是指企业为特定投资决策项目或一次性业务所编制的专门预算,其目的是为了帮助管理者做出决策;业务预算则是指计划期间日常发生的各种经营性活动的预算,包括销售预算、成本预算、管理费用预算等。采购预算就是业务预算的一种,其编制将影响到企业的直接材料预算、制造费用预算和经营预算等。

2. 预算的编制方法

(1)弹性预算。弹性预算亦称为变动预算,它是根据计划期间可能发生的多种业务量,分别确定与各种业务量水平相适应的费用预算数额,从而形成适用于不同生产经营活动水平的一种费用预算。由于弹性预算是以多种业务量水平为基础而编制的一种预算,因此,它比只以一种业务量水平为基础编制的预算(一般称之为固定预算或静态预算)具有更大的适应性和实用性。即使企业在计划期内实际业务量发生了一定的波动,也能找出与实际业务量相适应的预算数,使预算与实际工作业绩可以进行比较,从而有利于对有关费用的支出进行有效的控制。

编制弹性预算,首先要确定在计划期内业务量的可能变化范围。在具体编制工作中,对一般企业,其变化范围可以确定在企业正常生产能力的70%和110%之间,其间隔取为5%或10%,也可取计划期内预计的最低业务量和最高业务量为其下限和上限。

其次,要根据成本性态,将计划期内的费用划分为变动费用部分和固定费用部分。在编制弹性预算时,对变动部分费用,要按不同的业务量水平分别进行计算,而固定部分费用在相关范围内不随业务量的变动而变动,因而不需要按业务量的变动来进行调整。

弹性预算一般用于编制弹性成本预算和弹性利润预算。弹性利润预算是对计划期内各种可能的销售收入所能实现的利润所做的预算，它以弹性成本预算为基础。

(2) 概率预算。在编制预算过程中，涉及的变量较多，如业务量、价格、成本等。企业管理者不可能在编制预算时就十分精确地预见到这些因素在将来会发生何种变化，以及变化到何种程度，而只能大体上估计出它们发生变化的可能性，从而近似地判断出各种因素的变化趋势、范围和结果，然后，对各种变量进行调整，计算其可能值的大小。这种利用概率（即可能性的大小）来编制的预算，即为概率预算。

概率预算必须根据不同的情况来编制，大体上可分为以下两种情况：

①销售量的变动与成本的变动没有直接联系。这时，只要利用各自的概率分别计算销售收入、变动成本、固定成本的期望值，即可直接计算利润的期望值。

②销售量的变动与成本的变动有直接联系。这时，需要用计算联合概率的方法来计算利润的期望值。

(3) 零基预算。零基预算是指在编制预算时，对于所有的预算项目均以零为起点，不考虑以往的实际情况，而完全根据未来一定期间生产经营活动的需要和每项业务的轻重缓急，从根本上来分析每项预算支出的必要性和支出数额的大小。这种预算编制方法是由美国彼得·派年于20世纪60年代首先提出的，目前已被西方国家广泛采用。

零基预算的编制方法，大致上可以分为以下三步：

①提出预算目标。企业内部各有关部门，根据本企业计划期内的总体目标和本部门应完成的具体工作任务，提出必须安排的预算项目，以及以零为基础而确定的具体经费数据。

②进行成本—收益分析。组成由企业的主要负责人、总会计师等人员参加的预算委员会，负责对各部门提出的方案进行成本—收益分析。这里所说的成本—收益分析，主要是指对所提出的每一个预算项目所需要的经费和所能获得的收益进行计算、对比，以其计算对比的结果来衡量和评价预算项目的经济效益，然后列出所有项目的先后次序和轻重。

③分配资金、落实预算。按照上一步骤所确定的预算项目的先后次序和轻重缓急，结合计划期内可动用的资金来源，分配资金，落实预算。

零基预算不受现行预算框架的限制。以零为基础来观察和分析一切费用和开支项目，确定预算金额，能充分调动企业各级管理人员的积极性和创造性，促进各级管理人员精打细算、量力而行，把有限的资金切实用到最需要的地方，以保证整个企业的良性循环，提高整体的效益。但该预算编制方法的一切支出均以零为起点来进行分析、研究，因此工作量太大。而且，一个企业把许许多多不同性质的业务按照其重要性排出一张次序表来,也绝非易事,其中不可避免地也会带有某些主观随意性。因此,在实际预算工作中,可以隔若干年进行一次零基预算,以后几年内则略作适当调整。目前,我国大多数企业的开支浪费很大,因此,在做预算时可以考虑使用这种方法。

(4) 滚动预算。滚动预算又称连续预算或永续预算,其主要特点是预算期随着时间的推移而自行延伸,始终保持一定的期限(通常为一年)。当年预算中某一季度(或月份)预算执行完毕后,就根据新的情况进行调整和修改后几个季度(或月份)的预算,以此往复,不断滚动,使年度预算一直含有四个季度(或 12 个月份)的预算。其基本特征如图 2-2 所示。

2003 年度预算		
第一季度	第二季度	第三季度
预算调整和修订因素		
预算与实际对比	客观条件变化	经营方针调整
2003 年度预算		2004 年度预算
第二季度	第三季度	第四季度	第一季度

图 2-2 滚动预算的基本特征

滚动预算提出的根据是:第一,企业的生经营活动在可预见的将来是延续不断的,因此,指导企业经营活动的预算也应该全面反映这一延续不断的过程,使预算方法和生产经营过程相适应。第二,现代企业的生产经营活动是复杂的,随着时间的推移,它将产生各种难以预料的结果。滚动预算在执行过程中可以结合新的信息,对其不断进行调整与修订,使预算与实际情况能更好地相适应,有利于充分发挥预算的指导与控制作用。

第三章 供应商的选择、评估与关系管理

第一节 供应商选择的重要性和供应商选择相关因素

一、供应商选择的重要性

1. 供应商的评价选择是供应链合作关系运行的基础

供应商的供应状况对制造企业的影响越来越大,在交货、产品质量、提前期、库存水平、产品设计等方面都影响着制造商的效率和效益。传统的供应关系已不再适应全球竞争加剧、产品需求日新月异的环境,企业为了实现低成本、高质量、柔性生产、快速反应,就必须重视供应商的选择和评价。企业在评价和选择供应商时是有多重目标的,要同时考虑许多可见和不可见的多层次的因素。

2. 选择好的供应商是供应链管理的关键环节

对于生产企业而言,供应商的数量较多,层次参差不齐,如果供应商选择失误,会对其生产经营带来不利,造成中断生产计划、增加存货成本、延迟运送零件或原料、出现缺货或残次物品、引发成品的运送延迟等不良后果。如果企业建立完整的供应商选择与评价体系,就可以掌握供应商的生产情况和产品价格信息;获取合理的采购价格、最优的服务;确保采购物资的质量和按时交货;可以对供应商进行综合、动态的评估;甚至把供应商结合到产品的生产流程中,与供应商建立长期的交易伙伴关系,以达到效益最优化。

3. 好的供应商将成为企业的战略合作伙伴

选择好的供应商不仅是为了保障日常物资的供应,从传统重视的质量、价格、服务和柔性方面选择优秀的供应商,更多的是从战略的角度考虑和供应商的关系。供应链管理思想的发展和越来越多的外包,使得采购的地位日益突出,促使企业将供应商管理水平作为企业的竞争优势,因此在选择供应商时考虑的因素也随之增加。

在传统关系模式中,供应商和生产企业是一种简单的买卖关系,其模式是价格驱动。采购策略是:买方同时向若干供应商购货,通过供应商之间的竞争获得利益,同时也保证了供应的连续性;买方通过在供应商之间分配采购数量对供应

商加以控制；买方和供应商保持的是一种短期合同关系。现在，很多企业都采纳了视供应商为伙伴的观点，就是与少数可靠供应商保持稳定关系，建立起一种战略伙伴关系，即双赢关系模式。这种模式强调合作中的供应商和生产商之间共享信息，通过合作协调相互的行为。生产商对供应商给予协助，帮助供应商降低成本，改进质量，加快产品开发进程。通过建立相互信任的关系提高效率，降低交易和管理成本，以长期的信任代替短期的合同，双方有比较多的信息交流。可见，保持好的供应商关系已经成为维持竞争优势的重要因素。

二、供应商选择应考虑的因素

选择供应商时，有许多因素值得考虑。各因素的重要性因企业而异，甚至因同一企业的不同产品或服务而异。

1. 商品质量

物料的采购首先要把好质量关，供应商的产品质量水平对任何一个企业或任何一项采购都是至关重要的。采购物料项目质量包括样件物料质量、批量物料质量。

（1）选择供应商时的质量控制。初选供应商时，应严把质量关，可以考虑以下几方面内容：

① 考察供应商硬件（设备的先进性、环境配置是否完善等）、软件（人员技术水平、工艺流程、管理制度、合作意识等）。

② 考察供应商是否通过 ISO 9000 系列的质量认证或者其他一些企业要求的质量认证，质量控制措施如何。

③ 考察该供应商是否为世界名牌厂商供货，如果有供货，是否和企业将要采购的物料类似。

供应商的技术规范是对所要认证的物料项目的技术品质要求，它是选择供应商的重要依据。物料的检验标准也是根据此规范制定出来的。当产品的技术规范与供应商的相关标准存在差异时，采购认证人员有责任向设计人员提出合理的、不影响物料质量的改动。

企业在设计一个新产品或者供应商在产品技术规范要求上有一定的实现难度时，供应商要参与供应竞争就必须进行质量整改。采购认证人员及质量管理人员和供应商一起研究并实施质量改进措施，采购认证部门应组织质量小组对供应商进行验收，直到达到技术规范要求。

（2）质量的定位标准。要恰当地处理质量与成本、供应、服务等要素之间的关系。不同的物料、不同应用场合，其质量定位标准也不同。

质量与成本之间的关系最常用的是使用"性价比"来衡量。产品质量与成本一般呈正相关的关系，但并不是说产品质量越高越好，因为产品质量越高往往也意味着成本越高,所以说适当的质量才是追求的目标。质量过高会产生质量过剩,并使成本大大增加。采购人员应严格掌握质量标准,认真阅读"技术规范"等项目资料,慎重选择每一种物料。

质量与供应之间的关系也应恰当处理。对于大批量的供应来说,由于对质量的过高要求,可能会导致供应商加工周期过长,严重时会导致缺货。特别是对自动化不连续的机械供应商,只要物料不影响产品质量,不要像精品一样逐个检验物料。

质量与售后服务之间的关系也较为密切。由于产品组成部件的质量问题导致故障频繁出现,不仅使产品在用户心中的印象较差,而且给售后服务带来麻烦,增加服务成本。所以质量是检验供货商的第一道关。

2. 价格

价格主要是指供应商所供给的原材料、初级产品或消费品组成部分的价格。物美价廉的商品是每一个企业都想获得的。各个供应商提供的产品价格连同各种价格折扣是最明显也是最方便进行的比较,它是选择供应商的一个重要指标。供应商的产品价格决定了消费品的价格和整条供应链的投入产出比,因此会对生产商和销售商的利润率产生一定程度的影响。价格往往是采购中最敏感的问题。供应商对既定商品组合报价是否合理,供应商是否愿意协商价格,供应商是否愿意联合起来共同降低成本与价格,还有供应商提供的各种折扣,都是需要考虑的因素。

3. 交货及时

供应商能否按约定的交货期限和交货条件组织供货,直接影响企业生产和供应活动的连续性。因此,交货时间也是选择供应商时所要考虑的因素之一。企业在考虑交货时间时,一方面要降低原料的库存数量,另一方面又要降低断料停工的风险。影响供应商交货时间的因素主要有:

(1) 供应商从取得原料、加工到包装所需的生产周期。
(2) 供应商生产计划的规划与弹性。
(3) 供应商的库存准备。
(4) 所采购原料或零部件再生产过程中所需要的供应商数目。
(5) 运输条件及能力。

供应商交货的及时性一般用合同完成率或委托任务完成率来表示。

4. 服务水平

供应商的服务水平是指供应商内部各作业环节能够配合购买者的能力和态度,如各种技术服务项目、方便订购的措施、为订购者节约费用的措施等,包括安装服务、培训服务、维修服务、升级服务等。选择供应商时,采购结束后的服务有时显得非常重要。例如,更换残次物品、指导设备使用、修理设备以及类似的服务,在选择过程中起着关键作用。在考察这一点时,要注意两个问题:一是当产品或服务改变时,供应商是否给出了预先通知;二是如果服务变化,买方需要投入到什么程度。

5. 柔性

供应商面临数量、交付时间与产品改变时,有多大灵活性;供应商是否愿意及能够回应需求改变、接受设计改变等,企业应予以重点考虑。还要注意了解供应商生产线上的柔性能力,即生产品种转变能力,其中包括最低生产批量、生产效率、存货量与生产周期的匹配。反映柔性的一个指标是交货提前期,对于企业或供应链来说,市场是外在系统,它的变化或波动都会引起企业或供应链的变化或波动。由于交货提前期的存在,必然造成供应链各级库存变化的滞后性和库存的逐级放大效应。交货提前期越小,库存量的波动越小,企业对市场的反应速度越快,对市场反应的灵敏度越高。由此可见,交货提前期也是考察供应商的重要因素之一。

6. 位置

供应商所处位置对送货时间、运输成本、紧急订货与加急服务的回应时间等都有影响。当地购买有助于发展地区经济,形成社区信誉。在分工日益精细化的今天,供应商位置的远近直接决定了产品生产过程中的物流成本和管理成本。供应商与生产商同处于一个区域,也有利于形成产业积聚效应,增强整个产业链的竞争力。

7. 供应商存货政策

如果供应商的存货政策要求自己随时持有备件存货,将有助于突发故障的解决。供应商对库存的设置以及库存地理位置的选择也影响着产品的可得性和满意度,对此,企业应予以考虑。

8. 信誉与财务状况稳定性

目前,在我国尚没有建立起完善的信用体系,因此,在选择供应商的时候,尤其要考虑供应商信誉及财务状况;供应商的信誉和财务状况不好的话,可能会让采购方承担很多的风险,比如使采购方承担优先满足其他买主需要的风险(导致不能及时到货等后果)。

企业总在不断地寻求更好的供应商,即价廉物美、时间有保证、服务态度好、服务水平高的供应商。很多企业设立了供应商的评价标准,用来帮助选择供应商或定期评价已有的供应商。这样的选择评价标准、选择评价重点随企业而不同,与企业的竞争重点也紧密相关。但是,一般来说,在不考虑供应商信誉和财务状况的情况下,价格、质量、服务和交货期是最关键的因素。由华中理工大学管理学院 CIMS-SCM 课题组 1997 年的一次调查统计数据可知:目前我国企业在选择供应商时,主要的标准是产品质量,这与国际上重视质量的趋势一致;其次是价格,92.4%的企业考虑了这个标准;69.7%的企业考虑了交货提前期;批量柔性和品种多样性也是企业考虑的因素之一。选择供应商的标准如图3-1所示。

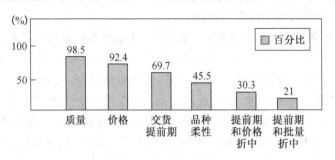

图3-1 选择供应商的标准

通过调查数据以及与一些企业管理人员的交谈发现,我国企业在评价、选择供应商时存在较多问题。企业在选择供应商时,主观的成分过多,有时往往根据对供应商的印象而确定供应商;供应商选择的标准不全面,目前企业的选择标准多集中在供应商的产品质量、价格、柔性、交货准时性、提前期和批量等方面,没有形成一个全面的供应商综合评价指标体系,不能对供应商作出全面、具体、客观的评价。

第二节 供应商选择的方法和步骤

一、供应商选择的方法

选择合乎要求的供应商,需要采用一些科学和严格的方法,常用的方法主要有采购人员自行决定和建立专门审核小组等。

1. 采购人员自行决定

采购人员自行决定法是指通过调查、征询意见、综合分析和判断来选择供应商的一种方法,是一种主观性较强的判断方法,主要是倾听和采纳有经验的采购人员的意见,或者直接由采购人员凭经验作出判断。这种方法的质量取决于掌握的供应商资料是否正确、齐全和决策者的分析判断能力与经验。这种方法运作方式简单、快速、方便,但是缺乏科学性,受掌握信息详尽程度的限制,常用于选择企业非主要原材料的供应商。

2. 建立专门审核小组

建立专门审核小组是指在对供应商充分调查了解的基础上,再经过认真考核、分析比较后选择供应商的方法。考核的方法包括以下内容:

(1)调查了解供应商。调查供应商可以分为初步调查和深入调查。每个阶段的调查都有一个选择供应商的问题,而且选择的目的和依据是不同的。

初步调查供应商对象的选择非常简单，选择的基本依据就是其产品的品种规格、质量、价格水平、生产能力、地理位置、运输条件等。在这些条件合适的供应商当中选择几个，作为初步调查的对象。

深入调查供应商对象的选择，一是根据 ABC 分类确定的自己产品的重要程度；二是根据供应商企业的生产能力水平的实际情况。对于企业的关键产品、重要产品，要认真地选择供应商。这些产品，或者是价值高，或者是精度高，或者是性能优越，或者是技术先进，或者是稀缺品，或者是本企业产品的关键的零部件等，要对这些产品进行深入研究、考核，选择真正能够满足本企业要求的供应商。对于那些不太重要的产品，例如普通的、供大于求的原材料、通用件、标准件、零部件等，可以不进行深入调查。深入的调查则需要考察企业的实力、生产能力、技术水平、质量保障体系和管理水平等。

（2）考察供应商。试运行阶段的考察更实际、更全面、更严格，因为这是直接面对实际的生产运作。在运作过程中，就要进行所有各个评价指标的考核评估，包括产品质量合格率、准时交货率、准时交货量率、交货差错率、交货破损率、价格水平、进货费用水平、信用度、配合度等的考核和评估。在单项考核评估的基础上，还要进行综合评估。

（3）考核选择供应商。通过试运行阶段，得出各个供应商的综合评估成绩，基本上就可以最后确定哪些供应商可以入选，哪些供应商被淘汰，哪些供应商应列入候补名单。候补名单中的成员可以根据情况处理，可以入选，也可以落选。

考核选择供应商是一个较长久的细致的工作。这个工作需要采购管理部门牵头负责，全厂各个部门共同协调才能完成。当供应商选定之后，应当终止试运行期，签订正式的供应关系合同。进入正式运行期后，就开始了比较稳定正常的供需关系运作。

（4）招标选择。当采购物资数量大、供应市场竞争激烈时，可以采用招标方法来选择供应商。招标采购是通过在一定范围内公开采购信息，说明拟采购物品或项目的交易条件，邀请供应商或承包商在规定的期限内提出报价，经过比较分析后，按既定标准选择条件最优的投标人，并与其签订采购合同的一种采购方式。

（5）协商选择。在潜在供应商较多、采购者难以抉择时，也可以采用协商选择方法，即由采购单位选出供应条件较为有利的几个供应商，同他们分别进行协商，再确定合适的供应商。和招标方法比较，协商选择方法因双方能充分协商，在商品质量、交货日期和售后服务等方面较有保证；但由于选择范围有限，不一定能得到最便宜、供应条件最有利的供应商。当采购时间紧迫、投标单位少、供应商竞争不激烈、定购货物规格和技术条件比较复杂时，协商选择方法比招标方法更为合适。

但以上几种情况都需要成立专门的审核小组来对供应商进行系统的考核和确定最终的选择。

二、供应商选择的步骤

供应商选择就是从众多的候选供应商中,选择出几家可以长期进行合作的供应商。评价选择可以归纳为以下几个步骤(如图 3-2 所示)。企业必须确定各个步骤的开始时间,每一个步骤对企业来说都是动态的(企业可自行决定先后和开始时间),并且每一个步骤对于企业来说都是一次改善业务的过程。

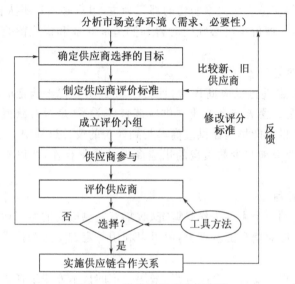

图 3-2　供应商评价选择步骤

1. 分析市场竞争环境(需求、必要性)

市场需求是企业一切活动的驱动源。建立基于信任、合作、开放性交流的供应链长期合作关系,必须首先分析市场竞争环境,其目的在于找到针对哪些产品市场开发供应链合作关系才有效;还必须知道现在的产品需求是什么,产品的类型和特征是什么,以确认用户的需求,确认是否有建立供应链合作关系的必要。如果已建立供应链合作关系,则根据需求的变化确认供应链合作关系变化的必要性,从而确认供应商评价选择的必要性。同时,分析现有供应商的现状,分析、总结企业存在的问题。

2. 确定供应商选择的目标

企业必须确定供应商评价程序如何实施、信息流程如何运作、谁负责,而且必须建立实质性、实际的目标,其中降低成本是主要目标之一。供应商评价、选择不仅是一个简单的评价、选择过程,而且也是企业自身和企业与企业之间的一次业务流程重构过程,实施得好,它本身就可带来一系列的利益。

3. 制定供应商评价标准

供应商综合评价指标体系是企业对供应商进行综合评价的依据和标准,是反映企业本身和环境所构成的复杂系统不同属性的指标,是按隶属关系、层次结构有序组成的集合。不同行业、企业、产品需求、不同环境下的供应商,评价是不一样的,但都涉及供应商的业绩、设备管理、人力资源开发、质量控制、成本控制、技术开发、用户满意度、交货协议等可能影响供应链合作关系的方面。

4. 成立评价小组

企业必须建立一个小组,以控制和实施供应商评价。组员以来自采购、质量、生产、工程等与供应链合作关系密切的部门为主,组员必须有团队合作精神、具备一定的专业技能。评价小组必须同时得到制造商企业和供应商企业最高领导层的支持。

5. 供应商参与

一旦企业决定进行供应商评价,评价小组必须与初步选定的供应商取得联系,以确认他们是否愿意与企业建立供应链合作关系,是否有获得更高业绩水平的愿望。企业应尽可能早地让供应商参与到评价的设计过程中。然而,因为力量和资源有限,企业只能与少数关键的供应商保持紧密合作,所以参与的供应商不能太多。

6. 评价供应商

评价供应商的一个主要工作是调查、收集有关供应商的生产运作等全方位的信息。在收集供应商信息的基础上,就可以利用一定的工具和技术方法对供应商进行评价。

在评价的过程后要有一个决策点,采用一定的技术方法选择供应商。如果选择成功,则可开始实施供应链合作关系;如果没有合适供应商可选,则返回图3-2中所示的"确定供应商选择的目标"步骤,重新开始评价选择。

7. 实施供应链合作关系

在实施供应链合作关系的过程中,市场需求将不断变化,可以根据实际情况的需要及时修改供应商评价标准,或重新开始供应商评价选择。在重新选择供应商之前,应给予原供应商一定的时间,以适应变化。

第三节 供应商关系管理

供应商是影响企业生产运作的最直接的外部因素,也是保证企业产品的质量、价格、交货期和服务的关键要素之一。现代企业把建立和发展与供应商的关系作为企业整个经营战略,尤其是生产运作战略中一个必不可少的重要部分。

一、企业与供应商关系模式

1. 竞争模式

传统的企业与供应商的关系是一种短期的、松散的、竞争对手的关系。在这种关系之下，买方和卖方的交易如同"0-1"对策，即一方所得则是另一方所失。与长期互惠相比，短期内的优势更受重视，买方总是试图将价格压到最低，而供应商总是以特殊的质量要求、特殊服务和订货量的变化等为理由尽量抬高价格，哪一方能取胜，主要取决于哪一方在交易中占上风。例如，买方的购买量占供应商销售额总量的百分比很大，买方就容易从其他供应商处得到所需物资、改换供应商不需要花费多少成本等，在这种情况下，买方均会占上风；反之，则有可能是供应商占上风。这种模式具有如下特点：

（1）采购方以权势压人来讨价还价。采购方以招标的方式挑选供应商，一般报价最低的供应商被选中，而供应商为能中标，可能会报出低于成本的价格。

（2）供应商名义上的最低报价并不能带来真正的低成本。供应商一旦被选中，就会以各种借口要求采购方企业调整价格，因此最初的最低报价往往是暂时的。

（3）技术、管理资源的相互保密。由于采购方和供应商之间是受市场支配的竞争关系，所以双方的技术、成本等信息都要小心加以保护，这样不利于新技术和新管理方式的传播。

（4）双方的高库存、高成本。双方由于关系松散，都会用较高的库存来缓解出现需求波动或其他意外情况时的影响，而这种成本的增加，实际上最后都转嫁到了消费者身上。

（5）不完善的质量保证体系。以次品率来进行质量考核，并采取事后检查的方式，会造成产品已投入市场仍要不断解决问题。

（6）采购方的供应商数目很大。每一种物资都有若干个供应商，使供应商之间相互竞争，采购方从中获利。

2. 合作模式

当今，另一种与供应商的关系模式——合作模式，受到了越来越多企业的重视。在这种模式下，买方和卖方互相视对方为"伙伴（Partner）"，保持一种长期互惠的关系。该模式具有如下特点：

（1）买方将供应商分层，尽可能地将完整部件的生产甚至设计交给第一层供应商。这样买方企业的零件设计总量大大减少，有利于缩短新产品的开发周期，还使得买方可以只与数目较少的第一层供应商发生关系，从而降低采购管理费用。

（2）买方与卖方在一种确定的目标价格下，共同分担成本，共享利润。目标价格是在市场分析的基础上制定的，目标价格确定以后，买方与供应商共同研究如何在这种价格下生产，并使双方都能获取合理的利润。买方还充分利用自己在技术、管理和专业人员等方面的优势，帮助供应商降低成本。由于通过降低成本供应商也能获利，所以调动了供应商不断改进生产过程的积极性，从而有可能使价格不断下降,竞争力不断提高。

（3）共同保证和提高质量。由于买卖双方认识到不良产品会给双方带来损失,因此能够共同致力于提高质量。一旦出现质量问题,买方与供应商品共同分析原因,解决问题。由于双方建立起了一种信任关系——互相沟通产品质量情况,所以买方甚至可以对供应物资不进行检查就直接使用。

（4）信息共享。买方积极主动地向供应商提供技术、管理等方面的信息和经验,供应商的成本控制信息也不再对买方保密。除此之外,供应商还可以随时了解买方的生产计划、未来的长期发展计划和生产现场所供应物资的消耗情况等,据此制定自己的生产计划、长期发展计划以及供货计划。

（5）JIT式的交货,即只在需要的时候按需要的量供应所需的物资。由于买卖双方建立起长期信任的关系,不必为每次采购谈判而讨价还价,不必对每批物资进行质量检查,双方都互相了解对方的生产计划,这样就有可能做到JIT式的交货,从而使双方的库存大为降低,这样双方均可受益。

（6）买方只持有较少数目的供应商。一般一种物资只有一两个供应商,这样就使其获得规模优势,采用产品对象专业化的生产组织方式,实现大批量、低成本的生产。当买方的订货量很大,又是长期合同时,供应商甚至可以考虑扩大设施和设备能力,将新设施建在买方附近,使自己成为买方的一种延伸组织。

显而易见,合作模式更有利于提高企业竞争力。但在合作模式下,如果一种物资只有一两个供应商,供应中断的风险就会增加;保持长期合作关系的供应商由于缺乏竞争压力,有可能缺乏不断创新的动力;JIT式的交货方式随时有中断生产的风险等。因此企业有必要根据具体情况,结合两种基本模式的优点,制定自己的供应商关系模式。

二、供应商细分

供应商细分是指在供应市场上,采购方依据采购物资的金额、重要性及供应商对采购方的重视程度和信赖程度等因素,将供应商划分成若干个群体。供应商细分是供应商关系管理的先行环节,只有在供应商细分的基础上,采购方才有可能根据细分供应商的不同情况实行不同的供应商关系策略。供应商细分可以根据不同的方法进行,这里主要介绍三种。

1. 公开竞价型、网络型和供应链管理型

根据采购方与供应商关系的密切程度,将供应商划分为公开竞价型、网络型和供应链管理型。

（1）公开竞价型。它是指采购方将所采购的物资公开地向若干供应商提出采购计划,各个供应商根据自身的情况进行竞价,采购方依据供应商竞价的情况,选择其中价格最低、质量最好的供应商作为该项采购计划的供应商,这类供应商就称为公开竞价型供应商。在供大于求的市场中,采购方处于有利地位,采用公开竞价的方式选择供应商,对产品质量和价格有较大的选择余地,是企业降低成本的途径之一。

(2) 网络型。它是指采购方通过与供应商长期的选择与交易中,将在价格、质量、售后服务和综合实力等方面比较优秀的供应商组成供应商网络,企业的某些物资的采购只限于在供应商网络中进行。供应商网络的实质就是采购方的资源市场,采购方可以针对不同的物资组建不同的供应商网络。网络型供应商的特点是采购方与供应商之间的交易是一种长期性的合作关系,但在这个网络中应采取优胜劣汰的机制,以便长期共存、定期评估、筛选和适当淘汰,同时吸收更为优秀的供应商进入。

(3) 供应链管理型。它是指在供应链管理中,采购方与供应商之间的关系更为密切,采购方与供应商之间通过信息共享,适时传递自己的需求信息,而供应商根据实时的信息,将采购方所需的物资按时、按质、按量地送交采购方。

2. 重点供应商、普通供应商

根据80/20规则可以将采购物资分为重点采购物资(采购价值占80%,采购数量占20%)和普通采购物资(采购价值占20%,采购数量占80%)。重点采购物资是企业的战略物资或需集中采购的物资,如汽车厂需要采购的发动机和变速器;电视机厂需要采购的彩色显像管及一些价值高但供应保障不力的物资。普通采购物资对企业的成本、质量和生产的影响较小,如办公用品、维修备件和标准件等物资。相应地,可以将供应商依据80/20规则进行分类,划分为重点供应商和普通供应商,即重点采购物资的供应商列为重点供应商,而普通采购物资的供应商列为普通供应商。对于重点供应商,企业应投入80%的时间和精力进行管理与改进;而对于普通供应商则只需要投入20%的时间和精力跟踪其交货。

在按80/20规则进行供应商细分时,应注意如下问题:①80/20规则细分的供应商并不是一成不变的,是有一定的时间限度的,它随着企业生产结构和产品线的调整,需要重新进行细分;②对重点供应商和普通供应商应采取不同的策略。

3. 短期目标型、长期目标型、渗透型、联盟型和纵向集成型

根据采购方和供应商合作利益的一致性与集成性,将供应商细分为短期目标型、长期目标型、渗透型、联盟型和纵向集成型。

(1) 短期目标型。它是指采购方与供应商之间的关系是交易关系,即一般的买卖关系。双方的交易仅停留在短期的交易合同上,各自所关注的是如何谈判、如何提高自己的谈判技巧,使自己不吃亏,而不是如何改善自己的工作,使双方都获利。供应商根据交易的要求提供标准化的产品或服务,以保证每一笔交易的信誉,当交易完成后,双方关系也就终止,双方只有供销人员有联系,而其他部门的人员一般不参加双方之间的业务活动,也很少有什么业务活动。

(2) 长期目标型。它是指采购方与供应商保持长期的关系,双方有可能为了共同的利益改进各自的工作兴趣,并在此基础上建立超越买卖关系的合作。长期目标型的特征是建立一种合作伙伴关系,双方工作重点是从长远利益出发,相互配合,不断改进产品质量与服务质量,共同降低成本,提高共同的竞争力。合作的范围遍及各企业内部的多个部门。例如,采购方对供应商提出新的技术要求,而供应商目前还没有能力,在这种情况下,可以对供应商提供技术、资金等方面的支持;同时,供应商的技术创新也会促进企业产品改进,所以对供应商进行技术支持与鼓励有利于企业长期利益。

(3) 渗透型。渗透型供应商关系是在长期目标型基础上发展起来的,其指导思想是把对方企业看成自己的企业,是自己的一部分,因此对对方的关心程度就大大提高了。为了能够参与对方活动,有时会在产权关系上采取适当措施,如互相投资、参股等,以保证双方利益的共享与一致性。同时,在组织上也采取相应的措施,保证双方派员加入到对方的有关业务活动之中。这样做的优点是可以更好地了解对方的情况,供应商可以了解自己的产品是如何起作用的,容易发现改进方向;而采购方可以知道供应商是如何制造的,也可以提出改进的要求。

(4) 联盟型。联盟型供应商关系是从供应链角度提出的,其特点是在更长的纵向链条上理顺成员之间的关系,双方维持关系的难度提高了,要求也更高。由于成员增加,往往需要一个处于供应链上核心地位的企业出面协调各成员之间的关系,这个企业也被称之为供应链核心企业。

(5) 纵向集成型。纵向集成型供应商是最复杂的关系类型,即把供应链上的成员整合起来,像一个企业一样,但各成员是完全独立的企业,决策权属于自己。在这种关系中,要求每个企业在充分了解供应链的目标、要求以及在充分掌握信息的条件下,能自觉做出有利于供应链整体利益的决策。有关这方面的研究,更多的是停留在学术上的讨论,而实践中的案例则很少。

三、供应商关系管理的内容

1. 与供应商的信息沟通

为加强与供应商的合作关系,企业应与供应商建立完善的信息交流与共享机制,内容包括如下几个方面:

(1) 与供应商之间经常进行有关成本、作业计划和质量控制信息的交流与沟通,保持信息的一致性和准确性。

(2) 让供应商参与有关产品开发设计以及经营业务等活动。例如,企业在产品设计阶段让供应商参与进来,这样供应商可以在原材料、零部件的性能和功能方面提供有关信息,为产品开发方法创造条件,把客户的价值需求及时转化为供应商对原材料和零部件的质量与功能的要求。

(3) 与供应商建立一种团队型的工作小组，双方的有关人员共同解决供应过程中遇到的各种问题。

(4) 双方经常进行互访。双方高层特别是有关部门进行经常性的互访，及时发现和解决各自在合作活动过程中出现的问题和困难，建立良好的合作氛围。

(5) 利用电子数据交换和互联网技术，进行快速的数据传输，增加双方业务的透明度和信息交流的有效性。

2. 对供应商的激励

企业在与供应商合作的过程中，运用恰当有效的激励机制，对强化企业与供应商的合作、建立战略伙伴关系起到积极的作用。常用的激励方式包括如下几个方面：

(1) 价格激励。价格对企业的激励是显然的。不合理的低价会挫伤供应商的积极性，企业应保证供应商在合作过程中获得正常合理的利润，使双方合作稳定并顺畅运行。

(2) 订单激励。一般来说，如果一个制造商拥有多个供应商，则供应商获得制造商订单的数量决定于供应商是否赢得竞争。因此，分配多的订单对供应商来说是一种激励。

(3) 信誉激励。信誉是一个企业的无形资产，它对于企业极其重要。供应商的信誉来自于采购方和其他公众的评价，反映了供应商的社会地位。因此，在一定场合给予供应商一定范围的信誉宣传，或对供应商的产品进行有针对性的免检，都将提高供应商合作的积极性。

(4) 信息激励。在信息时代，企业获得更多的信息意味着企业拥有更多的机会、更多的资源。如果能够快捷地获得合作企业的需求信息，并能够主动采取措施提供优质服务，必然使合作方的满意度大为提高。这对与合作方建立起信任关系有着非常重要的作用。信息激励机制也在某种程度上克服了由于信息不对称而使供需企业双方相互猜忌的弊端，消除了由此带来的风险。

(5) 淘汰激励。淘汰激励是一种负激励。淘汰弱者是市场规律之一，保持淘汰对企业或供应链都是一种激励。危机激励机制可以使供应商不断优化自身经营，提高产品质量和服务质量，降低生产经营成本，从而使企业与供应商同时受益，使合作关系更加牢固。企业在运行过程中，可定期对供应商的运作过程进行结构评分，并根据评分结果对供应商进行淘汰或降级。

(6) 研发激励。对新产品、新技术的共同开发和共同投资也是一种激励，它可以让供应商全面掌握新产品的开发信息，主动参与产品的研究开发工作，按照团队的工作方式展开全面合作，这样供应商与企业共同分享成功，二者的伙伴关系就更紧密。

(7) 组织激励。减少供应商的数量，并与主要的供应商保持长期稳定的合作关系,是制造商采取的组织激励的主要措施。

3. 对供应商的控制

采购方既要充分发挥供应商的积极性、创造性,保证企业生产的顺利进行,又要防止供应商的不法行为,以避免企业的不确定损失。

(1) 采购方控制供应商的方法。

①建立买方市场环境。如果供应商实力强大而将供应方的市场垄断,则形成了卖方市场。在这种情况下,采购方只能是市场产品和价格的接受者。因此,采购方只有靠自己的实力形成买方市场环境,供应商才会作出让步,采购方才能拥有更多的讨价还价能力。同时,供应商为了获得采购方的信赖而进行竞争,不断地提高产品质量,控制生产成本,采购方获得主动控制权。此外,由于供应商之间的激烈竞争,产品价格和信息都逐渐趋于客观,采购方能够得到较为全面准确的价格及质量信息,从而获得好处。

②合约控制。合约控制是采购企业通过与供应商进行谈判、协商,根据双方签署的框架协议而控制供应商的方法。它是一种中性的控制方法,在除卖方垄断以外的市场结构中都可以得到一定的应用,目的是使双方在今后的具体购销活动中能更好地履行各自的权利和义务,基于该合同产生的一切买卖行为都要以框架协议的规定为准。合约控制可能比买方市场环境控制的成本节约程度更大,采购方由于强大的实力或以长期合作为条件,通过谈判可能获得低于买方市场控制带来的价格。这种方式的特点是:供需双方的关系比完全控制密切,但又不像股权控制和管理输出控制那样紧密。现在,很多大型企业都通过合约控制方式来进行供应商管理。

(2) 采购方防止被供应商控制的方法。

①全球采购。采购方受采购范围所限,有时会面临卖方垄断的局面。全球采购往往使采购方在更广泛的范围内寻找到更多的供应,打破供应商独家供应局面,与价格更低、质量与服务更好的供应商建立合作关系。

②再找一家供应商。除非技术上不可能,采购方应尽量打破单一供应的局面,每个产品有两个或更多的供应商供应,规避供应风险,保持供应商之间的良性竞争。

③增强相互依赖性。企业可以增加对一家供应商的采购量,增加其在供应商供应量中所占的比重,提高供应商对采购方的依赖性。这样该供应商为了维护自己的长期利益,就不会随意哄抬价格。

④更好地掌握信息。要清楚地了解供应商对采购方的依赖程度,并对这些信息加以利用。例如,某企业所需原料虽然只有一家货源,但它发现自己在供应商仅有的 3 家客户中采购量是最大的,供应商对其依赖性极强,结果在要求降价时供应商作出了很大让步。

⑤注意业务经营的总成本。供应商知道采购方没有其他的供应源,可能会咬住价格不放,但采购方可以说服供应商在其他非价格条件上作出让步。采购方应注意并利用交易中的其他环节,使采购总成本降低。例如,在送货环节,洽谈合适的送货数量和次数可以降低仓储和货运成本;在付款条件上,立即付款以获得供应商给予的一定折扣。

⑥与其他企业联合采购。与其他具有同样产品需求的企业联合采购,由一方代表所有客户采购,增强采购方的力量,瓦解供应商的优势。

第四节 供应商绩效考评

供应商绩效考评是对现有供应商的日常表现进行定期监控和考核。传统意义上的供应商考评工作一般只是对重要供应商的来货质量进行定期检查。在采购管理中,为了能够使供应商关系健康发展,科学、全面分析和评价供应商的运营绩效是一项重要内容。

一、供应商绩效考评的目的

供应商绩效考评的主要目的在于了解供应商的表现,促进供应商提升供应水平,并为奖惩供应商提供依据,从而确保供应商为企业提供优质的产品和服务。同时,将供应商进行比较,优胜劣汰,继续同优秀的供应商进行合作,淘汰不合格的供应商,开发有潜质的供应商。对供应商进行绩效考评也可以了解供应过程中存在的不足之处,并将其反馈给供应商,促进供应商改善业绩,为日后更好地完成供应活动打下良好的基础。

二、供应商绩效考评的基本原则

(1)供应商绩效考评必须持续进行,要定期检查目标达到的程度。当供应商知道会被定期评估时,自然就会致力于改善自身的绩效,从而提高供应质量。

(2)要从供应商和企业自身的整体运作方面来进行评估,以确立整体的目标。

(3)供应商的绩效总会受到各种外来因素的影响,因此对供应商的绩效进行评估时,要考虑到外在因素带来的影响,这样才能使绩效考评的结果客观、真实。

三、供应商绩效考评的范围

对供应商的绩效考评,可以分为不同层次:简单的做法是仅衡量供应商的交货质量;成熟一些的做法除考核交货质量外,还跟踪供应商的交货表现;较先进的做法则是进一步扩展考核范围,除上述要求外,还要考核供应商的支持与服务、参与本公司产品开发等方面的表现。

为了科学、客观地反映供应商供应活动的运作情况，应该建立与之相适应的供应商绩效考评的指标体系。在制定考评指标体系时应突出重点，对关键指标进行重点分析。供应商考评指标很多，不同企业做法不同，所用的考评指标也各有差异，概括起来有四类：质量指标、供应指标、经济指标和支持、配合与服务指标。

1. 质量指标

质量指标是用来衡量供应商的最基本的指标。每一个采购单位在这方面都有自己的标准，要求供应商遵从。供应商质量指标主要包括来料批次合格率、来料抽检缺陷率、来料在线报废率和供应商来料免检率等。其中，来料批次合格率是常用质量考核指标之一。这些指标的计算方法如下：

来料批次合格率＝合格来料批次÷来料总批次×100％

来料抽检缺陷率＝抽检缺陷总数÷抽检样品总数×100％

来料在线报废率＝来料总报废数（包括在线生产时发现的废品）÷来料总数×100％

来料免检率＝来料免检的种类数÷该供应商供应的产品总种类数×100％

退货率＝退货量÷采购进货量×100％

交货差错率＝期内交货差错量÷期内交货总量×100％

交货破损率＝期内交货破损量÷期内交货总量×100％

2. 供应指标

供应指标又称为企业指标，是同供应商的交货表现以及供应商企划管理水平相关的考核因素，其中最主要的是准时交货率、交货周期和订单变化接受率等。

（1）准时交货率。准时交货率用来衡量供应商的生产能力和组织管理能力，计算方法如下：

准时交货率＝按时按量交货的实际批次÷订单确认的交货总批次×100％

（2）交货周期。交货周期是指自订单开出之日到收货之日的时间长度，常以日为单位。

（3）订单变化接受率。订单变化接受率是衡量供应商对订单变化灵活性反映的一个指标，它是指双方确认的交货周期的订单增加或减少的比率。

订单变化接受率＝订单增加或减少的交货数量÷订单原定的交货数量×100％

值得一提的是，供应商能够接受的订单增加接受率与订单减少接受率往往不同，前者取决于供应商生产能力的弹性、生产计划的安排与反应快慢以及库存大小与状态；后者取决于供应的反应、库存大小以及对减单可能造成损失的承受力。

3. 经济指标

供应商考核的经济指标总是与采购价格、成本相联系。质量与供应考核通常每月进行一次，而经济指标则相对稳定，多数企业是每季度考核一次。经济指标的具体考核点包括如下几个方面：

（1）价格水平。它往往将供应商的供货价格和市场同档次产品的平均价和最低价进行比较，分别用市场平均价格比率和市场最低价格比率来表示。

$$平均价格比率=（供应商的供货价格-市场平均价）÷市场平均价×100\%$$

$$最低价格比率=（供应商的供货价格-市场最低价）÷市场最低价×100\%$$

（2）报价。供应商的报价是否及时，报价单是否客观、具体、透明（分解成原材料费用、加工费用、包装费用、运输费用、税金和利润等，说明相对应的交货与付款条件）。

（3）降低成本的态度及行动。这里代表是否真诚地配合本企业或主动地开展降低成本的活动，是否制定改进计划、实施改进行动，是否定期与本企业商讨价格。

（4）分享降价成果。这是说明是否将降低成本的好处让利给本企业。

（5）付款。是否积极配合相应本企业提出的付款条件、要求与办法，开出的发票是否准确、及时，以及符合有关财税要求。

有些单位还将供应商的财务管理水平与手段、财务状况以及对整体成本的认识也纳入考核。

4. 支持、配合与服务指标

支持、配合与服务指标主要考核供应商的协调精神。在和供应商相处过程中，常常因为环境或具体情况的变化，需要把工作任务进行调整、变更，这种变更可能导致供应商工作方式的改变，甚至要供应商做出一点牺牲，这时可以考察供应商在这方面积极配合的程度。

另外，如果工作出现困难或者发生问题，可能有时也需要供应商配合才能解决。这都可以看出供应商的配合程度。考核供应商的配合度主要靠人们的主观评分来考核，需要找与供应商相处的有关人员，让他们根据这个方面的体验为供应商评分。一般来说可以每季度考核一次。考核的内容主要有反应表现、沟通手段、合作态度、共同改进、售后服务、参与开发和其他支持等。

（1）反应表现。供应商对订单、交货和质量投诉等反应是否及时、迅速，答复是否完整，对退货、挑选等要求是否及时处理。

（2）沟通手段。供应商是否派出合适的人员与本企业定期进行沟通，沟通手段是否符合本企业的要求（电话、传真、电子邮件以及文件书写所用软件与本企业的匹配程度等）。

（3）合作态度。供应商是否将本企业看成是其重要客户，供应商高层领导或关键负责人是否重视本企业的要求，是否经常走访本企业，供应商内部沟通协作（如市场、生产、计划、工程和质量等部门）是否能整体理解并满足本企业的要求。

（4）共同改进。供应商是否积极参与或主动提出与本企业相关的质量、供应、成本等改进项目或活动,是否经常采用新的管理方法,是否积极组织参与本企业共同召开的供应商改进会议,配合本企业开展的质量体系审核等。

(5) 售后服务。供应商是否主动征询客户意见,是否主动走访本企业,是否主动解决问题或预防问题发生,是否及时安排技术人员对发生的问题进行处理等。

(6) 参与开发。供应商是否主动参与本企业的各种相关开发项目,如何参与本企业的产品或业务开发过程、表现如何。

(7) 其他支持。供应商是否积极接纳本企业提出的有关参观、访问和实地调查等事宜,是否积极。

第四章 采购谈判与采购合同

第一节 采购谈判

谈判是指人们为了改善彼此之间的关系而进行相互协调和沟通,以便在某些方面达成共识的行为和过程。采购谈判是指企业在采购方与供应商之间所进行的贸易谈判。

一、采购谈判的目的与目标

采购谈判目的:一是希望获得供应商质量好、价格低的产品;二是希望获得供应商比较好的服务;三是希望在发生物资差错、事故、损失时获得合适的赔偿;四是当发生纠纷时能够妥善解决,不影响双方的关系。在具体的谈判中,一般而言,谈判目标可分为三个层次:第一个层次是最低目标,即己方必须得到满足的洽商目标,如果这一目标得不到满足,则宁愿使谈判破裂终止也不能答应;第二个层次是可接受的目标,即采购方可以接受的交易条件的范围;第三个层次是最高目标,即采购方认为可以取得的最好的交易条件,也就是说,这是对方的最低交易条件。如果采购方提出的条件超出这一目标,要冒很大的使谈判破裂的风险。大多数成功的洽商过程就是使对方提出的条件落在采购方的可接受的范围内,或是在采购方可接受范围内选择较有利于采购方条件的过程。

二、采购谈判的特点

1. 采购谈判是买、卖双方合作与冲突对立关系的统一

采购谈判是买、卖双方合作与冲突对立关系的统一,在谈判时,要设法理解和弄清对方的谈判目标及其提出的理由,在比较和权衡的基础上,找出在本次洽商中双方利益一致和不一致的地方。对于双方利益一致的共同点,可在正式洽商中首先提出,并由双方加以确认。这样既能提高和保持双方对洽商的兴趣和争取成功的信心,同时也为以后解决利益不一致的问题打下良好基础。对于双方利益不一致的问题,要本着使双方利益都满足的原则,积极寻求双方都满意的解决办法。

2. 采购谈判是原则性和可调整性的统一

原则性是指谈判双方在谈判中最后退让的界限,即谈判的底线。谈判双方对重大原则问题通常是不会轻易让步的，退让也是有一定限度的。可调整性是指谈判双方在坚持彼此基本原则的基础上可以向对方作出一定让步和妥协。对于采购谈判，如果双方在所有的谈判条件上都不肯作出任何让步，谈判是难以成功的。因此，原则性和调整性是同时存在的。

3. 采购谈判以经济利益为中心

谈判的中心是各自的经济利益，价格在谈判中作为调节和分配经济利益的主要杠杆，是谈判的焦点。谈判利益中心性并不意味着不考虑其他利益，而是指相对于其他利益来说，经济利益是首要的，是起支配作用的。

三、采购谈判的内容

采购谈判的内容包括产品条件谈判、价格条件谈判和其他条件谈判。

（1）产品条件谈判。包括产品品种、型号、规格、数量、商标、外形、款式、色彩、质量标准、包装等条件的谈判。

（2）价格条件谈判。这是采购谈判的中心内容，是谈判中最为关心的问题。通常，双方都会进行反复的讨价还价，最后才能敲定成交价格。价格条件谈判也包括数量折扣、退货损失、市场价格波动风险、商品保险费用、售后服务费用、技术培训费用、安装费用等条件的谈判。

（3）其他条件谈判。除了产品条件和价格条件谈判外，还有交货时间、商品检验和索赔、付款方式、违约责任、货物保险和仲裁等其他条件的谈判。

四、采购谈判的基本原则

1. 合作原则

为了保证谈判的顺利进行，谈判双方必须共同遵守一些基本原则，这就是所谓的"合作原则"。概括而言，合作原则就是要求谈判双方以最精练的语言表达最充分、真实、相关的信息，它包括以下四个准则：

量的准则。所说的话应包括交谈所需要的信息，不应包括与交谈无关的信息。

质的准则。不应说虚假的话，不说缺乏足够证据的话。

关系准则。所说的话要关联并切题，不要漫无边际地胡说。

方式准则。要求清楚明白，避免晦涩、歧义，要简练，井井有条。

2. 礼貌原则

礼貌原则包括六个准则：

得体准则。这是指减少表达有损于他人的观点。

慷慨准则。这是指减少表达利己的观点。

赞誉准则。这是指减少表达对他人的贬损。

谦逊准则。这是指减少对自己的表扬。

一致准则。这是指减少自己与别人在观点上的不一致。

同情准则。这是指减少自己与他人在感情上的对立。

礼貌原则与合作原则互为补充。在采购谈判中,谈判双方虽然站在各自的立场,处于对立的状态,但他们的最终的目的都是希望谈判能获得成功。为此,他们都尽量遵守合作原则,以显示自己的诚意,确保谈判的顺利进行。但是,出于种种原因,如谈判策略的需要、各自的立场不同等,他们又是经常地违反某些原则。这时,就需要揣度对手的弦外之音、言下之意,以决定自己的应对之策。这不仅是智慧的较量,也是语言运用和理解能力的较量。

五、采购谈判的准备

谈判前期的准备工作主要包括谈判资料的收集、谈判方案的制定等。

1. 谈判资料的收集

(1) 采购需求分析。采购需求分析是根据生产和销售的情况,对生产中所需要的原材料、辅助材料、包装材料,以及各种商品在市场上的需求情况进行分析和预测,确定需采购的材料、商品的品种、规格、型号和数量。

(2) 市场调查。调查的主要内容包括产品供需情况、产品销售情况、竞争对手情况、谈判对手情况。

①通过对所需产品在市场上的总体供应状况的调查分析,可以了解该产品目前在市场上的供应情况。市场供求状况不同,买方就要制定不同的采购谈判方案和策略。另外,通过对所要采购的产品在市场上的需求情况的调查分析,还可以了解目前该产品在市场上的潜在需求者。

②作为买方,调查准备购买的产品在市场上的销售情况,可以了解该类产品的各种型号在过去几年的销售量及价格波动情况;该类产品的需求程度及潜在的销售量;其他购买者对此类新、老产品的评价及要求等。通过对产品销售情况的调查,可以使谈判者大体掌握市场容量、销售量,有助于确定未来具体的购进数量。

③产品竞争对手的调查与分析。每一个企业都在某一个行业环境里生存,在这个行业中,存在众多竞争参与者,其中总有某些竞争参与者有能力与企业抗衡,会成为威胁和挑战该企业的竞争对手,采购活动也是如此。从企业供应战略的角度,在同行业中,实力相当的企业在争夺供应商、客户和消费者等方面,或者是在与其他企业串谋控制和垄断供应市场等方面,都可能与企业形成竞争关系,从而会对企业采购洽商目标的设定构成强大的压力。对此,企业需要从战略高度加以密切观察和缜密分析。具体来说,竞争对手分析的要点是:首先,确认公司采购中的当前和潜在的竞争对手。当前竞争对手是指以类似的价格和条件争夺供应商

或控制货源;同时,企业应当避免"竞争者近视症",还要关注潜在竞争对手。然后,分析竞争对手的目标。竞争对手在市场里找寻什么,竞争对手行为的驱动力是什么,所有的竞争者都要为确保稳定、可靠的供应和追求最大利润而选择适当的行动方案。但是,各个公司对短期利润和长期利润重视的程度各不相同。比如,在零售业,某家世界著名的连锁超市可能只倾向于"满意的"利润而非"极大化"利润,因此,其以零售的低价来吸引和笼络供应商的空间就较大,采购洽商目标就会给其他采购者带来压力。最后,要洞悉竞争对手的采购策略和洽商策略。

采购洽商环节的竞争对手分析是企业整体竞争分析的一部分,或者说是它的继续,因此,确定采购洽商目标时,要通盘掌握竞争对手的整体竞争状态,诸如:竞争对手数量及分布、竞争对手销售能力、竞争对手的市场占有率、竞争对手优势与劣势、竞争对手的财务状况、竞争对手的成长性、竞争对手的产能利用率、竞争对手的创新能力和竞争对手领导人特质与背景等。

企业进行竞争对手分析应该注意的问题是:

①要建立竞争情报系统,做好基础数据的收集工作。

②建立符合行业特点的竞争对手分析模型。

③收集谈判对手情报资信情况。调查供应商的资信情况,一是要调查对方是否具有签订合同的合法资格;二是要调查对方的资本、信用和履约能力。

④对方的谈判作风和特点。谈判作风是指谈判者在多次谈判中表现出来的一贯风格。了解谈判对手的谈判作风,对预测谈判的发展趋势和对方可能采取的策略,以及制定己方的谈判策略,可提供重要的依据。此外,还可以收集供应商要求的货款支付方式、谈判最后期限等方面的资料。

⑤对资料进行整理和分析。通过各种渠道收集到以上有关信息资料以后,还必须对它们进行整理和分析。这里主要做两方面的工作:

鉴别资料的真实性和可靠性。在实际工作中,由于各种各样的原因和限制因素,在收集到的资料中往往存在着某些资料比较片面、不完全,有的甚至是虚假的、伪造的,因而必须对这些初步收集到的资料做进一步的整理和甄别,做到去伪存真,为己方谈判所用。

在资料具备真实性和可靠性的基础上,结合谈判项目的具体内容与实际情况,分析各种因素与该谈判项目的关系,并根据它们对谈判的相关性、重要性和影响程度进行比较分析,并依此制定出具体的、切实可行的谈判方案与对策。

2. 谈判方案的制定

谈判方案是指导谈判人员行动的纲领,在整个谈判过程中起着重要作用。

(1) 谈判地点的选择。

①谈判地点安排在采购方企业所在地。优点是:熟悉环境,不会给采购谈判人员造成心理压力,有利于以放松、平和的心态参加谈判;查找资料和邀请有关专

家比较方便,可以随时向本企业决策者报告谈判进展;同时由于地利、人和等因素,可以给对方谈判人员带来一定的心理压力。缺点是:易受本企业各种相关人员及相关因素的干扰,而且也少不了复杂的接待工作。

②谈判地点选在对方企业所在地。优点是:采购方谈判人员可以少受外界因素的打扰而将全部精力投入谈判工作;可以与对方企业决策者直接交换意见,可以使对方谈判人员无法借口无权决定而拖延时间,同时也省去了许多繁杂的接待工作。缺点是:不熟悉环境,易有压力;临时需要查找资料和邀请有关专家不方便。

③谈判地点选在其他地方对企业来讲比较公平,谈判可以不受外界因素打扰,保密性强。但对双方来讲,查找信息和请示领导都多有不便,各项费用支出较高。

(2) 谈判时间的选择。谈判时间一般都在白天,这使双方谈判人员都能以充沛的精力投入到谈判中,头脑清醒,应对自如,不犯或少犯错误。

(3) 采购谈判团队的组建。洽商团队通常由以下几种专业人员构成:

- 技术人员,即熟悉产品、工艺、设备的技术人员、工程师或技术总监。
- 管理人员,主要是公司行政部门的负责人。
- 工程设计人员,即从事土木工程、工艺、设备、设施的设计的人员。
- 商务人员,负责某项交易或合作的熟悉商务知识的人员。
- 法律人员,即专门处理洽商问题中的法律问题的人员。
- 金融业务人员,即来自金融公司或公司财务部门的人员。
- 仓储运输人员,即专门负责仓储运输的人员。
- 翻译人员,要根据需要确定语种和译员人数。

以上各种专业人员都会在一定程度上影响采购决策的制定和形成。

在每一项具体的洽商过程中,通常不全部需要上述各种人员,要根据洽商的具体需要确定洽商团队的具体构成。此外,某一洽商人员也可兼有多种身份。洽商人员的选择是一项很复杂也很重要的工作,应坚持以下几种标准:

第一,具有较强的敬业精神和进取态度,不具备这一点的洽商人员很难适应高度复杂、激烈的谈判工作。

第二,要具有顽强的工作作风,洽商是一种时间要求苛刻的工作,即要求谈判人员具有雷厉风行、连续作战、顽强拼搏的作风。

第三,扎实的业务素质。

第四,较强的洽商能力,这直接关系到洽商的结果。

在组建洽商团队时,还要注意洽商人员的分工和配合的问题。洽商人员按其在洽商中的地位可分为主谈人和辅谈人。在整个洽商过程中,随着洽商议题的更换,主谈人也要随之变化。例如,在洽商技术条款或技术附件时,技术人员处于主谈人的地位,商务人员和法律人员处于辅谈人的地位;而在洽商商务条款时,商务人员则处于主谈人的地位,技术人员和法律人员处于辅谈人的地位。主谈人和辅谈人的配合很重要。己方的观点和主张都由主谈人来表达,辅谈人自始至终要与主谈人保持口径一致,不得表现出与洽商无关的言行举止。若洽商中存在多个主谈人,他们彼此之间应相互配合,共同拟订和实施洽商的整体方案,并在洽商中随时交流情况,协调态度。

(4) 谈判方式的选择。采购谈判方式可以简单分为两大类:面对面的会谈及其他方式。面对面的会谈又可以分为正式的场内会谈和非正式的场外会谈,其他谈判方式包括采用信函、电话、电传、电报、Internet方式。

六、采购谈判的策略和技巧

在采购谈判中,为了使谈判技巧能够顺利进行和取得成功,谈判者应善于灵活运用一些谈判策略和技巧。谈判策略是指谈判人员通过何种方法达到预期的谈判目标,而谈判技巧是指谈判人员采用什么具体行动执行策略。在实际工作中,应根据不同的谈判内容、谈判目标、谈判对手等个体情况选用不同的谈判策略和技巧。

1. 采购谈判的策略

(1) 投石问路策略。所谓的投石问路策略,就是在采购谈判中,当买方对卖方的商业习惯或有关产品成本、价格等方面不太了解时,买方主动地提出各种问题,并引导对方做较全面的回答,然后从中获得有用的信息。这种策略一方面可以达到尊重对方的目的,使对方感觉到自己是谈判的主角和中心;另一方面又可以摸清对方的底细,争得主动。

运用该策略时,关键在于买方应给予卖方足够的时间并设法引导卖方对所提出的问题尽可能做详细的正面回答。为此,买方在提问时应注意:问题简明扼要,要有针对性,尽量避免暴露提出问题的真实目的或意图。在一般情况下,买方可以提以下几个问题:如果我们订货的数量增加或减少?如果我们让你方作为我们的固定供应商?如果我们有临时采购需求?如果我们分期付款?等等。

当然,这种策略也有不适用的情况,比如,当谈判双方出现意见分歧时,买方使用此策略会让对方感到是故意给他出难题,这样,对方就会觉得你没有谈判诚意,谈判也许就不能成功。

(2) 避免争论策略。谈判人员在开谈之前,要明确自己的谈判意图,在思想上做必要的准备,以创造融洽、活跃的谈判气氛。然而,谈判双方为了谋求各自的利益,必然会在一些问题上发生分歧。此时,双方都要保持冷静,防止感情冲动,尽可能地避免争论,因为争论不休于事无补,而只能使事情变得更糟。最好的方法是采取下列态度进行协商:

①冷静地倾听对方的意见。在谈判中,听往往比说更重要。倾听不仅表现了谈判者的良好素质和修养,也表现出对对方的尊重。多听少讲可以把握材料,探索对方的动机,预测对方的行动意图。在倾听过程中,即使对方讲出你不爱听的话或对你不利的话,也不要立即打断对方或反驳对方。因为真正赢得优势、取得胜利的方法绝不是争论,所以最好的方法是让对方陈述完毕后,首先表示同意对方的意见,承认自己在某方面的疏忽,然后提出对对方的意见,进行重新讨论。这样,在重新讨论问题时,双方就会心平气和地进行,从而使谈判达成双方都比较满意的结果。

②婉转地提出不同的意见。在谈判中,当你不同意对方的意见时,切忌直接提出自己的否定意见,这样会使对方在心理上产生抵触情绪,反而千方百计地维护其观点。如果有不同意见,最好的方法是先同意对方的意见,谈后再做探索性的提议。

③分歧产生之后,如果谈判无法进行下去,应立即休会。如果在洽谈中,某个问题成了绊脚石,使洽谈无法进行下去,双方为了捍卫自己的原则和利益,就会各持己见,互不相让,使洽谈陷入僵局。休会策略为那些固执己见型谈判者提供了请示上级的机会,同时也为自己创造了养精蓄锐的机会。

谈判实践证明,休会策略不仅可以避免僵持的局面和争论的发生,而且也可以使双方保持冷静、调整思绪,平心静气地考虑对方的意见,达到顺利解决问题的目的。"休会"是国内谈判人员经常采用的基本策略。

(3) 情感沟通策略。如果与对方直接谈判的希望不大,就应该采取迂回策略。所谓迂回策略就是要先通过其他途径接近对方,彼此了解,联络感情。在沟通了感情后,再进行谈判。人都是有感情的,满足人的感情和欲望是人的一种基本需要。因此,在谈判中利用感情因素去影响对方是一种可取的策略,如谈论对方感兴趣的问题;也可以赠小礼品,请客吃饭,提供交通住宿的方便;还可以通过帮助解决一些私人问题,从而达到增进了解、联系感情、建立友谊的目的,从侧面促进谈判顺利进行。

(4) 货比三家策略。在采购某种商品时,企业往往选择几个供应商进行比较分析,最后签订供销和约。这种情况在实际工作中非常常见,我们把采购上的这种做法称为货比三家策略。

在采用该策略时,企业首先选择几家生产同类型己方所需产品的供应商,并向对方提供自己的谈判内容、谈判条件等。同时,也要求对方在限定的时间内提供产品样品、产品的相关资料,然后,依据资料比较分析卖方在谈判态度、交易条件、经营能力、产品性价比等方面的差异,最终选择其中的一家供应商与其签订合同。

另外,在运用此策略时,买方应注意选择实力相当的供应商进行比较,以增加可比性和提高签约率。同时,买方还应以平等的原则对待所选择的供应商,以严肃、科学、实事求是的态度比较分析各方的总体情况,从而寻找企业的最佳供应商合作伙伴。

(5) 声东击西策略。该策略是指为达到某种目的和需要,有意识地将洽谈的议题引导到无关紧要的问题上,转移对方的注意力,以求实现自己的谈判目标。具体做法是,在无关紧要的事情上纠缠不休,或在自己不成问题的问题上大做文章,以分散对方对自己真正要解决的问题上的注意力,从而在对方毫无知觉的情况下,顺利实现自己的谈判意图。

例如,对方最关心的是价格问题,而己方最关心的是交货时间。这时,谈判的焦点不要直接放到价格和交货时间上,而是放到价格和运输方式上。在讨价还价时,己方可以在运输方式上做出让步,而作为双方让步的交换条件,要求对方要在交货时间上做出较大让步。这样,方满意了,己方的目的也达到了。

(6) 最后通牒策略。处于被动地位的谈判者,总有希望谈判成功达成协议的心理。当谈判双方各持己见、争执不下时,处于主动地位的一方可以利用这一心理,提出解决问题的最后期限和解决条件。期限是一种时间性通牒,它可以使对方感到如不迅速作出决定,就会失去机会。因为从心理学角度讲,人们对得到的东西并不十分珍惜,而对要失去的本来在他看来并不重要的某种东西,却一下子觉得很有价值。在谈判中采用最后期限的策略就是借助人的这种心理定势来发挥作用的。

最后期限既给对方造成压力,又给对方一定的考虑时间,因为谈判不成功导致损失最大的还是自己。随着最后期限的到来,对方的焦虑会与日俱增。因此,最后期限压力迫使人们快速作出决策。一旦对方接受了这个最后期限,交易就会很快顺利地结束。

(7) 其他谈判策略。除以上介绍的谈判策略和方法以外,在实际谈判活动中,还有许多策略可以采用:多听少讲策略、先苦后甜策略、讨价还价策略、欲擒故纵策略、以退为进策略等。限于篇幅,在此不做详细的论述。

总之,只要谈判人员善于总结,善于观察,并能理论结合实践,就能创新出更多、更好的、适合自身的谈判策略,并灵活地将它们用于实际谈判中。

2. 采购谈判的技巧

(1) 入题技巧。谈判双方刚进入谈判场所时,难免会感到拘谨,尤其是谈判新手,在重要谈判中往往会产生忐忑不安的心理。为此,必须讲究入题技巧,采用恰当的入题方法。

① 迂回入题。为避免谈判时单刀直入、过于暴露,影响谈判的融洽气氛,谈判时可以采用迂回入题的方法,如先从题外话入题,从介绍己方谈判人员入题,从"自谦"入题,或者从介绍本企业的生产、经营、财务状况入题等。

②先谈细节、后谈原则性问题。围绕谈判的主题,先从洽谈细节问题入题,丝丝入扣,待各项细节问题谈妥之后,便自然而然地达成了原则性的协议。

③先谈一般原则、后谈细节。一些大型的经贸谈判,由于需要洽谈的问题千头万绪,双方高级谈判人员不应该也不可能介入全部谈判,往往要分成若干等级进行多次谈判。这就需要采取先谈原则问题、后谈细节问题的方法。一旦双方就原则问题达成了一致,那么洽谈细节问题也就有了依据。

④从具体议题入手。大型谈判总是由具体的一次次谈判组成。在每一次谈判中,双方可以首先确定本次会议的谈判议题,然后从这一议题入手进行洽谈。

(2) 阐述技巧。

①开场阐述。谈判入题后,接下来就是双方进行开场阐述,这是谈判的一个重要环节。

开场阐述的要点具体包括:一是开宗明义,明确本次会谈所要解决的主题,以集中双方的注意力,统一双方的认识;二是表明己方通过洽谈应当得到的利益,尤其是对己方至关重要的利益;三是表明己方的基本立场,可以回顾双方以前合作的成果;也可以展望或预测今后双方合作中可能出现的机遇或障碍;还可以表示双方可采取何种方式共同获得利益等;四是开场阐述应是原则的,而不是具体的,应尽可能简明扼要;五是开场阐述应以诚挚和轻松的方式来表达。

对对方开场阐述的反应具体包括:一是认真耐心地倾听对方的开场阐述,归纳并弄懂对方开场阐述的内容,思考和理解对方的关键问题,以免产生误会;二是如果对方开场阐述的内容与己方意见差距较大,不要打断对方的阐述,更不要立即与对方争执,而应当先让对方说完,认同对方之后再巧妙地转开话题,从侧面进行谈判。

②让对方先谈。在谈判中,当你对市场态势和产品定价的新情况不太了解,或者当你尚未确定购买何种产品,或者你无权直接决定购买与否的时候,你一定要坚持让对方先说明可提供何种产品、产品的性能如何、产品的价格如何等,然后再审慎地表达意见。有时,即使你对市场态势和产品定价比较了解,有明确的购买意图,而且能直接决定购买与否,也不妨先让对方阐述利益要求、报价和介绍产品,然后在此基础上再提出自己的要求。这种先发制人的方式,常常能收到奇效。

③坦诚相见。谈判中应当提倡坦诚相见,不但将对方想知道的情况坦诚相告,而且可以适当透露己方的某些动机和想法。坦诚相见是获得对方同情的好办法,人们往往对坦诚的人自然有好感。但是应当注意,与对方坦诚相见,难免要冒风险。对方可能利用你的坦诚逼你让步,你可能因为坦诚而处于被动地位,因此,坦诚相见是有限度的,并不是将一切和盘托出。总之,以既赢得对方的信赖又不使自己陷于被动、丧失利益为度。

(3) 提问技巧。要用提问摸清对方的真实需要,掌握对方心理状态,表达自己的意见、观点。

①提问的方式:封闭式提问、开放式提问、婉转式提问、澄清式提问、探索式提问、借助式提问、强迫选择式提问、引导式提问、协商式提问。

②提问的时机:在对方发言完毕时提问,在对方发言停顿、间歇时提问,在自己发言前后提问,在议程规定的辩论时间提问。

③提问的其他注意事项:注意提问速度;注意对方心境;提问后,给对方足够的答复时间;提问时应尽量保持问题的连续性。

(4) 答复技巧。答复不是容易的事,回答的每一句话,都会被对方理解为是一种承诺,都负有责任。答复时应注意:不要彻底答复对方的提问,针对提问者的真实心理答复,不要确切答复对方的提问,降低提问者的追问兴趣,让自己获得充分的思考时间,礼貌地拒绝不值得回答的问题,找借口拖延答复。

(5) 说服技巧。

①说服原则包括:不要只说自己的理由;研究分析对方的心理、需求及特点;消除对方戒心、成见;不要操之过急、急于奏效;不要一开始就批评对方,把自己的意见观点强加给对方;说话用语要朴实亲切,不要过多讲大道理;态度诚恳、平等待人,积极寻求双方的共同点;承认对方"情有可原",善于激发对方的自尊心;坦率承认如果对方接受意见,己方也可获益。

②说服具体技巧包括:讨论先易后难;多向对方提出要求、传递信息、影响对方意见;强调一致、淡化差异;先谈好,后谈坏;强调合同有利于对方的条件;待讨论赞成和反对意见后,再提出意见说服对方时,要精心设计开头和结尾,要给对方留下深刻印象;结论要由己方明确提出,不要让对方揣摩或自行下结论;多次重复某些信息和观点;多了解对方,以对方习惯的、能够接受的方式和逻辑去说服对方;先做铺垫,不要奢望对方一下子接受突如其来的要求;强调互惠互利、互相合作的可能性、现实性,激发对方在自身利益认同的基础上来接纳己方的意见。

(6) 注意正确使用语言。

①准确易懂。在谈判中,所使用的语言要规范、通俗,使对方容易理解,不致产生误会。

②简明扼要,具有条理性。由于人们有意识的记忆能力有限,对于大量的信息,在短时间内只能记住有限的、具有特色的内容,所以在谈判中一定要用简明扼要而又有条理性的语言来阐述自己的观点,这样才能在洽谈中收到事半功倍的效果。反之,如果信口开河,不分主次,话讲了一大堆,不仅不能使对方及时把握要领,而且还会使对方产生厌烦的感觉。

③第一次要说准确。在谈判中,当双方要求提供资料时,第一次一定要说准确,不要模棱两可、含混不清。如果对对方要求提供的资料不甚了解,应延迟答复,切忌脱口而出。要尽量避免使用包含上、下限的数值,以防止波动。

④语言富有弹性。谈判过程中使用的语言应当丰富、灵活、富有弹性。对于不同的谈判对手,应使用不同的语言。

如何在谈判过程中进行讨价还价？讨价还价是谈判中一项重要的内容,一个优秀的谈判者不仅要掌握谈判的基本原则、方法,还要学会熟练地运用讨价还价的策略和技巧,以达到谈判的成功。在谈判中,具有下列讨价还价的一些策略和技巧:

①投石问路策略。要想在谈判中掌握主动权,就要尽可能地了解对方的情况,尽可能地了解掌握某一步骤对对方的影响以及如何反应。例如,在价格阶段讨论中,想要试探对方对价格有无回旋的余地,就可提议:"如果我方增加购买数额,贵方可否考虑价格优惠呢？"然后,可根据对方的开价,进行选择比较,讨价还价。

②抬价压价策略。在谈判中,要经过多次的抬价、压价才能相互妥协,确定一个双方认可的价格标准。由于谈判时抬价一方不清楚对方要求多少,在什么情况下妥协,所以运用的关键是抬到多高才是对方能够接受的。因此,时间越久,局势就会越有利于有信息、有耐力的一方。压价是抬价的破解:一种是买方先报价格,可以低于预期进行报价,留有讨价还价的余地;另一种是卖方先报价,买方再还价。

③价格让步策略。价格让步的方式和幅度直接关系到让步方的利益,理想的方式是每次做递减式让步,做到让而不乱,成功地遏制对方无限制让步的要求。

④最后报价策略。谈判者要掌握好最后出价的时机和方式。如果在双方各不相让,甚至是在气愤、对峙状况下最后报价,无异于是在发出最后通牒,会危及谈判顺利进行。当双方就价格问题不能达成一致时,如果报价一方看出对方有明显的达成协议的倾向,这时提出最后的报价较为适宜。

在讨价还价过程中,根据当时的情形和各个策略所具有的不同特点,恰当地运用,有助于谈判者掌握谈判过程中的主动权,获得最大的效益。

第二节 采购合同的洽谈、签订与管理

一、采购合同的洽谈、签订

1. 采购合同的洽谈

(1) 摸底阶段。在正式谈判开始前,因为双方的主要任务是相互摸底,希望知道对方的谈判目标底线,所以在这一阶段说话往往非常谨慎,通常以介绍自己的来意、谈判人员的情况(姓名、职务、分工等)、本企业的历史、产品的有关情况等为主,并倾听对方的意见和观察其反应。在这一阶段,价格这一敏感问题往往先

不在谈话中涉及,而是在倾听对方意见之后再做决定。

(2) 询价阶段。价格是采购谈判的敏感问题,也是谈判关键的环节,在这一阶段要考虑的问题是:谁先开价、如何开价、对方开价后如何还价等。

(3) 磋商阶段。在进行询价后,谈判就进入了艰难的磋商阶段。因为双方都已经知道了对方的初始报价,所以在磋商阶段主要是双方彼此讨价还价,尽力为己方争取更多利益的阶段。初始报价已经表明了双方分歧的差距,要为己方争取更多的利益,就必须判断对方为何如此报价,他们的真实意图是什么。可以通过一系列审慎的询问来获得信息,比如这一报价和购买数量的关系,是否包括运费、零配件费用和其他费用在内等。在这一阶段,不适宜马上对对方的回答予以评论或反驳。

(4) 解决分歧阶段。在明确了分歧类型和产生的原因之后,就要想办法消除双方之间的分歧。对由于误解而造成的分歧,通过加强沟通、增进了解,一般是可以消除的。由于策略的考虑而人为造成的分歧,比如双方立场相差很远而形成的真正分歧,其消除是非常困难和漫长的,需要高明的策略和技巧。

(5) 成交阶段。经过磋商之后,双方的分歧得到解决,就进入成交阶段。在这个阶段,谈判人员应将意见已经一致的方面进行归纳和总结,并办理成交的手续或起草成交协议文件。

2. 采购合同的签订

这是谈判的最后阶段,在这一阶段主要做好以下工作:

(1) 检查成交协议文本。应该对文本进行一次详细的检查,尤其是对关键的词、句子和数字的检查一定要仔细认真。一般应该采用统一的、经过公司法律顾问审定的标准格式文本,如合同书、订货单等。对大宗或成套项目交易,其最后文本一定要经过公司法律顾问的审核。

(2) 签字认可。经过检查审核之后,由谈判小组长或谈判人员签字并加盖公章,予以认可。

(3) 小额交易的处理。小额交易是直接进行交易,再检查确认,应主要做好货款的结算和产品的检查移交工作。

无论是什么样的谈判及谈判的结果如何,双方都应该诚恳地感谢对方并礼貌地道别,以致力于建立长期的合作关系。

二、采购合同的内容与格式

一份完整的采购合同通常是由首部、正文与尾部三部分组成。

1. 首部

采购合同首部主要包括名称、编号、签约日期、签约地点、买卖双方的名称、合同序言等。

2. 正文

合同正文是购销双方议定的主要内容，是采购合同的必备条款，是购销双方履行合同的基本依据。合同正文主要包括以下内容：

（1）采购商品的名称。

（2）品质。品质是指商品所具有的内在质量与外观形态的结合，包括各种性能指标和外观造型。该条款的主要内容有技术规则、质量标准、品牌等。

对合同品质的控制方法有两种：使用实物或样品和使用设计图纸或说明书。在使用样品确定品质时，供应商提供的物品的品质要与样品的品质完全一致。使用图纸或说明书确定品质时，供应商提供的物品的品质要符合设计图纸或说明书的要求。

（3）价格条款。该条款的主要内容包括计量单位的价格金额、货币类型、交货地点、国际贸易术语（例如 FOB、CIF 等）、物品定价方式（固定价格、滑动价格、后定价格等）。

（4）数量。数量是采用一定的度量制度来确定买卖商品的重量、个数、长度、面积、容积等。它包括的主要内容有交货数量、单位、计量方式等。必要时，还应清楚说明误差范围，例如苹果为 10 000 千克，误差范围为 2%。

（5）包装。包装是为了有效地保护商品在运输存放过程中的质量和数量要求，它有利于分拣和环保，并把货物装进适当容器。该条款的主要内容有包装标志、包装方法、包装材料要求、包装质量、包装要求、环保要求、规格、成本、分拣运输成本等。

（6）运输方式。装运是把货物装上运载工具并运送到交货地点。该条款的主要内容有运输方式、装运时间、装运地与目的地、装运方式（分批、转运）和装运通知等。在 FOB、CIF、CFR 合同中，卖方只需履行合同中的交货义务。提单签发的时间和地点即为交货时间和地点。

（7）到货期限。到货期限是指约定的最晚到货时间，它要以不延误企业生产经营为标准。

（8）交货地点。指供应商将用户采购的物品最终交付给用户的地点。一般要求供应商提供"门到门"服务，即把物品送到用户的仓库或商店的门口。

（9）检验。采购方对购入的货物进行检验，要根据货物的生产类型、产品性能、技术条件的不同，采取感官检验、理化检验、破坏性检验等方法。双方应在合同中约定检验的标准、方法、期限以及索赔的条件。

（10）支付条款。包括支付手段、付款方式、支付时间等。

（11）保险。该条款的主要内容包括确定保险类别及其保险金额，指明投保人并支付保险费。根据国际惯例，凡是按 CIF 和 CIF 条件成交的出口货物，一般由供应商投保；按 FOB、CFR、CPT 条件成交的出口货物，由采购方办理保险。

(12) 违约责任。违约责任是采购合同的当事人由于自己的过错,没有履行或没有全部履行应承担的义务,按照法律规定和合同约定应承担的法律责任。对于违约责任条款当事人应根据《合同法》的规定,在合同中进一步具体规定。

(13) 仲裁。当事人在合同中约定仲裁条款或者在纠纷时达成仲裁协议,这是仲裁机构受理合同纠纷的法律依据。它包括仲裁机构、适应的仲裁程序、仲裁地点、解决效力等。

(14) 不可抗力。遭遇不可抗力的一方可因此免除合同责任。该条款包括不可抗力的含义,适应范围,法律后果,双方的权利、义务等。

3. 尾部

采购合同的尾部包括的内容有:合同的份数、使用语言及效力、附件、合同的生效日期、双方的签字盖章。

三、采购合同管理

采购合同确认了供需双方之间的购销关系和权利、义务。依法订立合同后,双方必须严格执行。因此,采购人员在签订采购合同前,必须审查供应商的合同资格、资信及履约能力,按合同法的要求,逐条订立购货合同的各项必备条款。

1. 订立采购合同的审查资格

(1) 审查供应商的合同资格。为了避免和减少采购合同执行过程中的纠纷,在正式签订合同之前,采购人员首先应审查供应商作为合同主体的资格。它直接关系到所签订合同是否具有法律效力。

①法人资格审查。审查供应商是否属于经国家规定的审批程序成立的法人组织。在审查供应商法人资格时应注意:没有取得法人资格的社会组织、已被吊销营业执照取消法人资格的企业或组织,无权签订购货合同。要特别警惕一些根本没有依法办理工商登记手续或未经批准的所谓"公司",他们或私刻公章,冒充法人;或假借他人名义订立合同,旨在骗取购货方的货款或定金。同时,要注意识别那些没有设备、技术、资金和组织机构的"四无"企业,他们往往在申请营业执照时弄虚作假,以假验资、假机构骗取营业执照,虽签订供货合同并收取货款或定金,但根本不具备供货能力。

②法人能力审查。法人能力审查主要是审查供应商的经营活动是否超出营业执照批准的范围。超越其业务范围以外的经济合同,属无效合同。法人能力审查还包括对签约的具体经办人的审查,购货合同必须由法人的法定代表人或法定代表人授权的承办人签订。法人的法定代表人就是法人的主要负责人,如厂长、总经理等,他们对外代表法人签订合同。法人代表也可授权业务人员,如推销员、采购员作为承办人,以法人的名义订立购货合同。承办人必须有正式授权证明书,方可对外签订购货合同。法人的代表人在签订购货合同时,应出示本人的身

份证明、法人的委托书、营业执照或副本。

（2）审查供应商的资信和履约能力。资信，即资金和信用。审查卖方当事人的资信情况，了解供应商对购货合同的履约能力，对于在购货合同中确定权利和义务条款具有非常重要的作用。

①资信审查。具有固定的生产经营场所、生产设备和与生产经营规模相适应的资金，特别是拥有一定比例的自有资金，是一个法人对外签订购货合同起码的物质基础。在准备签订购货合同时，采购人员在向卖方当事人提供自己的资信情况说明的同时，要认真审查卖方的资信情况，从而建立互相信赖的关系。

②履约能力审查。履约能力是指当事人除资信以外的技术和生产能力、原材料与能源供应、工艺流程、加工能力、产品质量、信誉高低等方面的综合情况。总之，就是要了解对方有没有履行合同所必需的人力、物力、财力和信誉保证。

2. 合同变更和解除

当一方要求变更或解除合同时，在新的协议未达成之前，原合同仍然有效。要求变更或解除合同的一方应采取书面形式（文书、电报等）及时通知对方。对方在接到通知后15天内（另有规定或当事人另外商定期限者除外）予以答复，逾期不答复的视为默认。

变更或解除合同的日期，以双方达成协议的日期为准；须报经上级主管部门批准的，以批准的日期为准。另外，签订合同有笔误需要修正的，须经双方协商同意后才生效。

3. 无购货合同

当采购数量不大、货款不多时，常常采用不签订合同的采购方式，购销双方即时货、款两清，这就是无购货合同方式。在这种情况下，采购人员应注意：一是向商业信誉良好的厂商采购；二是在检验物资外观的同时，还要注意有无生产厂家标志、有无产品合格证及生产日期等，防止采购假冒伪劣产品；三是所购物资在使用过程中，一旦发生质量问题而使买方遭受人身伤亡或蒙受经济损失时，依照我国民法及有关的产品责任法规处理，产品的生产者及销售者即对受害者构成了侵权行为，受害者或者家属及其他人可起诉，依法追究其法律责任。

第五章 采购合同的履行

第一节 采购合同的规则

订立采购合同的目的是,让买卖双方的行为都受到一定的约束,以保护双方的利益不受侵害。一份好的采购合同对双方都是平等、公正的。

一、采购合同确定的一般规则

采购合同生效后,当事人对质量、价款、确定期限和地点等内容没有约定或者约定不明确的,可以协议补充;不能达成补充协议的,按照合同有关条款或者交易习惯确定。如果按照合同有关条款或交易习惯仍不能确定的,适用下列规定:

质量要求不明确的,按照国家标准、行业标准确定;没有国家标准、行业标准的,按照通常标准或者符合合同目的的特定标准确定。

价款或者报酬不明确的,按照订立合同时的市场价格确定;依法应当执行政府定价或者政府指导价的,按规定确定。

确定地点不明确的,在确定义务一方所在地确定。

确定期限不明确的,债务人可以随时确定,债权人也可以随时要求确定,但应当给对方必要的准备时间。

确定方式不明确的,按照有利于实现合同目的的方式确定。

确定费用的负担不明确的,由确定义务一方负担。

1. 采购合同标的物的权属转移

(1) 标的物的交付时间依据《合同法》第一百三十三条规定,应按照下列规定处理:

①送货标的物的交付时间。卖方负责标的物送货的,应以卖方将标的物送到指定地点交买方接收的时间为标的物的交付时间,此时标的物所有权也随之转移。

②代运代邮标的物的交付时间。卖方代办运输或代邮的,卖方办理完托运或邮寄手续时为标的物的交付时间。

③提货标的物的交付时间。买方自己提货的,应以卖方通知和买方提货的实

际日期为标的物的交付时间。

④事先占有标的物的交付时间。标的物在订立合同之前已为买方占有的,双方在合同中约定的交付时间即为标的物的交付时间。如合同没有约定的,合同生效即视为标的物的交付完成。

⑤必须确定特定手续的标的物的交付时间。法律要求必须确定特定手续的,以确定完成特定手续时为标的物的交付时间。

(2) 确定标的物的交付地点依据《合同法》第一百四十一条规定,应按照下列步骤进行:

当事人在合同中有约定的,依其约定。

当事人未约定或约定不明确的,可以协议补充达不成补充协议的,当事人可以根据合同的有关条款或交易习惯确定交付地点。

按照以上方法均不能确定交付地点的,如标的物需要运输的,以卖方将标的物交给第一承运人的地点为交付地点。

按照以上方法均不能确定交付地点且合同标的物不需要运输的,如果当事人在订立合同时知道标的物在某一地点,则该地点为交易地点;如果当事人不知道标的物在某一地点的,则以订立合同时卖方营业地为交付地点。

2. 标的物质量、数量、包装条款的确定

(1) 标的物质量条款的确定。关于标的物的质量确定,应首先以当事人在合同中的约定为准,如没有明确约定,但卖方提供了质量说明的,该说明可作为质量要求。另外,卖方的产品介绍、产品说明书等,均构成对标的物质量的明示担保,如果实际交付的标的物与这些说明不符,即构成违约。如果当事人对标的物质量要求未约定或约定不明确的,应按照采购合同确定的一般规则确定。

(2) 标的物数量条款的确定。在采购合同的确定中,卖方多交付标的物的,买方可以有两种处理办法:第一种办法是接收卖方多交付的标的物,此时买方应当按照合同约定的价格支付多交付标的物的货款;第二种办法是拒绝接收卖方多交付的标的物,此时买方应及时通知卖方。

(3) 标的物包装条款的确定。当事人应在合同中对标的物的包装要求做出明确规定,没有约定或约定不明确的,可以协议补充,达不成补充协议的,按照交易习惯来确定。仍不能确定的,卖方有义务提供通用的包装方式;没有通用包装方式的,卖方有义务提供足以保护标的物的包装方式。如因卖方提供的包装不符合要求而导致标的物受到损坏的,卖方应承担责任。

二、采购合同的争议与解决

在物资采购过程中,买卖双方往往会因彼此之间的责任和权利问题引起争议,并由此引发索赔、理赔、仲裁以及诉讼等。为了防止争议的产生,并在争议发生后能获得妥善的处理和解决,买卖双方通常都在签订合同时,对违约后的索赔、理赔事项等内容事先做出明确的规定。这些内容反映在合同内,就是违约责任条款。

1. 争议、索赔和理赔的含义

(1) 争议。争议是指买卖的一方认为另一方未能全部或部分确定合同规定的责任与义务所引起的纠纷。采购活动中的争议主要有下列3种原因:卖方违约,如拒不交货,未按照合同规定的时间、品质、数量、包装交货,货物与单证不符等;买方违约,如未按合同规定时间付清货款,或未按合同规定的时间、地点提货、验收等;合同规定不明确、不具体,以致买卖双方对合同条款的理解或解释不一致。

(2) 索赔和理赔。无论是买方还是卖方违反合同条款,在法律上均构成违约行为,都必须赔偿受害方因其违约而受到的损失。索赔就是指受害的一方在争议发生后,向违约的一方提出赔偿的要求。理赔就是指违约的一方受理遭受损害的一方提出的索赔要求。索赔和理赔其实就是一个问题的两个方面。

2. 区分违反合同的责任

在采购合同确定过程中,如果未能按合同要求把采购物资送达卖方,那么首先应该分清是卖方的责任还是运输方的责任,认清索赔对象。

(1) 违反购货合同的责任

①卖方的责任包括如下内容:货物的品种、规格、数量、质量和包装等不符合合同的规定,或未按合同规定的日期交货,应赔付违约金、赔偿金。货物错发到货地点或接货单位(人),除按合同规定运到规定的到货地点或接货单位(人)外,还要承担因此而多支付的运杂费。如果造成逾期交货,须赔付逾期交货违约金。

②买方的责任有以下内容:中途退货应赔偿违约金、赔偿金。未按照合同规定日期付款或提货,应赔付违约金。填错或临时变更到货地点,要承担由此支出的费用。

(2) 违反货物运输合同的责任

当物资需要从卖方收货地点收货时,如果未按购货合同要求到货,应分清是货物承运方还是托运方责任。

①承运方的责任如下所述:不按运输合同规定的时间和要求发运的,赔付托运方违约金。物资错运到货地点或接货人,应无偿运至合同规定的到货地点或接货人。如果货物逾期运到,须赔付逾期交货的违约金。运输过程中物资的灭失、短少、变质、污染、损坏,按其实际损失(包括包装费、运杂费)赔偿。联运的物资发生灭失、短少、变质、污染、损坏,应由承运方承担赔偿责任的,具体是由终点阶段的承运方先按照规定赔偿,再由终点阶段的承运方向负有责任的其他承运方索赔。

在符合法律和合同规定条件下的运输,由于不可抗力的地震、洪水、风暴等造成物资灭失、短少、变质、污染、损坏的,承运方不承担违约责任。

②托运方的责任如下所述:未按运输合同规定的时间和要求提供货物运输,赔付承运方违约金。在普通物资中夹带、匿报危险物资、错报笨重货物重量等而招致物资摔损、爆炸、腐蚀等事故,承担赔偿责任。罐车发运的物资,因未随车附带规格、质量证明或化验报告,造成收货方无法卸货时,托运方偿付承运方卸车等费用及违约金。

③已投财产保险时,保险方的责任包括:对于保险事故造成的损失和费用,在保险金额的范围内被保险方为了避免或减少保险责任范围的损失而进行的施救、保护、整理、诉讼等所支出的合理费用,保险方依据保险合同规定赔付。

3. 索赔和理赔应注意的问题

发生合同争议后,应首先分清卖方、买方或运输方的责任。如买方在采购活动中因卖方或运输方责任蒙受了经济损失,可以通过与其协商交涉进行索赔。

索赔和理赔既是一项维护当事人权益和信誉的重要工作,又是一项涉及面广、业务技术性强的细致工作。因此,在提出索赔和处理理赔时,必须注意下列问题。

(1) 索赔的期限。索赔的期限是争取索赔一方向违约一方提出索赔要求的违约期限。如果逾期提出索赔,对方可以不予理赔。

(2) 索赔的依据。提出索赔时,必须出具对方违约而造成需方损失的证据(保险索赔另行规定)当争议条款为物资的质量条款时,该证据要与合同中检验条款的规定相一致。

(3) 索赔金额及赔偿方法。处理索赔的方法和索赔的金额,除了个别情况外,通常在合同中只做一般笼统的规定,而不做具体规定。因为违约的情况比较复杂,所以当事人在订立合同时往往难以预计。有关当事人双方应依据合同规定和违约事实,本着平等互利和实事求是的精神,合理确定损害赔偿的金额或其他处理方法,如退货、换货、补货、整修、延期付款、延期交货等。

4. 仲裁

经济仲裁是指经济合同当事人双方发生争议时,如果通过协商不能解决,当事人一方或双方自愿将有关争议提交给双方所同意的第三者,依照专门的裁决规则进行裁决。裁决的结果对双方都有约束力,双方必须依照执行。

当采购方与供应商发生纠纷需要仲裁时,可按照一般的仲裁程序到相应的受理机构提出仲裁申请。仲裁机构受理后,经调查取证,先行调解,如调解不成,再进行庭审,开庭裁决。

三、采购合同的跟踪

采购跟踪是对采购合同的执行、采购订单的状态、接收货物的数量及退货情况的动态跟踪。采购跟踪的目的在于促使合同正常执行,协调企业和供应商的合作,在满足企业货物需求的同时,又保持最低的库存水平。

(1) 跟踪供应商的货物准备过程。采购方应该严密跟踪供应商准备货物的过程,以保证订单按时、按量完成。

(2) 跟踪进货过程。货物准备完毕之后,要进行包装、运输。无论是供应商负责送货,还是采购方自提货物,都要对进货过程进行跟踪。运输过程是很容易发生风险的过程,要注意运输工具的选择是否得当、货物有否特殊要求,避免在运输过程中发生货损。尤其对于远洋或长途运输,跟踪进货的过程更显得重要。

(3) 控制好货物的检验与接收。采购人员货物的检验与接收的跟踪,可以发现在发生缺货、货损、不合格品等问题的情况下,采购人员能够及时与供应商进行协商解决,进行补货、退还等。

(4) 控制好库存水平。货物检验完毕之后就要入库,库存是采购物流中的重要环节,它是企业正常运转的调节器。库存量太小不能满足生产、销售要求,而库存太大又会占用资金,造成浪费,两种结果都会影响企业的正常周转。因此,控制一个合理的库存水平十分重要。采购部门应该以订单为导向,兼顾生产水平和供应商对订单的反应速度,来确定最优的订货周期和订货量,从而维持最低的库存水平,节约资金,防止浪费。

(5) 督促付款。货物入库之后,财务部门要凭一系列单据办理对供应商的付款。采购方有义务及时提交单据,并督促财务部门按照流程规定按期付款,以维护企业的声誉。

第二节 采购产品的质量管理

一、制定质量检测方案

1. 采购质量管理流程

采购质量管理是企业全面质量管理的重要组成部分,也是关系企业整体采购绩效的决定性环节之一,采购经理人员必须高度关注采购质量管理。虽然不同的商品和物料存在着技术和质量标准的诸多差异,但采购质量管理的流程和控制点是基本相同的,表5-1归纳了采购质量管理流程设计与控制要点。

表 5-1 采购质量管理流程设计与控制要点

审查项目	审查内容	审查要点	审查方法	合格	一般不合格	严重不合格
采购制度	1. 制定采购原材料、零部件的质量控制制度	是否制定了采购质量控制制度,制度内容是否完整合理	查有关文件	制度健全,内容完整	建立了制度,但内容不完善	无采购原材料、外购件的质量控制制度
	2. 如有外协加工等委托服务项目,应制定相应的质量管理控制办法	是否制定了外协加工等委托服务项目的质量管理控制办法,该办法内容是否完整合理	查有关文件	制度健全,内容完整	建立了制度,但内容不完善	无有关的质量管理控制办法
供方评价	1. 制定供方评价准则,并进行评价	是否制定了供方评价准则,是否按规定进行了供方评价	查供方评价准则,并抽查若干个供方档案和采购合同(关键、安全件必查)	评价准则科学、客观,评价过程符合规则	一般件未从合格供方中采购的未超过10%	违反评价准则和评价程序
	2. 保存原材料、零部件的供方及外协单位的名单和供货、协作质量记录,以进行质量控制	是否保存供方及外协单位名单和供货、协作记录,是否对供方及外协方进行质量控制	查有关记录,抽查若干个供方档案和采购合同(关键、安全件必查)	质量记录齐全,对供方及协作方质量控制有效	供货、协作质量记录不全	—

续表 5-1

审查项目	审查内容	审查要点	审查方法	合格	一般不合格	严重不合格
采购文件	企业应根据正式批准的采购文件进行采购	是否有采购文件（如：采购计划、采购清单、采购合同等），采购文件是否明确了验收规定采购文件是否经正式批准是否按采购文件进行采购	抽若干种主要外购外协件,查有关采购文件及记录	根据正式批准的采购文件进行采购	有文件,但质量要求不明确,或个别文件未批准,或个别外购外协件未按采购文件进行采购	—
采购验证	按规定对采购的原材料、零部件以及外协件进行质量检验或者根据有关规定进行质量验证,检验或验证的记录应该齐全	是否对采购及外协件的质量检验或验证作出规定,是否按规定进行检验或验证,是否保留检验或验证的记录	检验有关检验或验证规定,并抽查若干份检验或验证记录	按规定进行质量检验,检验或验证的记录齐全	规定不够完善；或检验、验证有缺漏项,记录不齐全	无进货检验、验证规范或未按规定进行质量检验,无检验或验证的记录

一般情况下,可以按照事前规划、事中执行和事后考评的三段设计思路,规划和设计采购质量管理流程。

(1) 事前规划

事前规划包括：决定质量标准并开列具体的规格；企业和供应商双方确认规格及图样；了解供应商的承担能力；企业和供应商双方确认验收标准；要求供应商实施质量控制制度(质量控制认证等级等)。

(2) 事中执行

事中执行包括：检查供应商是否按照规范作业；提供试验品以供质量检测；派驻检验员抽查在制品的质量；质量控制措施是否落实。

(3) 事后考评

事后考评包括：严格执行验收标准；解决企业和供应商双方有关质量方面的

分歧;提供质量异常报告;要求供应商承担保证和保修责任;淘汰不合格供应商。

2. 采购质量管理方案的制定

(1) 确立采购质量控制原则

企业和供应商具有相互了解对方的质量控制体系,并合作实施质量控制的责任。

企业和供应商各具自主性,并且必须互相尊重对方的自主性(双方对等、相互尊重)。

企业有责任提供给供应商有关物料的充分信息。

企业和供应商于交易开始之际,对于有关质、量、价格、交货期、付款条件等事项,必须签订合理的契约。

供应商有责任保证物料的质量,必要时,有责任向企业提供必要的客观数据资料。

企业和供应商签订契约时,必须拟订双方可接受的评价方法。

企业和供应商对于双方之间的各种争议解决方法及程序,必须于订约时签订。

企业和供应商应相互站在对方的立场,交换双方实施质量控制所必要的信息。

企业和供应商为了双方的关系能够更圆满顺利,对于订购作业、生产管制、存货计划等,应经常做妥善的管理。

企业和供应商于交易之际,都应充分考虑最终消费者的利益。

(2) 制定采购质量标准

采购质量标准应包括以下几项:

规格、图样与采购订单的要求。采购人员应拟订一套合适的法则,以确保供应物料的要求得以明确叙述、沟通,而最重要的是要完全为供应商所了解。这些法则可包含拟订规格、图样及采购订单和下订单前买卖双方会谈等的书面程序,以及其他适合物料采购的方法。

合格供应商的选择标准和程序。

质量保证协议和解决纠纷的条款。

接受检验计划与管制。

接受质量记录。

(3) 建立质量检验体系

三检制即操作者的自检、工人之间的互检和专职检验人员的专检相结合的一种检验制度。

自检是生产者对自己生产的产品,按照图样、工艺或合同中规定技术标准自行检验,并做出是否合格的判断。这种检验充分体现了生产工人必须对自己生产的产品的质量负责。通过自我检验，使生产者充分了解自己生产的产品在质量上存在的问题，并开动脑筋，寻找出现问题的原因，进而采取改进的措施，这是工人参与质量管理的重要形式。

互检是工人之间进行检验。互检主要有：下道工序对上道工序流转过来的产品进行抽检；同一机床、同一工序轮班交接时进行的相互检验；小组质量员或班组长对本小组工人加工出来的产品进行抽检等。这种检验不仅有利于保证加工质量，防止疏忽大意而造成成批地出现废品，且有利于搞好班组团结，加强工人之间良好的群体关系。

(4) 编制采购质量管理文件

为了保证采购商品符合质量要求，企业采购部门在采购商品时应根据申购部门提出的具体要求和规格，编制采购质量文件，向供应商提出明确、具体的要求，并让供应商充分理解这些要求，如商品的规格、图样、等级、质量标准、验收检验规则、质量保证要求等。

①采购质量文件内容。采购质量文件内容应至少包括以下几点：

采购商品的准确标志，包括类别、型式、规格、等级、数量和其他准确的限额标志，以防止误购。

采购商品的技术和质量要求，包括标准、技术规范、图样、过程要求、检验规则及其有关资料（包括商品、程序、过程设备和人员的认可和鉴定要求）的名称，以及这些技术及质量要求所适用的有效版本，以防止购入不合格品。

当涉及新研制材料、器材或对原材料、器材有特殊要求时，采购部门应会同生产技术部门与供应商签订技术协议。技术协议要求包括：特殊技术要求及质量责任；试制、试验、试用的程序和必须具有的原始记录；技术协调、试加工、匹配试验、复验鉴定和装机使用的要求、交货状态及特殊的检验方法；其他特殊的质量控制要求。

对供应商质量管理体系和保证能力提出要求。根据采购商品的类别和供应商的质量和信誉，制定出适用的质量体系标准的名称、编号，提出不同的质量保证和交付能力要求，并要求供应商提供有关的质量保证文件（如产品检验记录、试验报告、使用说明书、设备装配图、设备易损件图、备品备件清单、材料的成分等）、设计审查的规定、制造过程质量监控的规定、成品检验与会检的规定等。

②编制采购质量文件的技巧。采购质量文件所规定的内容应齐全。根据企业生产技术部门提交的备料计划或外协配套计划，采购部门根据本企业资源（如库存情况）编写采购质量文件。

对采购商品要提出适当、明确的质量要求。"适当"就是既不能降低也不能提高设计部门、技术部门对拟购商品提出的要求。降低要求不能保证应有的质量，而提出过高的要求，又会造成功能过剩，优材劣用、大材小用，导致资源的浪费和采购成本的提高。采购不同的商品应按其自然属性、用途提出不同的技术要求，如对金属材料一般应考虑其物理性能、化学性能、力学性能、工艺性能、化学成分等；对机电设备一般应考虑机械性能、物理性能、使用环境和工作条件、结构特征与工作原理、技术特性、安全与可靠性、使用性能、配套性等。各种技术性能指标应符合相应的标准，凡有国家标准、行业标准和地方标准的都应采用。同时，质量要求不仅包含技术要求，还要包含供应商的质量体系和质量保证要求等条款。对重要产品所需采购的原材料，还可增加原材料制造的质量计划和现场监造或监检要求，并注明保证监造或监检顺利进行的必要条件。

正确处理质量与成本、供应、服务等要素之间的关系。对不同的采购商品、不同的应用场合，应采用不同的质量标准，不能一刀切。

正确地处理好质量与成本的关系。采购商品质量并不是越高越好，质量过高会使成本大大增加，为此，要处理好质量与成本之间的关系。目前最常用的方法是使用性能价格比来平衡。作为采购人员，应根据性能、价格慎重地确定质量标准，以便能正确地采购每一种商品。

正确地处理好质量与供应的关系。对采购大批量商品，如提出过高的质量要求，可能会导致供应商加工周期过长，严重时会导致缺货。为此，采购人员在编写采购质量文件时，确定的质量要求要恰当，要考虑供应状况。

正确地处理好质量与销售服务之间的关系。由于企业产品组成部件的质量问题导致故障频繁发生，不仅使产品在用户心目中的印象较差，而且给售后服务带来麻烦，增加服务成本。所以，在编写采购质量文件时，要合理确定质量检验方法和规则，把好供应商质量关。

确保采购质量文件的有效性。编制采购质量文件所引用的标准要保证是当前的最新版本，确保所编制的采购质量文件的现行有效性，同时，还要尽量地与ISO等国际标准及国外先进标准相接轨。

要有一定的审批程序。为了做到有章可循，有法可依，明确有关人员的职责，防止购回不合格商品，每一企业应根据组织机构设置，明确质量职责，合理确定采购质量文件的审批程序，采购质量文件必须经过严格的审批才能生效。

编写采购质量文件所用语言要简明、通俗、准确。采购质量文件是为指导采购人员正确使用而编写的，因此，采购质量文件必须对采购人员、企业生产高度负责。采购质量文件要措辞准确、逻辑严谨，用词禁忌模棱两可，防止不同采购人员从不同角度产生不同的理解。此外，采购质量文件还要简洁、明了、通俗、易懂，不要使用生僻词语或深奥难懂的术语及地方俗语，在保证技术条款无误、准确的前提下尽量使用大众化的语言，充分考虑采购人员的阅读习惯和理解方式，使不同层次的采购人员都能正确理解，一看就懂，以便按要求进行采购。

二、评定供货样品质量

商品的品质（Quality of Goods）是指商品的内在素质和外观形态的综合。前者包括商品的物理性能、机械性能、化学成分和生物特性等自然属性，后者包括商品的外形、色泽、款式或透明度等。

1. 选择表示商品品质的方法

用图样或技术文件界定。对于非通用零部件品质，通常用图样进行描述；对于那些难以用图样来表达或难以呈现样品的物料品质，通常用技术文件描述。

用国际（国家、行业）标准表示。很多标准件无需用图样也无需送样品，只需写明所需要的大小及标明供应商遵照的国际标准就可以。

用样品表示。样品一般用于那些难以用文字、图示表达的物料或物料的某些特性。

在国际贸易中，表示品质的方法也多种多样，归纳起来，包括凭实物表示和凭说明表示两大类。

（1）凭实物表示品质。凭实物表示品质又可分为看货买卖和凭样品买卖：

①看货买卖。当买卖双方采用看货成交时，买方或代理人通常先在第三方存放货物的场所验看货物，一旦达成交易，卖方就应按对方验看过的商品交货。只要卖方交付的是买方验看过的货物，买方就不得对品质提出异议。这种做法多用于寄售、拍卖和展卖的业务中。

②凭样品买卖。样品通常是从一批商品中抽出来的或由生产、使用部门设计、加工出来的，足以反映和代表整批商品品质的少量实物。凡以样品表示商品品质并以此作为交货依据的，称为"凭样品买卖"（Sale by Sample）。

在国际贸易中，通常由卖方提供样品，凡以卖方样品作为交货的品质依据者，称为"凭卖方样品买卖"。卖方所交货物的品质必须与提供的样品相同。有时买方为了使其订购的商品符合自身要求，也会提供样品交由卖方依样承制，如卖方同意按买方提供的样品成交，称为"凭买方样品买卖"。有时卖方可根据买方提供的样品，加工复制出一个类似的样品交买方确认，这种经确认后的样品，称为"对等样品"（Counter Sample）或"回样"，也有时称之为"确认样品"（Confirming Sample）。当对等样品被买方确认后，日后卖方所交货物的品质，必须以对等样品为准。此外，买卖双方为了发展贸易关系和增进彼此对对方商品的了解，往往采用互相寄送样品的做法。这种以介绍商品为目的而寄出的样品，最好标明"仅供参考"（For Reference Only）字样，以免与标准样品混淆。

（2）凭说明表示品质。凭说明表示品质，是指用文字、图表、图片等方式来说明成交商品的品质。这类表示品质方法可细分为如下几种：

①凭规格买卖（Sale by Specification）。商品规格是指一些足以反映商品品

质的主要指标,如化学成分、含量、纯度、性能、容量、长短、粗细等。国际贸易中的商品由于品质特点不同,其规格也各异,买卖双方凡用商品的规格确定品质时,称为"凭规格买卖"。

②凭等级买卖(Sale by Grade)。商品的等级是指同一类商品按规格上的差异,分为品质优劣各不相同的若干等级。凭等级买卖时,由于不同等级的商品具有不同的规格,为了便于履行合同和避免争议,在品质条款列明等级的同时,最好一并规定每一等级的具体规格。这对简化手续、促进成交和体现按质论价等方面,都有一定的作用。

③凭标准买卖(Sale by Standard)商品的标准是指将商品的规格和等级予以标准化。商品的标准,有的由国家或有关政府主管部门规定,有的由同业公会、交易所或国际性的工商组织规定。有些商品习惯凭标准买卖,人们往往使用某种标准作为说明和评定商品品质的依据。

2. 供货商样品质量评定方法

设定品质判定的基准,即明确检验的项目及格。对于样品检验来说,依据产品设计要求的零部件图样、材料、要求等事项做成零部件(或原材料)的检验规格书;对于成品检验来说,依据成品的图样及设计规格等,做成成品检验规格书。

按等级划分缺陷。明确致命缺陷、严重缺陷、轻微缺陷各种等级具体的划分、判定的方法。

决定品质允许水准 AQL(Acceptable Quality Level 合格质量水平)。AQL的允许水准有很多种,对于具体选用哪种水准,取决于企业自身特点以及企业客户的要求。

三、不合格品管理

ISO 8402:1994 中对不合格品的定义为:没有满足某个规定的要求在质量控制工作中,对可疑的不合格品或生产批次,必须认真加以鉴别。对确实不符合要求的产品必须确定为不合格品。

在与供应商的合作过程中,供应商提供的商品可能会出现不合格品,客观合理地判定与处理不合格品对形成良好的供应商关系非常重要。

1. 不合格品的发现

产生不合格品的原因很多,如设备损坏、原材料不合格、工艺控制不严格、人员疏忽、包装防护不够、搬运过程中的损坏、安装调试不当等。依据不合格品产生的原因,质量责任的归属也不尽相同。不合格品的发现往往在商品的使用和检验过程中。进厂零部件经过抽样试验,发现达不到可接受的质量水平,根据契约和协议规定可拒绝接收。如果已经发现了不合格品,但达到了所要求的 AQL 值,该批产品可以接收。但从概率上讲,该批合格产品中肯定存在不合格产品。这些不合格品和后来由于企业自身搬运不当、装配不合理及其他意外因素造成的不合格品的判定是否恰当,会影响供需双方关系。

2. 不合格品的质量责任

合格与不合格品的判定应由统一的部门来实施,必要时可由双方共同判定。进行不合格品判定时,其检验设备与环境应该保持一致。如同一块线路板,在不同的环境温度下,其电气性能、抗干扰性能等可能会有较大的差别。因此,检验应在双方认可的条件、方式和环境下进行。判定应该保留相应的记录,以满足过程中的可追溯性要求。

同一个配套件进厂检验时合格,出厂检查时却发现是不合格品,这有可能是因为环境或其他意外因素的影响导致了商品的不合格,也有可能是该配套件与其他配件之间的不协调。例如,两台抽油烟机的电动机,来自同一个配套厂家的同一批商品,其中一台装配到机器 A 上,发现噪声很大。换用另一台,"症状"消失。这时车间调试人员会在该台机器上标记"噪声大",作为不合格品退回。但配套厂家运回电动机后,重新测试,发现电动机运转平稳,无异常声。该电动机被重新装机试验,发现确无噪声大的问题。而车间调试人员坚持自己的发现,经过工程人员仔细分析,原来该电动机转子的固有频率与机器 A 比较接近,装机运转会发生谐振从而引起较大噪声。如果把该电动机重新装到另一台机器 B 上,"症状"便会完全消失。像这种问题,在企业中可能经常发生,如果分析不出原因,往往会造成供需双方合作上的不愉快。如果退货前企业经进货检验部门重新检验确认,就可及早发现问题。

3. 不合格品的管理

不合格品的管理不但包括对不合格品本身的管理,还包括对出现不合格品的生产过程的管理。当生产过程的某个阶段出现不合格品时,决不允许对其做进一步的加工。同时,根据"三不放过"的原则,应立即查明原因。如系生产过程失控造成,则在采取纠正措施前,暂停生产过程,以免产生更多的不合格品。根据产品和质量缺陷的性质,可能还需对已生产的本批次产品进行复查全检。

对于不合格品本身,应根据不合格品管理程序及时进行标注、记录、评价、隔离和处置。对不合格品的标注和记录,应按产品特点和质量体系程序文件的规定进行。对不合格品的标注应当醒目清楚,并应采用不能消除或更改的标注方法。对不合格品及其标注必须按统一格式认真做好记录。对已做了标注和记录的不合格品,供方应在等候评审和最终处置期间将其放置在特定的隔离区,并实行严格控制,以防在此之前被动用。

4. 不合格品的处理

对不合格品的处理包括返工、返修、原样使用、降级和退货等几种方式。

(1) 返工。可以通过再加工或其他措施使不合格品完全符合规定要求。如机轴直径偏大,可以通过机械加工使其直径符合公差范围成为合格品。返工后必须经过检验人员的复验确认。

(2) 返修。对其采取补救措施后,仍不能完全符合质量要求,但能基本满足使用要求,判为让步回用品。合同环境下,修复程序应得到需方的同意。修复后,必须经过复验确认。

(3) 原样使用。不合格程度轻微,不需采取返修补救措施,仍能满足预期使用要求,而被直接让步接收回用。这种情况必须有严格的申请和审批制度,并得到用户的同意。

(4) 降级。根据实际质量水平降低不合格品的产品质量等级或作为处理品降价出售。

(5) 退货。如不能采取上述处置时,只能退货。

不论采取哪种方式,费用的分担肯定是双方协调的关键。费用应根据不合格品比例的大小和不合格品影响程度确定,应在协定或合同的相关条款中做出明确规定。企业可利用统计方法,分析出供需双方都可接受的不合格品比例,从而确定合理的费用分摊方式。某电器公司根据统计资料,发现外购电器配套件的投入使用合格率一般在99.66%以上,这样可在双方签署的协议中规定月度投入使用合格率指标为99.66%,并要求达不到该指标的供应商负担不合格品的处理费用。

第三节　货物接收与检验

货物的接收是整个采购过程中的一部分,有的企业把收货部直接划归为采购部管辖。有的企业的收货部虽划归在货仓或物流部,但收货部仍间接归采购部负责。在日常工作中,两个部门有着千丝万缕的联系。

不同企业的管理水平有很大的差异,有的企业(以小企业居多)还在采取手工记账作业方式,另外一些企业则在享用着高科技文明带来的高效、准确的作业方式。有无推行MRP计算机系统使仓库收货及物料管理的作业方式有很大的不同,其准确性、效率及信息的共享度有着天壤之别。

手工记账作业方式不仅要求作业员仔细、认真,而且由于信息共享性不好,令别的部门难以查询收货信息及库存状态。另外,一旦某个环节出错,往往很难找出错在什么地方。使用MRP计算机系统则恰恰相反,不仅其他部门相关人员可轻易从系统中查询到收货情况及库存量,而且还可让收货人员更准确、更高效地工作。例如,有些存储软件允许收货人员用条形码扫描器将物料信息输入计算机中。

一、货物验收

货物验收应做到进出验收，品质第一。货物的验收工作，是做好仓库管理的基础。收料作业流程如图5-1所示。一般来说，货物的验收主要包括4个方面：

（1）品名、规格。出入库的货物是否与相关单据的品名、规格一致。

（2）数量。明确出入库货物的计量单位，货物进出仓前应严格点数或过磅。

（3）品质。进库货物，只有接到海关检验书面合格报告方可入库；出库货物，也要检验其品质，确保不良品不投入使用或不流向市场。

（4）凭据。单据不全不收，手续不齐不办。入库要有入库单据及检验合格证明，出库要有出库单据。

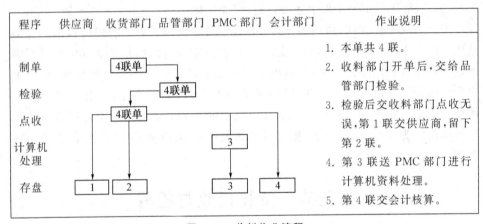

图5-1　收料作业流程

二、货物验收的步骤

货物验收入库工作涉及货仓、品质、物料控制、财务等诸多部门，其主要步骤如下：

（1）确认供应厂商。应确认货物从何而来，有无错误。如果一批货物分别向多家供应商采购，或同时数种不同的货物进厂时，验收工作更应注意，验收完后的标志工作非常重要。

（2）确定交运日期与验收完工时间。交运日期是交易的重要日期，交运日期可以判定厂商交货是否延误，有时可作为延期罚款的依据，而验收完工时间被不少公司作为付款的起始日期。

（3）确定货物名称与品质。确定货物是否与所订购的货物相符合并确定货物的品质。

（4）清点数量。查清实际承交数量与订购数量或送货单上记载的数量是否相符。对短交的货物，及时促请供应商补足；对超交的货物，在不缺料的情况下退回供应商。

(5) 通知验收结果。将允收、拒收或特采的验收结果填写在货物验收单上通知有关单位。货物控制部门可以进一步决定货物进仓的数量,采购部门才能跟进短交或超交的货物,财务部门则可根据验收结果决定如何付款。

(6) 退回不良物料。供应商送交的货物品质不良时,应立即通知供应商,将该批不良货物退回,或促请供应商前来用合格品交换,再重新检验。

(7) 入库。验收完毕后的物料,入库并通知货物控制部门,以备产品制造之用。

(8) 记录。

图 5-2 是货物验收流程图。

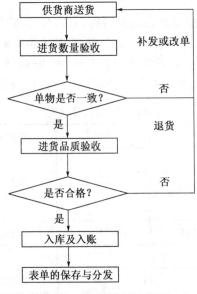

图 5-2　货物验收流程图

三、货物接收的要点

在接收货物时应注意以下几个问题:

(1) 确认 P/O(Purchase/Order 即订购单或采购订货单)号是否与待收货的 P/O 号一致。有时供应商会将 P/O 号漏写或搞错,使用 MRP 计算机系统的企业,如果供应商不提供 P/O 号或 P/O 不对,就无法接收货物。

(2) 确认供应商、物料名称、物料编号与 P/O 是否一致。实行了 MRP 系统的企业是按物料编号而不是物料名称收货。

(3) 清点货物数量。这是收货员最需要注意的一点,无论供应商送的数量是 P/O 上的一部分(分批送货的情况)还是某份 P/O 的全部,收货人员都需清点货物的实际数量,将实际数量输入计算机系统或记在收货卡上。在实际操作中,收货人员不太可能清点货物的小数(即小包装中的数量)而只是清点大数(如一共有几箱或几包,每箱或每包的标准数量是多少,再加上尾数便可计算出实际收货数)。

(4) 外包装有无损坏。

(5) 单据是否齐全。

四、收货报表、单据

收货报表、单据主要有进货验收单、交期控制表、货物采购记录表、来货检验月报表这4种。

1. 进货验收单

供应商应在收货单中记录供应商名称、货物名称、货物数量、P/O号、送货单号、送货日期等信息。收货单至少一式三联,收货人员在确认所送货物无误后,在每联上盖上企业的收货章,由供应商保存一联,收货部门保存一联,另一联由收货部门送交财务(会计)部门作为付款的依据之一。进货验收单如表5-2所示。

表5-2 进货验收单

进货时间	货号	厂商名称	订购数	交货数
订单号码	发票规格	品名规格	点收数	实收数
检验项目	检验规格	检验状况	数位	判定
AQL值		严重	一般	轻微
检验数量		不良数		不良率
判定		允收□ 拒收□ 特采□ 全检□		
备注:				
仓库主管	仓管	收料	IQC主管	IQC

注:AQL(Acceptable Quality Level,合格质量标准或允许品质等级)。

IQC(Inside Quality Control 内部质量控制)。

2. 交期控制表

表5-3是交期控制表,它记录了某批货物的预定交期、请购日期、物品名称、供应商、价格、验收日期、迟延天数等,是为控制货物的准时交货而制定的单据。

表 5-3　交期控制表

预定交期	请购日期	请购单号	物品名称	数量	供应厂商	单价	验收日期	迟延天数

3. 货物采购记录表

货物采购记录表如表 5-4 所示。

表 5-4　货物采购记录表

请购日期	请购单号	料号	品名规格	供应商	单价	数量	订购日期	验收日期	品质记录

4. 来料检验月报表

来料检验月报表如表 5-5 所示。

表 5-5　来料检验月报表

货物检验报告汇总

供应商					
检查批数					
不合格批数					
不良率					

批退报表汇总

货物异常报告编号	货号	品名规格	批量	不良率	不良原因	供应商	处理结果

审核　　　　　　　　　制表　　　　　　　　　日期

五、货物入库的检验

检验活动包括核对采购订单与供货商发货单是否相符、开包检查商品有无损坏、商品分类、所购商品的品质与数量比较等。

入库验收是对即将入库的货物进行质量和数量的检验,是保证入库货物质量的重要环节。检验方式有全检和抽样两种,全检主要是数量的全检,大批量到货一般只进行抽检。

1. 抽检比例的确定

由于配送中心的很多货物属于大批到货,在很多情况下不太可能进行全面检验,因此只需要确定一个合理的抽检比例。确定抽检比例时,一般根据商品的特点、商品的价值高低、物流环境等综合考虑。例如,易碎、易腐蚀、易挥发的商品抽检比例应适当加大,贵重商品抽验比例应高一些,而供应商信誉好、产品质量稳定、储运、包装等物流条件较好的货物则可以适当降低抽检比例。

2. 检验的方法

检验的方法主要有以下几种。

(1) 质量验收。配送中心的质量验收通常是以感官检验,广泛用于检验货物的外观及表面特征。为了避免感官验收的主观性,要用仪器配合进行检验。特别是对初次进货的新产品以及对技术性能指标要求高的一些货物,更需要用仪器进行检验。

(2) 包装验收。包装验收的内容主要包括包装是否牢固、包装标志是否符合要求。

(3) 数量验收。数量检验主要有计件法和计重法两种。计件法包括标记法、分批清点以及定额装载法 3 种。标记法是清点大批量入库货物时,将一定件数的商品做一标记,待全部清数完后,再按标记计算总的数量。分批清点是对包装规格、批数不大的商品采用的检验方法,先将货物堆码整齐,每一层堆码数量相同,然后统计出层数后计算总的数量。定额装载法是对批量大、包装整齐的货物,先用托盘等进行定额装载,然后计算出入库商品总数。

第四节 货款支付

供应商提供的产品经验收入库以后,就涉及货款的支付了。付款是供应商最关心的问题,如果企业在货款的支付上引起供应商的不满,则会导致双方关系的恶化,会为企业原材料的采购带来诸多的困难。一般来说,付款是财务部门的主要工作之一,但不同的企业在付款操作上有很大的区别,有时,采购部也会成为付款的主要责任部门。

一、支付方式的选择

1. 常用支付方式的比较

在采购活动中,货款的结算,除了与支付工具有关外,还与利用何种信用方式和采用何种支付方式,以及何时付款等问题密切相关。作为采购合同履行的基本环节,选择何种支付方式并不是采购经理可以单独确定的事,需要在企业领导和财务部门的共同参与下,经过与供应商的协商来最终确定。

(1) 汇付、托收和信用证支付的比较。

根据银行提供信用方式的不同,目前比较常用的支付方式有汇付、托收、信用证和银行保函等。它们在成本费用、风险等方面存在较大的差异,见表5-6。

表5-6 支付方式比较

支付方式		手续	费用	供应商风险大小	采购商风险大小	资金负担	银行费用	提供信用方式
汇付	预付货款	简单	小	最小	最大	不平衡	最小	商业信用
	货到付款			大	最小			
托收		稍多	稍大	中	中	不平衡	中	商业信用
信用证		最多	大	小	大	较平衡	最大	银行信用

通过比较可以看出,不同的支付方式,买卖双方所承担的风险不同,运用的银行业务不同,银行费用也不同。在常用支付方式中,信用证(L/C)的银行费用最大,电汇(T/T)的费用最低,托收(D/P)的费用居中。信用证(L/C)的费用一般有通知费、修改费、议付费、邮政通信费用、退单费用等;托收(D/P)的费用有银行手续费用、单据往来的邮政通信费用等;电汇(T/T)对作为收款人的出口企业来说,一般不收费用。

(2) 不同支付方式的银行费用比较。

以国际采购为例:

①信用证。出口议付(指常见的开证行以外的费用由受益人承担的情况)通知行费用:国内银行除了中国银行,其他银行基本不收。中行信用证每笔200元,修改每笔150元。外资银行不一定,每家银行都有自己的规定,一般都不止200元。国内行(议付行)的手续费一般是1.25‰(最低人民币750元);快邮费按快递公司的报价实收;电报费看信用证条款,如需要,一般为人民币每笔150元。国外行(开证行等)的费用,按各个银行自己的规定和信用证上的规定,一般要扣付款手续费、电报费等。如有不符点,还要扣除不符点费、不符点通知电报费以及其他费用。款项从开证行划出后,经过的银行可能还要扣除一定的划款费用,议付行的

账户行也要扣除一笔划款费用。如有保兑行或偿付行等其他指定银行,还要扣除这些银行的业务处理费用。所以在实务中,国外行费用往往占大头。

进口开证(同上,只讨论常见的开证行以外的费用由受益人承担的情况)就承担一个开证费用,一般按 1.5‰收(最低每笔人民币 300 元)和电报费,各家银行规定不一,每笔 300~550 元不等。

②托收。退单托收:a. 出口托收国内行费用,手续费一般为 1‰,最低人民币每笔 100 元;快邮费和电报费同出口议付。国外行费用和信用证基本一样,主要是代收行的费用、划款行的费用以及收款行(托收行)的账户行的费用。b. 进口代收行的费用如由付款人承担,必须在货款外加付这笔费用。我国国内银行每笔代收基本也是按 1‰收手续费,另外再加电报费。光票托收基本和跟单托收一样,只是国内行的最低收费降为人民币每笔 50 元。

③电汇。汇入汇款时国内银行不收费。不过如果钱划到本市的中国银行再转到其他银行,中国银行将收 1‰的无兑换手续费。如汇款时做的是国外行费用由收款人承担的话,国外行的费用主要由三部分组成,多少不定,包括汇出行的费用、途中银行的费用、收行的账户行的费用。如做的是由汇款人承担的话,则可以收到全部货款,无外扣。

汇出汇款的费用,主要是汇出行的费用。国内银行一般按 1‰收,最低人民币每笔 50 元,最高每笔 2 000 元,外加电报费。不过如做费用承担是汇出人(OURS)的话,资金划出后途经银行的费用全部由汇出人承担,收款人可以收到全额。

2. 支付方式的选择

在采购业务中,一笔交易的货款结算,可以只使用一种结算方式(通常如此),也可根据需要,例如不同的交易商品、不同的交易对象、不同的交易做法,将两种以上的结算方式结合使用,这样或有利于促成交易,或有利于妥善处理付汇。常见的不同结算使用的形式有:单一支付方式、信用证与汇付结合、信用证与托收结合、托收与银行保函相结合以及汇付、托收、信用证三者相结合等。

(1) 支付方式选择的基本依据

根据贸易伙伴的资信情况灵活选择。作为支付货款的一方,希望尽量采用能够推迟付款时间,且风险较小的支付方式,如托收或远期信用证等。这就要求出口企业在签订支付方式时,应充分考察贸易伙伴的资信情况,若对其的资信情况不是很了解,应尽量选择风险较小的支付方式,如信用证;若对方资信很好、交易风险很小,则应选择手续简单、费用少的支付方式,如汇付。

根据货物的市场行情选择支付方式。当供货方较多,采购方存在较大选择余地时,采购方在选择支付方式方面就具有较大的主动权,应努力把握市场行情,选择对自身有利的支付方式,如承兑交单托收方式或远期信用证等。反之,对于畅销商品的采购,为了尽早把握商机达成合同,可适当选择即期信用证等支付方式。

根据贸易条件的性质选择支付方式。在国际贸易中,实质性交货方式对于买方而言风险较低,因此,买方选择支付方式时应重点考虑成本的节约及手续的简便,如汇付方式;而象征性交货条件下,买方在选择支付方式时,除了考虑成本因素外,还必须充分考虑到卖方利用单据欺诈的风险。

(2) 单一支付方式

由于不同支付方式对买卖双方的负担和风险不同,采购企业需要具体情况具体分析,选择最适合的方式。以国际采购为例,在选择具体的结算方式时,一般需要综合考虑以下因素:

国际采购可选择的筹资范围。

通常采用出口商或供应商国家所采取的合同条件。

供应商要求的付款时间。

供应商和采购商国家的政治形势。

进口商或采购商获得外汇的可能性和成本,即外汇管制法规。

供应商(出口商)或者采购商(进口商)能够提供的信贷资本。

进口商风险——卖方没有根据合同供货。

出口商风险——买方延迟支付或无力支付。

进口商或采购商的外国货币的可用性及成本。

进口商的筹资资源。

国家风险——政治和经济的不稳定性、汇兑风险、敌意及进出口管制。

运输风险——与运输方式相关的风险,比如海险和海港的仓储设施等。

外汇风险——外汇汇率的浮动影响价格和利润。

另外,随着互联网在全球的普及,电子商务作为21世纪信息产业最直接的产物进一步发展。网上支付是电子商务的重要组成部分,是金融服务的发展和创新。网上支付的目的在于减少银行成本、加快处理速度、方便客户、扩展业务等,它将改变支付处理的方式,使得消费者可以在任何地方、任何时间通过互联网获得银行的支付服务。在网上直接采用电子支付手段将可省去交易中很多人员的开销,已经被越来越多的采购商所使用。

(3) 信用证与汇付相结合

信用证与汇付相结合是指一笔交易的货款,部分用信用证方式支付余额用汇付方式结算。这种结算方式的结合形式常用于允许其交货数量有一定机动幅度的某些初级产品的交易。对此,经双方同意,信用证规定凭装运单据先付发票金额或在货物发运前预付金额若干成,余额待货到目的地(港)后或经再检验的实际数量用汇付方式支付。使用这种结合形式,必须首先订明采用的是何种信用证和何种汇付方式以及按信用证支付金额的比例。

(4) 信用证与托收相结合

信用证与托收相结合是指一笔交易的货款,部分用信用证方式支付,余额用托收方式结算。这种结合形式的具体做法通常是:信用证规定受益人(出口人)开立两张汇票,属于信用证项下的部分货款凭光票支付,而其余额则将货运单据附在托收的汇票项下,按即期或远期付款交单方式托收。这种做法,对出口人收汇较为安全,对进口人可减少垫金,易为双方接受。但信用证必须订明信用证的种类和支付金额以及托收方式的种类,也必须订明"在全部付清发票金额后方可"的条款。

(5) 汇付与银行保函或信用证结合

汇付与银行保函或信用证结合使用的形式常用于成套设备、大型机械和大型交通运输工具(飞机、船舶等)等货款的结算。这类产品交易金额大,生产周期大,往往要求买方以汇付方式预付部分货款或定金,其余大部分货款则由买方按信用证规定或开加保函分期付款或延期付款。

(6) 汇付、托收、信用证三者相结合

在成套设备、大型机械产品和交通工具的交易中,因为成交金额大,产品成本周期长,一般采用按工程进度和交货进度分若干期付清货款,即分期付款和延期付款的方法,所以一般采用汇付、托收和信用证相结合的方式。

二、预付、分期付款、延期付款等支付手续

1. 预付支付手续

提前支付(预付)对于采购方来说是最不安全的支付方式,因为这将面临几种风险,如未发送货物、货物延迟发送、发错货物等。

2. 分期付款支付手续

其具体做法是,买卖双方在合同中规定,在产品投产前,买方采用汇付方式,先交部分货款作为订金,在进口商付出订金前,出口商应向其提供出口许可证影印本和银行开具的保函。除订金外,其余货款,可按不同阶段分期支付,买方开立不可撤销的信用证,即期付款。每期付款的日程和每期支付的金额,则根据商品的性质、加工阶段或交货日程,由买卖双方约定。最后一期货款一般是在交货时、到货后或质量保证期届满时付清。因此,按分期付款条件签订的合同,实际上是一种即期合同,货物的所有权在付清最后一笔货款时转移。

3. 延期付款支付手续

常见的做法是,买卖双方在合同中规定,在订约后的一定时期内,由进口人凭出口人提供的出口许可证影印本和出口人银行提供的退款保证书或备用信用证,交付一部分货款作为订金,然后像上述分期付款一样,按工程和交货进度,分期支付一小部分货款,这部分货款可用远期汇票或期票支付。其余大部分货款,是在

交货后若干年内,一般是 3~5 年,有时可长达 15 年,分期(通常是每半年 1 期)连同利息一并支付,即采用远期信用证支付。

按照金额大小及供应期间的长短可分为几期,例如:第一期款为预定期(订金),签订合约并办理保证,经认可后给付,其数额以不超过采购总价 30% 为限。第二期款,以供应进度至一半或物料运抵企业时再付采购总价的 40%。第三期款(即尾款),以物料运抵企业经验收合格后给付,但末期应不少于采购总价的 10%。

在延期付款的条件下,货物所有权一般在交货时转移。

三、具体付款的操作

1. 查询物品入库信息

对国内供应商的付款操作,因为一般是在物品检验通过且完成入库操作之后进行,所以订单操作人员(或专职付款人员)要查询物品入库信息,并对已经入库的物品办理付款手续。对于国外供应商,因为一般是"一手交钱,一手交货",所以对国外采购项目,物品一到岸或一到指定的交易地点,就必须完成付款手续及开具付款票据,在验收后对供应商支付款项。对于长期采购的供应商,可通过谈判达成一定的付款周期,如在到货一周内付款等。

2. 准备付款申请单据

对国内供应商付款,应拟制付款申请单,并且附合同、物品检验单据、物品入库单据、发票等。作为付款人员要注意:5 份单据(付款申请单、合同、物品检验单、物品入库单、发票)中的合同编号、物品名称、数量、单价、总价、供应商必须一致。国外供应商付款手续较为复杂,在此省略。

3. 付款审批

付款审批的具体事宜由管理人员或财务部专职人员负责的包括 3 个方面:

(1) 单据的匹配性。即上述 5 份单据在 6 个方面(合同编号、物品名称、数量、单价、总价、供应商)的一致性及正确性。

(2) 单据的规范性。特别是发票、付款申请单要求格式标准统一、描述清楚。

(3) 数据的真实性。发票的真假鉴别,检验单、入库单的真假识别等。

4. 资金平衡

在采购过程中,企业必须合理利用资金,特别是在资金紧缺的情况下,要综合考虑物品的重要性、供应商的付款周期等因素,确定付款顺序。对于不能及时付款的物品,要与供应商进行充分沟通,征得供应商的谅解和同意。

5. 向供应商付款

企业财务部门在接到付款申请单及通知后即可向供应商付款,并提醒供应商注意收款。

第六章 采购方式与采购实践

第一节 定量采购

一、定量采购的定义及其作业程序

1. 定量采购的定义

所谓定量采购,是指当库存量下降到预定的最低库存数量(采购点)时,按规定数量(一般以经济批量 EOQ 为标准)进行采购补充的一种方式。当库存量下降到订货点(R,也称为再订货点)时马上按预先确定的订货量(Q)发出货物订单,经过交纳周期(LT),收到订货,库存水平上升。采用定量采购必须预先确定订货点和订货量。通常,采购点的确定主要取决于需求率和订货、到货间隔时间这两个要素。在需求固定均匀和订货、到货间隔时间不变的情况下,不需要设定安全库存,订货点由以下公式确定:

$$R = LT \times D / 365$$

式中,D 代表每年的需要量。

当需要发生波动或订货、到货间隔时间是变化的时,订货点的确定方法较为复杂,并且往往需要安全库存。订货量通常依据经济批量方法来确定,即以总库存成本最低时的经济批量(EOQ)为每次订货时的订货数量。图 6-1 是定量采购的作业程序。定量采购的优点是:由于每次订货之前都要详细检查和盘点库存(看是否降低到订货点)能及时了解和掌握商品库存的动态;因为每次订货数量固定,并且是预先确定好了的经济批量,所以方法简便。这种订货方式的缺点是:经常对商品进行详细检查和盘点,工作量大且需花费大量时间,从而增加了库存保管维持成本;该方式要求对每个品种单独进行订货作业,这样会增加订货成本和运输成本。定量采购适用于品种数目少但占用资金大的商品。

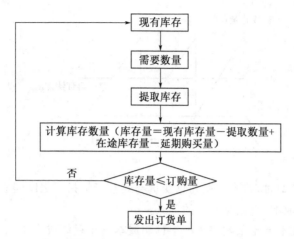

图 6-1 定量采购的作业程序

2. 定量采购的作业程序

作业的具体步骤如下。

(1) 确定应采购商品的现有库存量。

(2) 根据用户的需求和现有库存量确定商品的需要数量。

(3) 如果现有库存量能满足用户的需求,为用户提取货物。

按以下公式计算库存数量:

$$库存量=现有库存量-提取数量+在途库存量-延期购买量$$

当库存量小于或等于用户的订购量时,向供应商发出订货单,请求订货,发出订货单。

二、定量采购模型

1. 定量采购模型假设

定量采购要求规定一个特定的点,当库存水平到达这一点时就应当进行订购且订购一定的量。订购点往往是一个既定的数,当可供货量(包括目前库存量和已订购量)到达订货点时,就应进行一定批量的订购。库存水平可定义为目前库存量加上已订购量减去延期交货量。以下这些假设与现实可能有些不符,但它们为我们提供了一个研究的起点,并使问题简单化。

(1) 产品需求是固定的,并且在整个时期内保持一致。

(2) 提前期(从订购到收到货物的时间)是固定的。

(3) 单位产品的价格是固定的。

(4) 存储成本以平均库存为计算依据。

(5) 订购或生产准备成本固定。

(6) 所有对产品的需求都能满足(不允许延期交货)。

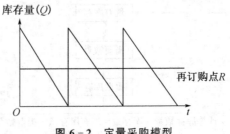

图 6-2 定量采购模型

2. 建模

建立库存模型时,首先应在利息变量与效益变量指标之间建立函数关系。本例中,关心的是成本,下面是有关的等式。

年总成本＝年采购成本＋年订购成本＋年存储成本

即

$$TC=DC+(D/Q)S+(Q/2)H$$

式中,TC 为年总成本;D 为需要量(每年);C 为单位产品成本;Q 为订购批量(最佳批量称为经济订购批量 Q);S 为生产准备成本或订购成本;H 为单位产品的年均存储成本(通常,存储成本以单价的百分率表示。例如,$H=iC$,式中 i 是存储成本的百分率)。

等式右边,DC 指产品年采购成本,$(D/Q)S$ 指年订购成本(订购次数 D/Q 乘每次订购成本 S),$(Q/2)H$ 是年存储成本(平均库存 $Q/2$ 乘单位存储成本 H)。

在模型建立过程中,第二步是确定订购批量 Q 以使总成本最小。我们将总成本对 Q 求导数,并设其等于零。

最优订货批量公式:

$$Q=\sqrt{2DS/H}$$

因为该模型假定需求和提前期固定,并且没有安全库存,则再订购点 R 为:

$$R=\bar{d}L$$

式中,$\bar{d}$ 为日平均需要量(常数);R 为再订购点;L 为用天表示的提前期(常数)。

定量订货系统是对库存水平进行连续监控,并且当库存量降至某一水平 R 时就进行订购。在该模型中,缺货的风险发生取决于订购提前期的长短,即在订购时点与收到货物时点之间时间间隔的长短。

第二节 定期采购模型

一、定期采购的定义及其作业程序

定期采购是指按预先确定的订货间隔期间进行采购补充库存的一种方式。企业根据过去的经验或经营目标预先确定一个订货间隔期间。每经过一个订货间隔期间就进行订货,每次订货数量都不同。在定期采购时,库存只在特定的时间进行盘点,例如每周一次或每月一次。当供应商走访顾客并与其签订合同或某些顾客为了节约运输费用而将他们的订单合在一起的情况下,必须定期进行库存盘点和订购。另外,一些公司采用定期采购是为了促进库存盘点。例如,若销售商每两周打来一次电话,则员工就明白所有销售商的产品都应进行盘点了。

在定期采购时,不同时期的订购量不尽相同,订购量的大小主要取决于各个时期的使用率。它一般比定量采购要求更高的安全库存。定量采购是对库存连续盘点,一旦库存水平到达再订购点,应立即进行订购。相反地,标准的定期采购模型是仅在盘点期进行库存盘点。这就有可能在刚订完货时由于大批量的需求而使库存降至零,这种情况只有在下一个盘点期才会被发现,而新的订货需要一段时间才能到达。这样,有可能会在整个盘点期和提前期发生缺货。安全库存应当保证在盘点期和提前期内不发生缺货。图6-3为定期采购的作业程序。

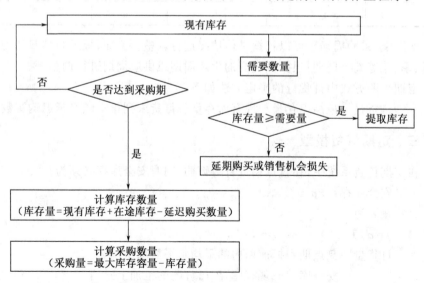

图6-3 定期采购的作业程序

二、定期采购的特点及订货量的确定

定期采购是从时间上控制采购周期,从而达到控制库存量的目的。只要订货周期控制得当,既可以不造成缺货,又可以控制最高库存量,从而达到成本控制的目的,使采购成本最低。

定期采购的优点是:由于订货间隔期间确定,因而多种货物可同时进行采购,这样不仅可以降低订单处理成本,还可降低运输成本;这种方式不需要经常检查和盘点库存,可节省这方面的费用。其缺点是:由于不经常检查和盘点库存,对商品的库存动态不能及时掌握,遇到突发性的大量需要,容易造成缺货现象带来的损失,因而超市为了应对订货间隔期间内需要的突然变动,往往库存水平较高。定期采购控制法适用于品种数量大、占用资金较少的超市商品。材料定期采购计划如表6-1所示。

表6-1 材料定期采购计划

×年×月×日

材料名称	规格	估计用量	订购交货日期	每日用量	每日最高用量	基本存量	最高存量	基本存量比率	每次订购数量

实际上,采购周期也可以根据具体情况进行调整。例如,根据自然日历习惯,以月、季、年等确定周期;根据供应商的生产周期或供应周期进行调整等。

定期采购方式中订货量的确定方法如下:

订货量=最高库存量-现有库存量-订货未到量+顾客延迟购买数量

三、定期订货模型

在定期订货系统中,在盘点期进行再订购,同时安全库存必须为:

安全库存=$z\sigma_{T+L}$

订货量 q 为:

$$q=\overline{d}(T+L)+z\sigma_{T+L}-I$$

订货量=盘点期和提前期内的平均水平需求+

安全库存-现有库存(已订购的也加上)

即式中,q 为订货量;T 为两次盘点的间隔期;L 为提前期(从订购到收到货物的时间);$\overline{d}$ 为预测的日平均需要量;z 为既定服务水平下的标准差倍数;σ_{T+L} 为盘点周期与提前期期间需求的标准差;I 为现有库存(包括已订购尚未到达的)。

四、既定服务水平下的定期采购模型

在采用定期采购时,在盘点期(T)进行再订购,同时必须保证一定量的安全库存。图 6-4 表示盘点期为 T、固定提前期为 L 的定期采购模型。

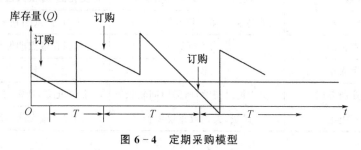

图 6-4　定期采购模型

五、定量采购模型与定期采购模型的比较

定量采购模型与定期采购模型的比较见图 6-5 和表 6-2。

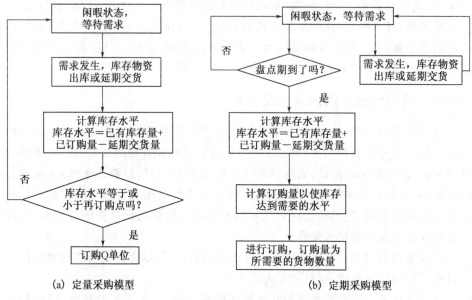

(a) 定量采购模型　　　　　　　　　　(b) 定期采购模型

图 6-5　定量采购模型与定期采购模型的比较

表 6-2　定量采购模型与定期采购模型的比较

特征	Q 定量采购模型	P 定期采购模型
采购量	固定的（每次采购量相同）	变化的（每次采购量不同）
何时订购	在库存量降低到再订购点时	在盘点期到来时
库存记录	每次出库都做记录	只在盘点期做记录
库存大小	较小	较大
维持作业所需时间	由于记录持续，所需时间较长	简单记录，所需时间较短
物资类型	昂贵、关键或重要物资	品种数量大的一般物资

第三节　经济批量采购

采购数量的多少，直接决定着对生产经营的保证和经济效益的高低。在物品的采购、储存过程中，会产生订购费用和仓库储存费用。在价格一定而采购量（即一次采购量）较大时，可降低单位订购费用，但会增加总的仓库存储费用，单位订购费用也会提高。因此，采购部门在决定采购批量时，应选定订购费用和仓储费用合计数量最低时的采购量，即经济批量采购。

一、经济批量采购的含义及特点

经济批量采购是从企业本身节约费用开支角度来确定物资经常储备的一种方法。从物资有关的费用来分析，主要有订购费用和保管费用两大类。从节约保管费来说，应增加采购次数，而减少每次采购数量；从节约订购费来说，应减少采购次数，而增加每次采购量。这表明，采购与保管费是相互制约的。客观上存在这样一种采购数量，使得按这种数量采购所需的采购费与保管费的总和最小，这个采购数量就是经济批量采购。

经济批量采购法是在保证生产正常进行的前提下，以库存支出的总费用最低为目标，确定订货（生产）批量的方法。

经济批量采购法必须在已知计划期间的需要量、每批工装调整费、项目每单位在计划期间的保管费等数据的情况下，才能计算出经济订货批量。算出结果后，就将之作为一定期间内的订货批量，直到各项费用和需求数量有较大变动时，才会有所变动。因此，经济批量采购法可认为是一种静态批量法，它不太适合于需求波动很大和项目价值很昂贵的情况。

二、采购数量的确定

下面简要介绍经济批量采购数量的确定方法。

例 6.1 某企业计划一年内从外地购进 A 商品 8 000 吨,每次购进相同的数量,已知每次订购费用为 50 元,每吨商品的全年库存费用为 5 元,A 产品的价格为 80 元/吨,试计算该企业 A 产品的经济订购批量。

如果我们假定全年购进总量为 D,每次购进量为 Q,每次购进费用为 S,单位商品年平均库存费用为 I 就可以推导出经济订购批量的计算公式:

订购费用=(全年购进总量/每次购进量)×每次购进费用=DS/Q

库存费用=平均库存量×单位商品年库存费用

　　　　=[(最低库存量+最高库存量)/2]×单位商品年库存费用

　　　　=$IQ/2$

购储总费用=$DS/Q+IQ/2$

根据高等数学求极值的方法,可以对上式的 Q 求导,求出当购储费用最低时的经济订购批量 Q 值:

$$Q=(2DS/I)^{\frac{1}{2}}$$

$$=(2×年购进总量×每次订购费用/单位商品年保管费用)^{\frac{1}{2}}$$

例中的经济订购批量

$$Q=(2×8\,000×50/5)^{\frac{1}{2}}=400(吨)$$

用经济订购批量确定企业物资的经常储备定额,是比较经济有效的方法。但是,采用这种方法需要具备一个前提条件,就是企业能自行决定采购的量和时间,不受物资供应方产品包装和运输等条件的制约。

三、经济批量采购模型

1. 经济批量采购模型的假设条件

经济批量采购(EOQ)公式是根据存储量推出的,进货间隔时间和进货数量是两个主要的变量。运用这个方法,可以取得保管费用与订货费用之间的平衡,确定最佳进货数量和进货时间。订购费用是指从订购至入库中所需要的差旅费、运输费用等;保管费用是指物料储备费、验收费、仓库管理费、所占用的流动资金利息费、物料储存消耗费等。EOQ 一般用于需求是常量和已知的、成本和提前期也是常量和已知的、库存能立即补充的情况之下,即它是用于连续需求的、库存消耗是稳定的场合,同时要求满足以下一些假设条件:

(1)材料需求是固定的,并且在整个时期内保持一致。

(2)提前期(从材料订购到材料到货的时间)是固定的。

(3)单位产品的价格是固定的。

(4) 所有的相关成本都是固定的,包括存储成本和订购成本等。
(5) 所有的材料需求都能满足,并且不允许延期交货。

由这些条件可以看出,在现实中要满足所有这些条件几乎是不可能的,但这些假设提供了一个非常好的研究起点,可以使问题简单化。

2. EOQ 公式及应用

经济批量采购模型如图 6-6 所示,该模型实际上反映了库存量和时间之间的一个关系。由图 6-6 可以看出,订购批量为 Q 也是库存量的最大值,再订货点为 Q^*,平均库存量为 $\bar{Q}$,$\bar{Q}=Q/2$,订货提前期为 T;$\bar{d}$ 为单位时间日平均需要量,根据前面的假设条件提前期是固定的,所以每次订货的再订货点为 $Q^*=\bar{d}T$。通常,以产品成本、采购成本和储存成本的总和来表示总成本,即

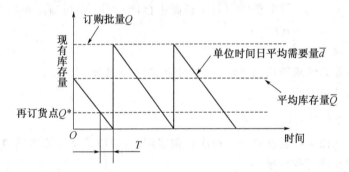

图 6-6 经济批量采购模型

总成本＝产品成本＋采购成本＋储存成本
产品成本＝产品单价×需要量
采购成本＝每次采购成本×该期的采购次数
储存成本＝平均库存量×该期单位储存成本

设 D 为年需要量,C 为单位物料采购成本,H 为单位存货的年成本,S 为一次订货的业务成本,则每年的订购次数可以用年需要量除以每次订货的批量得到,即为 D/Q。

由此可以计算每年的储存成本为 $QH/2$,每年的采购成本为 DS/Q,总成本以 TC 表示如下:

$$TC=DC+DS/Q+QH/2$$

按照使总成本最小的原则,计算订购批量,方法是对上式以 Q 为变量的表达式求导,并设其一阶导数为零,则得

最佳批量

$$Q_{opt}=\sqrt{\frac{2DS}{H}}$$

最佳批次

$$n_{\mathrm{opt}} = \frac{D}{Q_{\mathrm{opt}}} = \sqrt{\frac{DH}{2S}}（取近似整数）$$

最佳订货周期

$$t_{\mathrm{opt}} = \frac{365}{n_{\mathrm{opt}}} = 365 \times \sqrt{\frac{2S}{DH}}$$

实际上,得到订购成本、生产准备成本、存储成本以及短缺损失的数据非常困难,有时甚至不可能。假设条件有时不切实际。因此,所有库存订货点系统都要做以下两个工作:对每种库存物资进行适当的控制,确保库存记录准确可靠。

第七章 库存管理

第一节 库存与库存问题

适时适量,是采购管理的目标之一。从供应商处采购回来的物资都要存放在企业仓库里,形成库存。企业通常在满足日常用量的基础上会额外储备一些物资,即保持适量的库存。因此,采购管理同样需要关注库存,库存由采购而来,对企业的生产经营成本有着很大的影响。采购管理的重要原则之一,就是通过改善采购方式和库存控制方法,降低采购成本,减少资金占用。

一、库存的含义

美国生产与库存管理协会将"库存(Inventory)"一词定义为:"以支持生产、维护、操作和客户服务为目的的各种物料,包括原材料和在制品、维修件和生产消耗品、成品和备件等。"也就是说库存是指仓库中处于暂时停滞状态的物资。通俗地说,库存是指企业在生产经营过程中为现在和将来的耗用或销售而储备的资源。广义的库存还包括处于制造加工状态和运输状态的物资。

二、库存的利弊

"库存是一个必要的恶魔",库存的存在有利有弊。

1. 库存的作用

(1) 缩短客户订货提前期。当厂商维持一定数量水平的成品库存时,客户就能够及时得到所需的物资,于是缩短了客户的订货提前期,改善了客户的服务质量,有利于争取更多的客户。

(2) 保持生产的均衡性。在激烈的市场竞争中,外部需求变化多端,而企业一方面要满足客户的需求,另一方面又要保持内部组织生产的均衡性。库存将外部需求和内部生产相连接,起水库一样的稳定作用。

(3) 节省订货费用。订货费用是指订货过程中为处理每份订单和发运每批订货而产生的费用,这种费用与订货批量的大小无关。如果通过持有一定量的库存而增大订货批量,就可以减少订货次数,从而分摊订货费用。

（4）提高人员与设备的利用率。持有一定量的库存可以从3个方面提高人员与设备的利用率：一是减少作业更换时间，这种作业不增加任何附加价值；二是防止某个环节由于零部件供应缺货导致生产中断；三是当需求波动或季节性变动时，使生产均衡化。

2. 库存的代价

（1）占用大量资金，产生库存成本。企业的资金是有限的，而仓库里的库存却占用了相当量的资金，不能给企业带来效益。此外，库存还要占用大量存储空间，发生很大费用，包括占用资金的利息、储藏保管费、保险费和库存物资价值损失费等。

（2）掩盖企业经营管理中存在的问题。高库存可能掩盖企业生产运营管理中存在的一系列问题。例如，掩盖经常性的产品或零件的制造质量问题，当废品率和返修率很高时，一种传统的做法就是加大生产批量和在制品或成品的库存。供应商供货不及时或有质量问题，企业计划安排不当等，都可能用高库存来掩盖。

因此在生产经营中，不可避免地面临库存问题。如何优化库存成本，平衡生产与销售计划来满足一定的交货要求；如何避免浪费和不必要的库存；怎样避免需求损失和利润损失，这些都是采购管理者需要认真研究与把握的。

三、库存过程

一个完整的库存过程一般会包括以下4个部分。

1. 订货过程

订货往往不能立即实现，需要一个过程，而订货也代表了一个库存过程的开始。订货过程是指从决定订货开始到发出订货单，然后进行订货谈判直到订货成交、签订订货合同为止的一段过程。订货过程完成以后，商品所有权也随之转移，也就是说，一定批量的物资的所有权已经从供货方手中转移到购买方手中，这时在购买方的账面上已经形成了一定的库存量。显然，此时货物还没有到达购买方的仓库，实际的库存还没有形成，因此订货过程还没有实际上增加购买方的库存量，而这种账面上的库存量又被称做名义库存量。

2. 进货过程

订货合同成功签订以后，合同标的的货物就会按照议定的运输方式在议定的时间从供货方所在地运送到购买方的仓库，这个过程就是进货过程。考察进货过程，可以发现，这个过程涉及货物的空间转移，即从供货方的地点通过交通工具转移到购买方的仓库。货物抵达购买方的仓库后，所采购的物资成为购买方的实际库存，因此进货过程实际上也是购买方库存量增加的过程。

3. 保管过程

物资入库后就进入保管过程，仓库保管员会使用各种工具和方法来保持仓库中物资数量和使用价值不变,直到物资销售或使用完为止。

4. 供应过程

物资在仓库中保管一段时间以后,就会被领出库,出库的原因可能是被销售,也可能是被使用,但无论是被销售还是被使用,供应过程实际上都使仓库中的物资减少。因此,供应过程实际上也是一个库存量减少的过程。

四、库存分类

库存一般分为两个类型:由于批量订货而带来的库存,称为批量订货库存;由于顾客需求与供应能力变化而带来的库存,称为安全库存。另外,在具体库存管理中,还可以遇到另外两种库存:季节性库存和中转库存。

1. 批量订货库存

批量订货库存是由订货经济规模而决定的。订货量小,采购频繁,库存小,库存资金占用成本就小,但是采购成本由于运输次数增加而增大。订货量大,采购次数少,采购成本小,但是库存大,库存资金占用成本就大。在实践中,通过平衡采购成本和库存资金占用成本,以实现总库存成本最低的最佳订货量。

2. 安全库存

安全库存是为了应付超出预期的顾客需求与供应能力变化而保存的额外库存。它与三个因素有关:一是顾客需求的变化程度,顾客需求的变化程度越大,所需安全库存就越大;二是订货的提前期和提前期的变化,提前期越大,所需安全库存也越大;三是顾客服务水平,服务水平越高,库存水平也越高,而且这个因素是由顾客确定的,一般不能改变。因此,在确定安全库存时,顾客需求与供货提前期的变化对安全库存具有决定性影响。在这个顾客需求多变的年代里,安全库存有着不断增大的趋势,导致了大量的库存。一般来说,库存水平总是保持在安全库存之上,以防顾客需求或供应能力突然变化导致缺货情况的发生。控制库存水平在很大程度上就是控制安全库存。

3. 季节性库存

一些商品具有明显的季节性消费特征,如空调、日历等。在某些季节的销售高峰期,产品会供不应求;在其他季节,产品则会滞销。因此,需要在高峰期来临之前开始生产,保持一定量的库存。这类库存管理需要考虑企业生产能力与季节库存量之间的优化,投资设备、扩大生产能力可以降低季节库存量。

4. 中转库存

中转库存,也称运输库存(In-Transit Inventory, Pipeline Inventory)。由于运输不会瞬时完成,因此在存储点、运输中途会存在库存,这些库存主要是为了中转货品而存在的,它们与物流系统的设计息息相关。例如,改变运输方式,从空运变为水运,就会大大增加中转库存量,这就需要综合中转库存、优化运输方式;再比如,在一定范围内扩大配送中心的数量,可以减少中转库存量,但是过量的配送中心会大大增加管理费用,因此需要进行优化分析。

五、库存成本

物料采购决策通常建立在对成本分析的基础上,通过建立订货模型,寻求使总成本最小的订购策略。常用的有存储成本、订购成本、配送成本和缺货成本,现分述如下。

1. 存储成本

为存储保管库存所需的成本,通常也可称为保管成本,其构成要素主要有处理与存储成本,损坏、过时与失窃成本,保险与税收成本及资金投资成本(即机会成本)。

(1) 处理与存储成本。存储成本包括储藏空间的成本(如仓库成本)以及设备成本(如供暖照明)等。如采用现成的仓储设备,则存储成本为固定值,不随库存水平的变化而变化,一旦超出既定的库存水平,成本就会随库存水平增加而上升。处理成本随库存水平的变化而变化,主要包括对物料搬运人员和仓库保管人员支付的成本,如监督、实地清点物料、搬运等,如遇无效率的存储布置,则会增加处理成本。

(2) 损坏、过时与失窃成本。许多物料在存储中会发生变质,从而使物料价值减损;另外,物料会因自然、人为等因素而损坏,损坏程度因物料性质不同而异;过时情况发生在成本市场需求消失后,仓库仍有许多库存,从而造成损失;此外,失窃也会造成资产的损失。

(3) 保险与税收成本。库存是公司的一种投资,常常需要支付保险费、税收等,因而发生成本。

(4) 资金投资成本。库存需要资本投资,一旦资金用于库存后,即无法用于其他用途,故机会成本决定于该项资金用于其他备选方案时的投资回报率。

2. 订购成本

采购每批物料时通常需要耗费的成本,此成本常称为订购成本,其构成要素有填写请购单、制造订单、记录订单、追踪订单、质量检验、处理发票或企业报告以及付款准备等事务的工作成本;另外还包括每批物料的价格成本,该成本与批量大小有关。采购成本与每批订购量大小成反比,每批订购量越大,每年订购次数越少,则总采购成本越低。

3. 配送成本

随着供应链各个环节的竞争不断加剧,物流配送近年来被认为是降低成本的最后一个"黑暗大陆"。第三方物流市场不断发展壮大,越来越多的生产企业把物料的运输、配送业务外包给第三方物流公司。在这种情形下,物流配送成本需要单独考虑。

4. 缺货成本

缺货成本主要包括停工待料或无法立即满足需求所发生的各种损失，如加班费、特殊管理费、违约罚款、赶工成本、特殊处理成本、信誉损失成本等。通常情况是，发生需求时仓库无库存，并且无法立即得到补充，这种缺货会失去销售机会。这种销售损失会造成利益的损失，也可能是信誉的损失，还可能面临失去顾客的严重后果。

六、库存问题

1. 单周期需求库存问题与多周期需求库存问题

根据对物资需求的重复次数可将库存问题分为单周期需求库存与多周期需求库存。

所谓单周期需求即仅仅发生在比较短的一段时间内或库存时间不可能太长的需求，也被称作一次性订货量问题。单周期需求出现在下面两种情况：①偶尔发生的某种物资的需求，如由奥运会组委会发行的奥运会纪念章或新年贺卡；②经常发生的某种生命周期短的物资的不定量的需求，如那些易腐物资(如鲜鱼)或其他生命周期短的、易过时的商品(如日报和期刊)等。

正是因为需求的偶发性和物资生命周期短，所以很少重复订货。对单周期需求物资的库存控制问题称为单周期库存问题。

多周期需求则指在足够长的时间里对某种物资的重复的、连续的需求，其库存需要不断地补充。与单周期需求比，多周期需求问题普遍得多。多周期需求又分为独立需求库存与相关需求库存两种。对多周期需求物资的库存控制问题称为多周期库存问题。

2. 独立性需求库存问题与相关性需求库存问题

按需求的类型可以将库存问题分成两种，独立性需求库存问题和相关性需求库存问题

(1) 独立性需求库存是指将要被消费者消费或使用的制成品的库存，如自行车生产企业的自行车的库存。制成品需求的波动受市场条件的影响，而不受其他库存品的影响。这类库存问题往往建立在对外部需求预测的基础上，通过一些库存模型的分析，制定相应的库存政策来对库存进行管理，如什么时候订货，订多少，如何对库存品进行分类等。订货点法只适用于独立性需求的物资。

(2) 相关性需求库存是指将被用来制造最终产品的材料或零部件的库存。自行车生产企业为了生产自行车还要保持很多种原材料或零部件的库存，如车把、车梁、车轮、车轴、车条等。这些物料的需求彼此之间具有一定的相互关系，例如一辆自行车需要有 2 个车轮，如果生产 1 000 辆自行车，就需要 1 000×2 =

2 000个车轮。这些物料的需求不需要预测,只有通过相互之间的关系来进行计算。

第二节 库存管理

库存管理也称库存控制,是企业根据市场的需求及其经营战略,对企业各类物资的库存数量、采购时间和采购数量进行管理和控制,使其储备保持在经济合理的水平上。其核心在满足客户服务要求的前提下通过对企业的库存水平进行控制,确定何时采购和采购多少,力求尽可能地降低库存水平,以强化企业的竞争力。

一、库存管理的目标

库存管理的根本目标是要在管理的成本与收益之间寻找平衡点,以便既实现一定的客户服务水平,又使成本保持在可接受的范围之内,如图7-1中阴影部分所示。

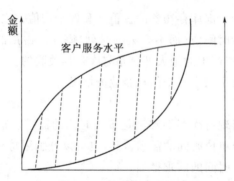

图7-1 库存管理目标

1. 降低库存管理成本

库存相关成本包括订货成本、持有成本和缺货成本,这些成本之间彼此联系,相互影响。其中,缺货成本基本反映了库存对市场的影响和对企业收益的作用;订货成本反映一定库存模式下,特定进货频率所带来的进货交易成本的调整;持有成本反映了保有库存所产生的各项支出和经济成本。因此,物流管理者权衡成本、收益的努力常常表现在权衡提高(或降低)库存水平、减少(或增加)订货次数、降低(或提高)订货成本、减少(或增加)缺货频率、降低(或增加)缺货成本与提高(降低)库存持有成本之间的利害得失。

除此之外,现实中的物流管理者还需要考虑另一项成本——进货成本,即企业购进的各种原料、辅料和制成品本身所需要支付的金额。特别是当供应商给予一定程度的价格折扣或数量折扣时,进货成本会直接影响企业进货的数量,并间

接导致库存保有数量的调整,左右各项相关成本。进货成本的公式表达如下:
进货成本＝进货数量×进货价格

库存管理应从总成本角度考虑降低采购成本、库存持有成本、缺货成本和进货成本的总和,而不是降低某一单项成本。因此,要充分了解各项成本之间的悖反规律,寻找使总成本最低的进货量和库存量,并据此确定库存周转次数和需要占用的仓库面积等。

2. 提高客户服务水平

企业库存水平的高低、库存管理能力的强弱直接影响企业对市场的供给能力,并左右客户服务水平。提高客户服务水平的目标,即在正确的时间和地点,将正确的商品送至正确的客户手中。

二、库存管理的衡量指标

衡量库存的方法有许多,在管理中具有重要意义的衡量指标有平均库存值、可供应时间和库存周转率。

1. 平均库存值

平均库存值是指全部库存物资的价值之和的平均值。之所以用平均,是因为这一指标是指某一段时间内(而不是某一时刻)库存所占用的资金。这一指标可以告诉管理者,企业资产中的绝大部分是与库存相关联的。企业管理人员可根据历史数据或同行业的平均水平来衡量企业的情况。

2. 可供应时间

可供应时间是指现有库存能够满足多长时间的需求。这一指标可用平均库存值除以相应时段内单位时间的需求得到,也可以分别用每种物资的平均库存量除以相应时段内单位时间的需求得到。

3. 库存周转率

库存周转率是指在一定的期间内,制品或商品经过若干次周转的比率。库存周转率主要反映企业库存用于供应的效率,也反映了企业资金周转的速度。库存周转越快,表明库存管理的效率越高。它是库存管理最重要的衡量指,可用下列公式表示。

存货周转率＝产品销售成本/[(期初存货＋期末存货)/2]

存货的周转率是存货周转速度的主要指标。提高存货周转率,缩短营业周期,可以提高企业的变现能力。一般来说,库存周转率受库存金额和消费(或出货)金额双方面的影响。有时出货减少而库存增加,被视为库存周转率的急剧恶化,可见库存周转率可以敏感地反映出库存状态。从库存管理的目的讨论,以库存周转率衡量库存管理效率比仅就金额或数量作为标准更加科学,而且周转率也不像库存金额那样易受物价变动的影响。它既能立刻反映需求的变化,其计算又非常简单明了,因此在各类企业中这个指标得到了广泛采用。

三、库存管理方法

1. ABC 管理法

ABC 管理法(ABC Analysis)是一种根据事物的经济、技术等方面的主要特征,运用数理统计方法,进行统计、排列和分析,抓住主要矛盾,分清重点与一般,从而有区别地采取管理方式的定量管理方法,又称巴雷托分析法、主次因分析法、ABC 分析法、分类管理法、重点管理法。它以某一具体事项为对象,进行数量分析,以该对象各个组成部分与总体的比重为依据,按比重大小的顺序排列,并根据一定的比重或累计比重标准,将各组成部分分为 A、B、C 三类。A 类是管理的重点,B 类是次重点,C 类是一般。ABC 管理法的原理是,按巴雷托曲线所示意的主次关系进行分类管理。它广泛应用于工业、商业、物资、人口及社会学等领域,以及物资管理、质量管理、价值分析、成本管理、资金管理、生产管理等许多方面。它的特点是,既能集中精力抓住重点问题进行管理,又能兼顾一般问题,从而做到以最少的人力、物力、财力实现最好的经济效益。

仓库中所保管的货物种类繁多。有些货物的价值较高,对于生产经营活动的影响较大,或者对保管的要求较高;而另一些货物的价值较低,保管要求不是很高。如果对每一种货物采用相同的保管办法,可能投入的人力、物力很多,但效果却是事倍功半。在仓库管理中采用 ABC 管理法,就是要区别对待不同的货物,在管理中做到突出重点,以有效地节约人力、物力和财力。

2. ABC 分类方法

ABC 分类方法是将所有的库存货物根据其在一定时限内的价值重要性和保管的特殊性的不同,按大小顺序排列,根据各个品种的累计金额和累计数量统计,并计算出相对于总金额和数量的比率,按序在图中标出对应的点,连成曲线图,如图 7-2 所示。

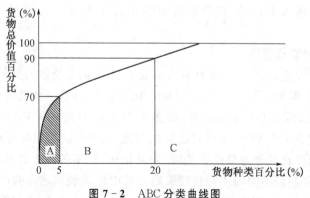

图 7-2 ABC 分类曲线图

根据 ABC 分类方法，可以确定 A 类货物种类占 3%～5%，其价值占货物总价值的 70% 左右；B 类货物种类占 10%～15%，其价值占货物总价值的 20%；C 类货物种类占 80% 以上，其价值只占货物种类总价值的 10% 左右。

用上述方法分出 A、B、C 三类货物之后，应在仓储管理中采用不同的方法。

(1) 对 A 类货物的管理。由于 A 类货物进、出仓库比较频繁，所以供给脱节会对生产经营活动造成重大影响。但是，如果 A 类货物存储过多，仓储费用就会增加很多。因此，对 A 类货物的管理要注意到以下几点：

①根据历史资料和市场供求的变化规律，认真预测未来货物的需求变化，并依此组织入库货源。
②多方了解货物供应市场的变化，尽可能地缩短采购时间。
③控制货物的消耗规律，尽量减少出库量的波动，使仓库的安全储备量降低。
④合理增加采购次数，降低采购批量。
⑤加强货物安全、完整的管理，保证账实相符。
⑥提高货物的机动性，尽可能把货物放在易于搬用的地方。
⑦货物包装尽可能标准化，以提高仓库利用率。

(2) 对 B、C 类货物的管理。因为 B、C 类货物进、出仓库不是很频繁，所以对货物的组织和发送的影响较少。但是，由于这些货物要占用较大的仓库资源，使仓储费用增加，所以在管理上的重点应该是简化管理，可以参考以下原则管理：

①对于那些很少使用的货物可以规定最少的出库数量，以减少处理次数。
②据具体情况储备必要的数量。
③对于数量大、价值低的货物可以不作为日常管理的范围，减少这类货物的盘点次数和管理工作。

企业库存物资的种类很多，每种物资的销售或使用量、价值、缺货损失等都不尽相同，对每种物资都给予同样的关注和管理是不必要的，而且也做不到。库存管理常用 ABC 分类法来分别对库存物资加以管理。ABC 分类法在库存管理中的应用就是提醒人们，应对存货单元加以分别对待，采用不同的策略分别加以管理。

3. 关键因素分析法

在有些企业里，虽然某些原材料价值很低，对成品总价值的贡献很小，被定为 C 类，如拉链和螺母之类，却是生产过程中所不可缺少的，一旦缺货将导致生产线的瘫痪。因此，除 ABC 分类法外，很多企业还同时使用 CVA（Critical Value Analysis，关键因素分析）法加强对物资的管理。CVA 法根据库存产品使用的重要性和优先程度将其分为最高优先级、较高优先级、中等优先级和较低优先级 4 个级别，再分别制定不同的库存管理策略。其中优先级别越高的产品，对生产经营的影响越大，缺货成本越高，要求的现货可得率越高；优先级别低的产品，则相反。CVA 法库存品种及其管理策略如表 7-1 所示。

表 7-1　CVA 法库存品种及其管理

库存类型	特点	管理措施
最高优先级	关键物资或者 A 类重点物资	不允许缺货
较高优先级	基础性物资或者 B 类存货	允许偶尔缺货
中等优先级	比较重要的物资或 C 类存货	允许合理范围内缺货
较低优先级	需要但可替代物资	允许缺货

企业为达到理想的库存管理目标,可将 ABC 法和 CVA 法有机地结合在一起。这样既保证生产经营中关键物资的供应,又可以有针对性地制定不同的管理规则,从整体上提高资源的利用水平,提高客户满意度。

四、零库存管理

零库存管理,也称为 JIT(Just In Time)管理、准时制或适时管理模式,强调任何库存都是一定程度上资产的闲置与浪费,因此它极力主张降低库存水平,甚至实现零库存状态,最大限度地提高供应链的灵活性,消除非增值环节。

零库存概念应当包含以下含义:①库存的数量趋于 0 或等于 0(即近乎于无库存物资);②库存设施、设备的数量及库存劳动耗费同时趋于 0 或等于 0(即不存在库存活动)。而后一种意义上的零库存,实际上是社会库存结构的合理调整和库存集中化的表现。就其经济意义而言,它并不亚于通常意义上的仓库物资数量的合理减少。

值得注意的是,零库存并不等于不要储备和没有储备,即某些经营实体(如生产企业)不单独设立仓库和不库存物资,并不等于取消其他形式的储存。实际上,企业(包括生产企业和商业企业)为了应付各种意外情况(如运输时间延误、到货不及时、生产和消费发生变化等),常常要储备一定数量的原材料、半成品和成品,只不过这种储备不采取库存的形式罢了。由于零库存管理严格控制各环节库存水平,因此需要高效率的供应链配合客户越来越高的服务要求。按单生产、按单配送体现了 JIT 管理的理念,在这两种情形,企业并不保有成品库存,而是通过订单拉动生产、配送过程完成对市场的供应。供应链反应速度对市场满意度影响巨大,因而成为 JIT 管理最为关注的评价指标之一。与此同时,全程的质量控制、完善的供应商管理制度和可靠的运输服务也是必不可少的,这样才能保障供给的有效性和可靠性。但零库存管理模式也给企业带来一定的风险,特别是在供给不稳定或流程过长,运输服务可靠性较弱,或突发事件频繁发生的情况下,会造成供给的中断。一旦供给出现问题,由于各环节库存数量非常有限,很容易造成局部停工、停产,或者频繁出现缺货现象,引起较高的失销成本。

五、供应商管理库存

VMI(Vendor Managed Inventory,供应商管理库存)是在供应链协作层次管理库存的一种新方法。在 VMI 管理方式,企业并不是由自身管理企业内保有的库存,而是由供应商代为控制和监督,包括决定适当的订货批量、产品组合和合理的安全库存量。

与传统库存管理方法不同,VMI 管理方式下的企业并不会由供应链上的单个企业根据自己设定的再订货点启动订货程序,拉动供应链供给。相反,采用 VMI 管理方式的企业认为上游的供应商通过集中决策能够更好地对整个供应链的供应进行统筹,削弱由于中间商错误估计而形成的长鞭效应。在一些企业,VMI 管理方式获得了令人瞩目的成功,企业的收益包括供应链整体库存成本下降,各存储点之间的调拨成本减少,当然也包括各种中转费用的节省等。

需要注意的是 VMI 管理通常要求企业拥有完善的信息系统,还要求供应链合作伙伴之间,特别是企业与供应商之间存在良好的即时数据传输系统。企业内部实点的产品销售数据(POS 数据)或原料消耗数据首先借助条码系统或最新的无线射频辨识技术(RFID)进入信息系统,接着利用企业间的电子数据交换(Electronic Data Interchange,EDI)系统或与供应商共享的其他供应链系统软件传送到供应商的决策系统。然后根据双方事先商定的规则,供应商决定是否需要向仓库补货,如果需要,则根据产品的属性、规格安排运输车辆,下达装车计划,同时会将货物即将到达的信息传给合作伙伴,以便安排接货。

通过使用 VMI 系统,供应商可以获得准确的市场销售数据,提高预测精度,有效降低库存投资,完善供货计,加强与客户的联系。而工厂、企业可以减少缺货现象,提高库存周转率,降低库存成本,同时提高客户服务水平,压缩管理开支。但是,使用 VMI 系统是一个巨大挑战。一方面,VMI 要求供应商对库存的管理控制能力非常高,否则可能会导致企业供货的困难,在市场上处于被动局面;另一方面,与很多供应链合作模式一样,VMI 要求企业与供应商之间相互信任——企业既要避免怀疑供应商为自己私利调整库存计划,又要采取适当措施防止供应商处理不当时给本企业造成重大影响,管理难度可想而知。

第八章 政府采购与招标采购

第一节 政府采购

一、政府采购的含义

政府采购是采购的一种形式。一般认为,政府采购是指一国政府部门或其他直接或间接受政府控制的企事业单位,为实现其政府职能和公共利益,使用公共资金获得货物、工程和服务的交易行为。

关于我国政府采购的含义,应从我国的实际情况出发,对"政府采购"做出具有中国特色的解释和定义。由于我国实行政府采购制度还在探索阶段,因此各地对"政府采购"的定义各不相同。借鉴西方发达国家的经验,结合国情,应给予我国政府采购这样的定义:政府采购是指各级国家机关和实行预算管理的政党组织、社会团体、事业单位,使用财政性资金在政府的统一管理和监督下获取货物、工程和服务的行为。

上述定义包括了以下几层含义:

(1) 实行政府采购制度的,不仅是政府部门,还应包括其他各级各类国家机关和实行预算管理的所有单位。

(2) 政府采购资金不仅包括预算内资金,同时还应把使用预算外资金进行政府采购的活动也纳入政府采购统一管理的范围。

(3) 强调购买方式的转变。将过去由财政部门供应经费,再由各个单位分散购买所需货物、工程和服务的方式,转变为在政府的管理和监督下,按照规定的方法和程序,集中购买和分散购买相结合、统一的管理模式。

虽然政府采购在西方已有200多年的历史,但在我国还是新生事物,各方面对建立这一制度的紧迫性、必要性、重要性以及其在市场经济条件下的客观必然性还没有完全形成统一的思想和共同的认识。因此,需要大力宣传和普及政府采购制度的基本知识和基本原理,使政府各部门和社会各方面达成共识,从思想上打好基础。由于预算外资金的大量存在,建立政府采购制度时必须把这部分资金纳入统一账户,财政对各部门资金使用的监督力度将大为加强,这必将触动各部门的既得利益。同时,统一、公开的政府采购活动对行业垄断构成很大威胁,这必然会遇到获得垄断利益的部门和行业的阻力。因此,要达成共识,统一思想,必须做大量细致的说服和教育工作,尤其要澄清下列思想上的错误认识。

(1) 认为实行政府采购制度是财政想垄断采购事务,减少支出单位的既得利益。

建立政府采购制度,并不影响各支出单位对所需货物、工程或服务的采购,它们仍是采购主体,而财政部门只是将财政资金的管理从价值形态延伸到实物形态,改变了目前财政部门对实物形态支出管理基本失控的状况。

有些人担心政府财政部门包揽采购事务会产生新的垄断和腐败,其实这是不可能的,原因如下:第一,财政部门不操作具体采购事务,在规范采购行为中,只是起到一个裁判员的作用,在商品的价格、质量和财政资金的使用方面把关;第二,政府采购依照公开、公平、公正的原则进行公开性招标,大大降低了采购环节中出现的舞弊可能性;第三,在整个采购过程中,由多家部门进行监督,采购部门只是其中之一,如通过采购委员会审定采购计划、制定采购政策,招标过程邀请人大、纪检等执法监督部门参加,并进行公证,同时,对采购机构、人员违规行为建立处罚制度,以保证采购过程公正、透明。

如果把政府采购比做一种活动,活动双方的一方是采购单位,另一方是供应商;活动的规则是政府采购制度;活动的裁判应由政府采购管理机关即财政部门承担,因为财政部门掌握制约活动的主要手段——支付手段,可使裁判工作事半功倍。

(2) 认为政府采购制度就是政府控购制度。

政府采购与计划经济体制下财政对实物形态的直接管理方式有着根本的区别。政府控购是政府通过直接的行政手段抑制社会集团对某些商品的需求,实现社会商品的供求平衡。政府采购制度则是通过经济手段和法律手段相结合,规范政府购买行为,以取得价廉物美质优的货物、工程和服务。一个是"允不允许买"的问题,另一个是"如何购买"的问题。两者在管理上的目的、手段、范围等都不一样。从目的看,政府控购是控制集团需求,平衡供求矛盾,避免政府与民争夺商品;而政府采购主要是细化预算,节约支出,提高资金使用效率,抑制采购中的违法违纪行为。从管理手段上看,政府控购主要是通过直接的行政性采购计划来实现;而政府采购主要是通过间接的规范的购买方式和财政监督来实现。从管理范围看,政府控购针对的是某些具体的商品;政府采购针对的是政府对所有商品、工程和服务的购买,没有品目的限制。

(3) 认为实行政府采购就是恢复供给制时代的做法。

这是一种错误的认识。在供给制条件下,财政是采购商品的主体,商品的使用者只能是被动地接受商品;而实行政府采购制度,财政只是参与、监督商品的采购过程,使采购工作在公开、公平、公正的条件下进行,保证采购过程的廉洁和资金的有效使用。实行政府采购制度,作为商品使用者的采购单位是采购商品的主体,商品使用者可以按照政府采购的有关规定,根据自身的采购需求,通过政府采购所购商品的性能、质地、到货期限、安装及售后服务等技术和物理指标都能满足商品使用者的要求,即由供给制下的被动获得转为采购制下的主动取得。

(4) 认为政府采购会影响行政事业单位的正常工作,单位所需的商品和劳务在时间上不像以前那样及时、便捷,这是对政府采购制度理解不深透所造成的。其实,政府采购是一项经常性采购活动,只不过是把原来的单位分散采购变为集中规模的经常性采购,在时间上没有阶段性。

二、政府采购的特点

政府采购与私人采购相比较,具有以下 4 个特点。

1. 行政性

私人采购可以按照个人的爱好、企业的需求做出决定。但是,政府采购作为组织的选择就不能按照个人意志行事。因此,政府采购决策运用的是政府部门办公的决策程序,是一种行政运行过程。例如,采购中要遵守组织的规则、制度及程序,体现集体的作用,而不能像一些私人企业那样,鼓励发挥采购人的主观能动性和创造性。尽管现代政府的决策提倡运用现代化的管理手段,但是公共采购要买什么、怎么买,需要以国家利益实现为目的,完成多重目标,符合多重标准。因此,在进行政府采购管理的过程中,无论是在国内还是在国外,都或多或少地具有较强的行政色彩,代表集体或政府的意志。

2. 社会性

政府要承担社会责任或公共责任,也就是说,政府部门的所作所为包括采购行为,要向国家和社会负责,并且要在工作的同时,为人民树立一种良好的形象和榜样。比如,政府采购不但要满足社会在某一时期对一种服务的需要,同时还要考虑环境问题、就业问题等对社会的影响。为此,政府采购首先强调采购部门的责任性,即部门内部的上下级负责制,采购结果对社会、对国家的负责制。总之,部门对所做的工作承担全部责任,而不管这项工作最终是属于哪个办事人员。其次,政府采购要受到社会的监督。政府采购过程随时受到外界的监督和检查,政府管辖区的社会成员有权利对采购的程序和结果进行评论。

3. 公共管理性

由于采购部门使用公共资金进行采购,所以政府采购部门履行的是委托人的职能,因此政府采购具有明显的公共管理特点。政府采购过程是一个受管制的,然而却是透明的过程,在严格的法律和管理限制下进行。

4. 广泛性

由于政府一方面是财力的最大拥有者和分配者;另一方面,它管理事务广,需要量大,涉及范围宽,所以政府始终是各国国内市场的最大用户。据统计,欧共体的各国政府采购金额占其国内生产总值的 14% 左右(不包括公用事业部门的采购);美国政府在 1989—1992 年间每年仅用于货物和服务的采购就占其国内生产总值的 26%~27%。政府采购对象从汽车、办公用品到武器等无所不包,涉及货物、工程和服务等各个领域,具有明显的广泛性。

三、政府采购的主体

政府采购的主体是指在政府采购过程中负有直接职责的参与者。从我国政府采购的实践看,政府采购的主体包括:政府采购管理机关、政府采购机关、采购单位、政府采购社会中介机构、供应商和资金管理部门。

(1) 政府采购管理机关是指在财政部门内部设立的,制定政府采购政策、法规和制度,规范和监督政府采购行为的行政管理机构。政府采购管理机关不参与和干涉政府采购中的具体商业活动。

(2) 政府采购机关是具体执行政府采购政策,组织实施政府采购活动的执行机构。采购机关分为集中采购机关和非集中采购机关。狭义的采购机关即我们平时所称的采购机关,主要是指集中采购机关。政府采购机关组织实施采购活动可以自己组织进行,也可以委托社会中介机构代理组织进行。

(3) 采购单位即政府采购中货物、工程和服务等的直接需求者。主要包括各级国家机关和实行预算管理的政党组织、社会团体、事业单位及政策性的国有企业。

(4) 政府采购社会中介机构就是取得政府采购业务代理资格,接受采购机关委托,代理政府采购业务的中介组织。

(5) 供应商是指在中国境内外注册的企业、公司及其他提供货物、工程、服务的自然人、法人。采购单位的任何采购都必须从合格的供应商处获得。

(6) 资金管理部门是指编制政府采购资金预算、监督采购资金使用的部门。我国现阶段政府采购资金管理部门包括财政部门和各采购单位的财务部门。

四、政府采购的客体

政府采购的客体也就是政府采购的内容。它包括的种类和项目非常广泛,既有标准产品,也有非标准产品;既有有形产品,又有无形产品;既有价值低的产品,也有价值高的产品;既有军用产品,也有民用产品。按照国际上的通常做法,可粗略地将采购客体分为 3 类:货物、工程、服务。

1. 货物

货物是指各种各样的物品,包括原料产品、设备、器具等。具体可分为下列 6 类。

（1）通用设备类。包括大或中型客车、面包车、吉普车、小轿车、微型车、摩托车、电梯、大型工器具等。

（2）专用设备类。包括医疗设备、教学仪器、体育器材、大型乐器、摄影器材、农机机械、水利设施、警用器材、环保设备、消防设备等。

（3）办公家具类。包括办公桌、办公椅、文件柜、保险柜、电风扇、空调、沙发等。

（4）现代化设备类。包括电视机、扩音器、电话机、寻呼机、移动电话、计算机及网络设备、稳压电源（UPS）；打字机、传真机、复印机、打印机、速印机、碎纸机、软件及系统集成等。

（5）日常办公用品类。包括大宗的纸、笔、墨、文件袋、订书机、磁盘、电源插座、照明器材、工作服装等。

（6）药品类。包括成品药、注射器等。

2. 工程

工程是指新建、扩建、改建、修建、拆除、修缮或翻新构造物及其所属设备以及改造自然环境，包括兴修水利、改造环境、建造房屋、修建交通设施、安装设备、铺设下水道等建设项目。具体包括：

（1）工程投资与房屋维修类，如道路桥梁、房屋建设和维修等。

（2）设备安装类，如设备的购置及安装。

（3）锅炉购置改造类，如锅炉、管道等的购置和改造。

（4）市政建设类，如植树、花草种养、街道养护等。

3. 服务

服务是指除货物或工程以外的任何采购，包括专业服务、技术服务、维修、培训、劳动力等。财政拨款的机关事业单位所需的各类服务，应在财政部门的指定服务地点取得服务。对各类指定服务地点，每年要组织一次公开竞标，不搞终身制。具体包括：

（1）车辆的维修、保险和加油类。对修配厂、保险公司、加油站等进行公开竞标后定点。

（2）会议、大型接待及医疗保健类。对宾馆、医院、疗养院等进行公开竞标后定点。

五、政府采购的原则

政府采购的原则是为了实现政府采购目标而设立的，贯穿政府采购全过程的一般性规则。根据我国的实践经验，借鉴国外的成功典范，我们认为政府采购应遵循以下几个最重要的原则，这些原则是实现政府采购目标的重要保障。

1. 公开原则

政府采购的公开原则是指政府采购的法律、政策、程序和采购活动的有关信息和要求都要公开。由于采购机关组织实施政府采购使用的是公共资金，因此就对公众产生了一种管理的责任，这就要求采购机关谨慎地执行采购政策并使采购活动具有透明度。因此，公开原则是政府采购的一个重要原则。透明度高、规范性强的采购法和采购程序具有可预测性，使投标商可以计算出他们参加采购活动需要承受的代价和风险，从而提出最有竞争力的价格。公开原则还有助于防止采购机关及上级主管部门做出随意的或不正当的行为或决定，从而增强潜在供应商参与采购并中标的信心。

在政府采购制度中，公开原则贯穿在整个采购过程中。首先，有关采购的法律和程序要公布于众，并严格按照法律和程序办事。这些法律文件也要便于公众及时获得。采购项目的要求和合同的条件要公开，使采购单位与供应商双方履约明晰化；采购活动要做好采购记录，以备公众和监督机构的审查和监督；为保证采购透明度，要接受供应商的质疑和申诉。当然，对一些特殊的采购项目，由于采购物品的性质和国家保密的要求，使得采购过程不能公开。即使如此，采购机构也必须做出说明和记录，并需经严格审批和授权。采购活动的公开程度与采购主体的法律意识、监督力度和传媒手段等有着密切的关系。

2. 公平原则

政府采购中的公平原则首先是指所有参加竞争的供应商都机会均等，并受到同等待遇。表现在：允许所有有兴趣参加政府采购的供应商、服务提供者参加竞争；资格审查和投标评价对所有参加政府采购的供应商使用同一标准；采购机关向所有投标人提供的信息都应一致。

公平原则的另一个重要表现是，合同的授予要兼顾政府采购社会目标的实现。由于在政府采购的竞争中，小企业、少数民族企业、困难企业等处于不利的地，如果按其实力，它们很难能赢得政府采购合同，因此在政府采购制度中，制定出一些规则和采取一些措施，使小企业等也能分得政府采购合同的一部分，从而促进社会经济的协调发展。

3. 公正原则

公正原则是建立在公开和公平的基础上的，只有公开和公平，才能使政府采购得到一个公正的结果。公正原则主要由政府采购管理机关、采购机关和中介机构来执行。作为政府采购的管理机关，除制定统一的政策、法规和制度外，还必须坚持这些规则在执行中不偏不倚、一视同仁。因为政策、法规和制度都只是一些文字性的说明，很多只是原则性规定，没有很具体、很详细的解释。因此，不同管理者、不同时间，对不同的对象，就会产生不同的理解程度和思维方式，在掌握执法的尺度上就会不同。为了避免这种过大的差异而导致不公正性，管理机关应尽可能统一思想和认识，统一执法的力度，尽量做到公正合理。作为采购机关要做到公正，首先必须对各供应商提出相同的供货标准和采购需求信息，对物品的验收要实事求是、客观公正、严格执行合同的标准,不得对供应商提出合同以外的苛刻要求或不现实的条件。作为政府采购的中介机构,主要是参与采购中的开标和评标,因此贯彻公正原则必须体现在开标和评标的过程中。在评标时,对各供应商提供的标书进行客观、科学的评价,既要看到各种标的优点,也要指出其缺陷和不足,尽可能采用评分的方法进行评价,用分数的高低评出优劣及等次,为决标提供显而易见的依据,尽量使各供应商口服心服,从而得到真正的公正结果。

4. 效率原则

政府采购的效率原则包括经济效率和管理效率两个方面。

经济效率原则主要表现在两个方面:一是宏观经济效率,即切实强化财政支出调控,有效提供公共产,保持宏观经济稳定,实现经济结构调整,促进民族工业发展,以实现市场机制与财政政策的最佳结合;二是微观经济效率,即该政府采购实施后是否节约财政资金,财政资金的使用效率是否有了提高。

管理效率原则要求政府经常公布招标信息,及时购买物美价廉的商品和服务,缩短采购时间,降低采购成本;同时,便于支出控制和财政监督,实现支出由价值领域向实物领域的延伸管理。管理效率主要体现在实施政府采购所花费的成本上,具体表现为节约的财政资金与实施政府采购的成本比。一般来说,采购成本越低,节约财政性资金的比例就越大,管理效率也越高;反之,则管理效率就低,甚至出现管理无效率的情况。

5. 物有所值原则

物有所值是指购买"物"的投入(成本)与产出(收益)之比,这里的投入不是指所采购物品的现价,而是指物品的寿命周期成本,即所采购物品在有效使用期内发生的一切费用减去残值。政府采购追求的主要是寿命周期成本最小而收益最大。目前,物有所值原则的内涵在发达国家和发展中国家之间引起了激烈的争论,争论的焦点为对物有所值中的"值"的理解。我们认为,它不仅应包括资金的使用效率和物品在使用过程中的满意程度,还应包括为国内产业发展提供的机会以及促进技术转让等。

六、政府采购制度

1. 政府采购制度的含义

政府采购制度是指国家为了使政府采购合理有效、经济节省、公开透明而制定的法律和规定,其目的是要求采购机关用一种公开的、竞争的方式和程序完成采购活动。政府采购制度是国家为规范政府采购行为而形成的。为了实现上述目标,国家建立了一系列审查、管理和监督机制。

制度是在一定历史条件下形成的,旨在为人类行为设定制约和控制的,并为人们所接受或公认的规则和习惯,它作用于各种社会主体并由权威予以保障,其外在表现形式上是规则和习惯。基于对制度的一般认识,我们认为政府采购制度是一国政府根据本国经济体制和具体国情而制定的旨在管理政府采购行为的一系列规则,其表现形式是一国管理政府采购活动的法律和惯例。实际上,各国正是通过管理政府采购活动的立法确立其政府采购制度的。

政府采购制度因各国经济制度、政治制度的不同而有所差异。在一些国家,政府采购制度内容涵盖了管理政府采购活动各个方面的所有规则和惯例。就采购管理而言,包括采购政策的制定及实施、采购的组织管理、采购活动的监督和审查、采购不当之补救等;就具体的采购活动而言,包括采购计划的制定、采购资金的预算和划拨、采购方法的选择、采购程序的控制和管理、采购合同的管理等。美国的政府采购制度正是如此,它涵盖了政府采购的整个周期,包括采购计划、货物或服务采购、识别或组织供应源、确定供应源、确定采购合同授予方法及合同管理。

长期以来,我国政府采购一直处于一种分散无序状态,存在诸多问题。究其原因,主要是没有一套完善的政府采购制度约束。为此,必须适应社会主义市场经济的要求,尽快制定具有中国特色的政府采购制度。我国的政府采购制度应包括以下内容:

(1) 政府采购的主体。指整个采购过程的组织实施者,包括管理机关、采购机关、采购单位、供应商和中介机构等。

(2) 采购政策法规。最重要的是采购目标和原则的制定,它是政府采购的灵魂。

(3) 采购模式的选择。采购模式是采购集中管理的程度和类型,可供选择的政府采购模式有集中采购模式、分散采购模式、半集中和半分散的采购模式。

(4) 采购程序的操作规范。指与政府采购有关的法律、法规。

(5) 政府采购的组织管理。它是制度有效运作的基础。

(6) 政府采购的监督。它是采购活动规则运行的外在"监控网"。

2. 我国建立政府采购制度的意义和作用

政府采购制度是国家财政管理制度的一个重要组成部分。从本质上看,它是一项非常重要的宏观经济政策手段。因此,借鉴西方国家成功经验,建立与我国社会主义市场经济体制相适应的政府采购制度具有以下重要意义。

(1) 建立政府采购制度有利于健全和完善财政政策。财政政策包括两个方面:一是收入管理政策;二是支出管理政策。这两个方面处于同等重要的位置,只有收支政策的科学和健全完整,才能使财政职能最有效地发挥,资源得到最合理的配置。1994 年分税制财政体制的实施,统一了税收制度,为企业的公平竞争创造了条件,同时规范了中央和地方的收入分配关系,但在支出管理方面只重视了资金的分配而忽视了资金的使用和消费环节的监督,因此仍存在一些漏洞,缺乏行之有效的管理办法。定员定额、零基预算等方法规范了经常性支出的方向,但对建设性支出和资金消费使用的监督管理尚无好办法,政府采购制度的实施正好填补这一缺陷。同时,对资金从分配到消费的全方位监督管理也能促进定员定额、零基预算等方法的实施。

(2) 建立政府采购制度有利于促进财政支出在管理方面实现根本性转变。在计划经济条件下,节减财政资金靠的是行政手段,但是在社会主义市场经济已初步确立的今天,利用行政手段来节减财政资金已远远不够。财政是管理分配的,它可以利用行政手段直接左右大多数机关事业单位的消费,但这只是总体上粗放型预算规划及控制财政资金,而且因为对于这种粗放型的只管分配资金而忽视消费环节的方法,在使用资金时是否合理考查得很少,所以导致了传统的分散采购在市场经济条件下的缺陷:它一般是在零售市场上购买,无法享受由厂商直接供应带来的价格优惠,而且缺少统一规划,造成了一些重复建设,致使财政资金使用效益低、浪费大。这显然有违于财政改革的目标:建立效益型财政。实行政府采购制度的目的是,能充分发挥买方市场这一优势,在继续坚持运用行政手段的同时,自觉地运用市场经济规律的手段,将市场经济与财政支出有机地结合在一起,强化预算约束,实现对财政支出从价值形态到实物形态的延伸管理,从而达到对财政支出管理的深化和细化。通过实施政府采购制度,财政部门从资金的分配到消费,实行了全方位的监督。通过对来自多方面生产者的统一招标,既增加了政府采购的透明度,又保证了质量,可以用有限的财政资金购买到物美价廉的商品,或得到高效、优质的服务,从而降低行政成本,提高财政资金的使用效益。同时,将采购商品的资金直接支付给供货商,减少了资金的流转环节,可避免各单位挤占、滥用财政资金,堵住了资金流失的渠道。而且,政府通过参与市场招标、投标活动,对有关劳务和商品的价格均有比较深入和细致的了解,这对于各种预算的重新核定和执行均十分有利,真正做到"少花钱多办事",大大提高了预算支出的准确性和财政支出的可控性,从而更好地节约了资金,提高了资金的使用效益,最终达到最佳的资源配置,以促进经济健康稳定的发展。

(3) 建立政府采购制度有利于反腐倡廉。在当前法制尚不完善、财政监督机制尚不健全的情况下,分散采购过程的不透明造成种种腐败现象。政府采购制度的核心内容就是通过公开的招标方式进行商品或劳务的交易行为,其基本特征是公开、公平、公正,这就要求将财政支出的详细情况公布于众。这种强公开性、高透明度,有利于加强社会化的监督。与分散采购相比,政府统一采购主体少,采购次数也少,便于财政部门审查和监督。另外,财政部门一般都参与政府采购。有关部门负责采购事务,财政部门负责付款,这种付款和购买的分离,增加了部门间的牵制和监督,基本上可以杜绝个人的腐败行为,有利于树立政府的廉洁形象,促进政府廉政建设。

(4) 建立政府采购制度有利于我国经济走向世界。企业要生存和发展，必须走向世界市场。开放政府采购市场是相互的，不能只享受权利不承担义务。随着我国出口产品的升级，即由农副产品向工业产品转变和劳动密集型向技术密集型转变，而这些产品的最大需求者是各国政府部门，要进一步扩大我国产品的出口，就需要进入其他国家的政府采购市场，这样就必须相应开放我国的政府采购市场。目前，我国国有大、中型企业的产品走出国门、进入世界市场的极少，一方面是因为企业内部及产品缺乏竞争力，另一方面是因为客观的大环境尚未成熟，其中包括尚未建立和完善政府采购制度。因此，有必要尽快在我国建立政府采购制度。

(5) 建立政府采购制度是国家加强宏观调控的政策工具。政府采购制度实质上是一种行之有效的国家调控经济的政策工具。它不仅作用于微观经济领，调节部分商品劳务的供给和需求，而且作用于整个社会的经济生活领域，从而实现政府的宏观调控目标。具体作用表现在以下几个方面。

①通过建立政府采购制度，调节社会供求总量，实现社会总供求的平衡。比如，当经济过热、通货膨胀、供给与需求矛盾加剧时，政府可以通过压缩和推迟采购，减少社会总需求，从而抑制厂商商品和劳务的供给；反之，当经济偏冷、商品过剩、失业增加时，政府可以加大或提前采购，以刺激厂商的积极性，从而带动需求的增加，摆脱市场疲软的状态。

②通过建立政府采购制度，调节产业结构和产品结构，实现经济的协调、均衡发展。在市场经济条件下，整个社会的产业结构和产品结构大多是由众多厂商根据市场信号组织生产经营行为所形成的。国家对产业结构和产品结构的调整，往往不能像计划经济时代那样借助于行政手段，而是主要依靠经济手段来实现结构调整目标。政府采购制度是一种运用简便、效果明显的经济调控手段。如果政府想发展什么产业或增加什么产品的生产，不一定要采取行政命令方式强迫厂商改行或增加产量，而可以采取增加政府购买的方式来引导厂商做出方向上的调整和数量的改变；反之，如果政府意在紧缩或限制哪种产业或产品，则可以采取少买或不买的方式来达到目的。这就意味着，政府采购实际上具有一种"导向仪"或"晴雨表"的作用。

③通过建立政府采购制度保护民族工业，支持国有经济的发展。保护民族工业并不是狭隘的民族主义，而是出于对国家的整体利益和长远利益的考虑。支持国有经济也不是人为地厚此薄彼，而是完善和巩固社会主义经济制度的需要。近年来，由于许多采购单位的短期行为，使得我国的许多商品的进口存在着严重的盲目性，对我国的民族工业造成了很大的冲击。比如，对于单位小汽车的购置问题，尽管中央三令五申严禁超标准购置小汽车，但许多单位都在采取一些变通手法购置进口豪华小汽车；而我国的小汽车生产却呈现饱和状态，很难走出低谷。

这固然有盲目上马、重复生产以及目前我国居民的购买力不足的原因,但也与小汽车的大量进口有着很大的关系。通过政府集中采购,可以把需求方向控制在国内发展的乘用车产业上,就可以整治不乘用国产轿车的不正之风。同时,还可以通过以公开招标方式严格确定供应商,形成对国有企业和民族经济的压力,促使其面向市场、不断改进技术和加强管理,在公平竞争中占据一席之地。

七、政府采购制度的实施范围

政府采购制度实施范围的界定是制定政府采购制度的重要组成部分,各国因国情不同在范围上也存在较大差异。根据我国近几年来政府采购的实践经验,结合当前的经济、政治体制,我们认为政府采购制度实施范围应从以下几个方面加以研究和明确:一是政府采购的财政支出范围,二是政府采购资金的来源范围,三是政府采购的单位范围,四是行政区划范围。

1. 政府采购的财政支出范围

按照现代财政理论,财政支出从性质上讲,可划分为购买性支出和转移性支出两大类。转移性支出是政府间财政资金的转移,因此在拨付时不应进行政府采购。购买性支出不管具体用途如何,都有一个共同点:政府一手支付资金,另一手相应获得货物、工程和服务,即在这一支出活动中,政府如同其他经济主体一样从事等价交换活动。这类支出反映了公共部门对这些资源的运用,排除了私人运用的可能性。因此,购买性支出一般都应纳入政府采购的范围。

在政府购买性支出中,除公务人员经费外,其余原则上都应纳入政府采购的范围,从办公设备、学校、医院等公共建筑到飞机、导弹。一般认为,政府采购的范围是为各级政府及其所属机构购买日常政务活动所需的商品和劳务,即主要是政府消费品的购买。但我们认为,政府采购的范围并不仅仅局限于这些方面,还应该包括政府投资品的购买。

(1)政府消费品的购买。政府消费品主要是指党政机关的日常公共用品和劳务服务,既包括除低值易耗品外的一般办公用品、公共办公设备,也包括各种公共服务和劳务,如公用汽车及维修、会议接待和招待等。政府消费品的界定可从以下几方面进行:一是看其是否为政府公共管理事务所需要,具有公共物品的性质;二是这些物品的购买和使用不以营利为目的,不具有经营性;三是政府消费品在使用过程中应产生较明显的社会效益。

(2)政府投资品的购买。政府采购的范围除了政府消费品外,还应包括政府投资品的购买,即凡属应由政府提供的公共工程、公共基础设施,如水资源的开发和利用;能源、通信、交通等公共设施的提供;环境保护;安居工程等,都应以政府采购的方式来完成。

2. 政府采购资金的来源范围

在国外,政府采购的资金范围只限于财政性预算内资金。在我国,由于存在大量的预算外资金,这部分资金主要是履行国家职能时强制性收取的各种基金和费用,有着准税收的性质,属于财政性资金。因此,我国实行的政府采购制度必须把这部分资金也纳入政府采购资金管理范围。至于纳入政府采购的比重为多大,主要取决于这部分资金在使用过程中是否符合政府采购的条件和规定。原则上,只要是作为政府的消费品和投资支出,从理论上说都应服从政府采购的统一管理。此外,我国各级政府或明或暗地存在着债务收入,对于这部分收入的支出,凡是有消费性和投资性的、符合条件的都应实行政府采购。

3. 政府采购的单位范围

我国是社会主义国家,生产资料占有形式以公有制为主。从理论上讲,凡是公共资金和财产的使用、消费都应由政府统一进行监督管理。政府采购作为公共资金和财产监督的一种形式,其实施范围应有所选择,即哪些公有性单位可以实行,哪些不能实行,应有划分标准。目前比较一致的认识是:凡是吃"皇粮"的单位都应纳入政府采购之列。目前分歧较大的集中在国有企业上,因为国有企业的资产是全民所有,这与行政事业单位没有多大区别,但是它作为自负盈亏的经营主体,在财务开支上必须拥有自主权,否则就无法承担相应的责任。对于国有企业是否要参加政府采购,我们认为要分两种情况对待,即把国有企业划分为两类:一类是经营性国有企业,另一类是政策性国有企业。经营性国有企业不宜纳入政府采购的范围,而政策性国有企业应纳入政府采购的范围。因为政策性国有企业的实质是政府职能的延伸,它履行了政府在生产领域的职能,这类企业基本上不具有竞争性,其亏损也由国家进行弥补,如印钞厂、特种兵工厂等,这类国有企业应视为准事业单位,纳入政府采购的范围。

八、政府采购的政策法规体系

为了加强对政府采购的管理,实现政府采购的政策目标,各国都制定了一系列有关政府采购的法律和规章。各国的基本法规为政府采购法或合同法,如我国的《中华人民共和国采购法》《中华人民共和国招标投标法》《政府采购管理暂行办法》《政府采购运行规程暂行规定》等;韩国的《政府采购合同法案》;美国的《联邦采购办公室法案》《联邦采购条例》《合同竞争法案》等;新加坡的《政府采购法案》;英国的《通用合同及商业法》等。除了基本法规之外,各国还制定了大量的配套法规,如美国的《合同纠纷法案》《购买美国产品法案》等近20个配套法规;新加坡的《政府采购指南》;英国的《非公平合同条款》《贪污礼品法案》等。

各国的各部门、单位根据政府采购的基本法规和配套法规的精神,结合本部门、本单位的实际情况和特定需要,制定补充条例。地方政府根据中央政府的政府采购基本法规,制定地方实施细则。

九、政府采购方式

1. 政府采购模式

政府采购模式就是对政府采购进行集中管理的程度和类型。各国的政府采购模式不尽相同,有的国家实行集中采购模式,即本级政府所有的采购均由一个部门负责;有的国家实行分散采购模式,即由各采购单位自己负责。完全实行分散采购模式的国家不多。多数国家实行半集中和半分散采购模式,即一部分物品由一个部门统一采购,另一部分物品由采购单位自己采购。下面对这3种政府采购模式进行介绍和阐述。

(1) 集中采购模式。集中采购模式是指所有应纳入政府采购范围的货物、工程和服务统一由政府委托一个部门负责。集中采购必然带来大型、合并的采购要求,这有利于吸引潜在的供应商,比零散采购更有利于获得更好的供应商履约表现和更有利的价格。另外,管理少量的大型合同所带来的管理成本的节约也是巨大的。采购集中化有利于培养更多技能精湛、知识全面的采购职员,从而增强采购员对采购活动的理解。再者,集中采购增强了对采购单位的直接控制,有利于采购政策、决策在采购部门的各个层次上的执行。

(2) 分散采购模式。分散采购模式是指所有纳入政府采购范围的货物、工程和服务由各需求单位自行组织采购。分散采购的主要优点是易于沟通,采购反应迅速。

(3) 半集中和半分散采购模式。这种采购模式就是把所有应纳入政府采购范围的货物、工程和服务分为两种类型进行采购,即一部分由政府委托一个专门部门统一采购,另一部分由需求单位自行采购。至于集中和分散的程度主要根据采购物品的性质、数量和采购政策而定。高价值、高风险的采购由采购部门专业化、技术精湛的采购人员进行管理会更加经济和有效;低价值、低风险的采购在性质上很可能是常规采购,通常由采购单位进行分散采购。这种颇为常用的组织方法可能会同时获得集中采购和分散采购的双重利益。

2. 政府采购方式

政府采购方式是指政府在采购所需的货物、工程和服务时应采取什么方式和形式来实现。根据各国政府采购的经验,目前使用较多的政府采购方式有招标采购(包括单一步骤招标采购和两阶段招标采购)、询价采购、竞争性谈判采购、单一来源采购、批量采购和小额采购等。

十、政府采购的效益分析

所谓效益,从经济学的一般意义来讲,是指经济过程中所费与所得的对比关系。财政效益是指在既定的约束条件下,财政支出和政府目标实现程度的对比关系,经济效益是政府财政效益的具体体现。推广政府采购制度,作为我国财政改革中的一次重大举措,对提高我国财政支出效益,节约有限的财政资金,缓解当前的收支矛盾,实现政府目标最优化,具有重要的现实意义。下面简要介绍政府采购的微观经济效益和宏观调控效应。

1. 政府采购的微观经济效益

政府采购的微观经济效益主要表现为采购过程中支出的节约和采购成本的降低。

(1) 政府采购制度的招投标制度避免了供应商与采购单位合谋。在传统的采购模式中,采购过程的不透明造成了采购过程中的种种腐败现象。供应商的选择、商品的品种及价格的确定都是"暗箱操作",往往是一个人说了算。而且由于采购点多面广,管理部门很难对这些采购活动进行有效监督。供应商为了取得交易上的优势,往往利用各种利诱手段,通过贿赂有关当事人,使有些人损公肥私。这种"暗箱操作"使采购者易于侵占国家的便宜,贪污财政性资金。

规范的政府采购制度运作后,由于政府采购制度引入了招投标的竞争机制,采购单位和供应商之间由"合谋"型博弈转化为"囚犯困境"型博弈。采购单位在众多的供应商中,要经过竞争选出最优标。众多的投标商在竞标中的市场化成本加大,中标的风险加大,冲标的概率下降,供应商行贿的预期下降,因而其主动合谋的预期支付函数也因成功的概率太低、风险加大而降低。

(2) 政府采购使政府消耗性资产管理纳入轨道。在传统的财政资源管理体制下,各单位条块分割、自行其是,造成了设备能力不能充分利用,降低了这些资产的使用效率。一边是各机关单位淘汰的办公设备大量闲置甚至流失,而另一边却是各中、小学办公设备严重不足。政府采购建立后,政府采购管理机关将建立政府单位部门的消耗性资产的档案,并根据这些资产的年限进行补充和更新,统一采购政府各部门和单位所需的商品和服务,并直接将商品及服务分配到需求的单位和部门。政府采购管理机关将评估采购单位采购要求的合理性,并实行以旧换新的方法,将采购了新的办公设备和固定资产的单位仍可用的旧设备和淘汰的固定资产调剂给其他单位和部门。等于花一份钱,办两件事,做到了物尽其用,缓解了供求矛盾。

(3) 政府采购有利于竞争、有效市场的建立。实行规范的政府采购制度,一方面,有利于运行有效的市场建立。市场竞争就是一种公平竞争,政府采购制度运作后,政府无疑将成为国内市场上的最大买主,政府的市场行为必将影响整个国内市场的运行。政府采购制度使各种市场主体面临同样的竞争环境和竞争条件,使各类市场主体在同一条起跑线上展开竞争,平等的竞争必将导致公正的结果,使竞争的优胜劣汰机制得以贯彻实施。另一方面,政府采购的原则也有利于激励国有企业摆脱过去的行政干预和地方保护,促使企业逐步适应市场,使其在市场竞争的大潮中学会游泳,造就中国的现代企业家和企业集团,提高微观经济的运行效率。

2. 政府采购的宏观调控效应

(1)通过政府采购,可以促使产业结构的优化。政府作为国内市场上最大的消费者,其购买商品和服务的选择无疑对经济结构具有举足轻重的影响,当政府对某种产品的购买增加时,往往导致该类产品的生产规模扩大和占国民生产总值的比重提高,导致社会经济结构的变动。

(2)通过政府采购,可以发挥稳定物价的调控作用。政府采购具有数额大、成规模的特点,是市场供求平衡关系中较大的砝码,对市场价格水平和走向可以起到一定的影响。政府在统一采购中以招标竞争方式压低供给价格的行为和效应,一般体现为对同类商品价格乃至价格总水平的平抑和稳定。政府也可有意利用这种调节能力,在某些商品的购买时机、购买数量等方面做出选择,在一定的范围和程度上形成积极的价格调控。

目前,西方国家都已经将政府采购作为宏观调控的一个十分重要的杠杆来使用。但是,由于我国目前实行的是分散采购,采购批量小、零星且没有政策意识,政府采购的政策导向意识和宏观调控作用也就无从发挥,宏观经济效益也就无从谈起。因此,改分散采购为集中采购,改单位自行采购为统一的政府采购,对提高支出效益、促进宏观经济的"帕累托改进",具有非常重要的意义。

第二节 招标采购

一、招标采购的含义

招标采购是一种使用越来越广泛的采购方法。

所谓标,就是标书,就是任务计划书、任务目标。招标(Invitation to Tender)是指招标人(买方)发出招标通知,说明采购的商品名称、规格、数量及其他条件,邀请投标人(卖方)在规定的时间、地点按照一定的程序进行投标的行为。所谓招标采购,是指采购方作为招标方,事先提出采购的条件和要求,邀请众多企业参加投标,然后由采购方按照规定的程序和标准一次性地从中择优选择交易对象,并提出最有利条件的投标方签订协议等过程。在招标采购中,其最大的特征是公开性,凡是符合资质规定的供应商都有权参加投标。

二、招标采购的特点

1. 招标程序的公开性

招标程序的公开性有时也称透明性,是指将整个采购程序全部公开:公开发布招标邀请;公开发布招标商资格审查标准和最佳投标商评选标准;公开开标,公布中标结果;公开采购法律,接受公众监督,防止暗箱操作、徇私舞弊和腐败违法行为。

2. 招标程序的公平性

所有对招标感兴趣的供应商、承包商和服务提供者都可以进行投标,并且地位一律平等,招标方不允许歧视任何投标商。评选中标商是根据事先公布的标准进行的;招标是一次性的,并且不能与投标商进行谈判。所有这些措施既保证了招标程序的完整,又可以吸引优秀的供应商来进行投标。

3. 招标过程的竞争性

招标是一种引发竞争的采购程序,是竞争的一种具体方式。招标活动是若干投标商的一个公开竞标的过程,是一场实力的大比拼。招标的竞争性体现了现代竞争的平等、诚信、正当和合法等基本原则。招标也是一种规范的、有约束的竞争,有一套严格的程序和实施方法。企业采购通过招标活动,可以最大限度地吸引投标商参与竞争,从而使招标企业有可能以更低的价格采购到所需的物资或服务,更充分地获得市场利益。

三、招标采购的适用范围

招标采购一般是一项比较庞大的活动,涉及面广,耗费人力、财力、物力较多。因此,并不是什么情况都要采用招标投标的方法,一般只适宜于比较重大的或者影响比较深远的项目。例如,寻找比较长时期供应物资的供应商;新企业开业寻找未来的长期物资供应伙伴时采用招标方式;寻找一次批量比较大的物资供应商;寻找一项比较大的建设工程的工程建设和物资采购供应商等。

对于小批量物资采购和比较小的建设工程,则不宜采用招标方法。

四、招标投标的分类

招标投标作为采购的基本方式,主要有公开招标和邀请招标两种。二者除邀请方式不同以外,其他步骤都大体相同。

1. 公开招标

公开招标又称竞争性招标,指由招标人在国家指定的报刊、信息网络或其他媒体上发布招标公告,邀请不特定的企业单位参加投标竞争,招标人从中选择中标单位的招标方式。按照竞争程度,公开招标又可分为国际竞争性招标和国内竞争性招标。

(1)国际竞争性招标是指在世界范围内进行招标,国内外合格的投标商都可以投标。它要求制作完整的英文标书,在国际上通过各种宣传媒介刊登招标公告。世界银行规定,我国利用世界银行贷款的工业项目在100万美元以上的,要采用国际竞争性招标来进行。

（2）国内竞争性招标是指在国内进行招标，要求用本国语言编写标书，在国内的媒体上登出广告，公开出售标书，公开开标。国内竞争性招标通常用于合同金额较小（世界银行规定在50万美元以下）、采购品种比较分散、分批交货时间较长、劳动密集型、商品成本较低而运费较高、当地价格明显低于国际市场等类型的采购。

2. 邀请招标

邀请招标也称有限竞争性招标或选择性招标，指由招标单位选择一定数目的企业，向其发出投标邀请书，邀请它们参加投标竞争。一般选择3～10家企业参加较为适宜。由于被邀请参加投标的竞争者有限，可以节约招标费用，缩短招标有效期，提高每个投标者的中标机会。

五、招投标文件

招标文件是整个招投标活动的核心文件，是招标方全部活动的依据，也是招标方的智慧与知识的载体。因此，拟定一个高水平的招标文件，是搞好招标采购的关键。

招标文件没有一个完全严格不变的格式，招标企业可以根据具体情况灵活地组织招标文件的结构。但是一般情况下，一个完整的招标文件应当包括以下8项内容。

1. 招标邀请书

招标邀请书也称招标书，其主要内容是向未定的投标方说明招标的项目名称和简要内容，发出投标邀请，说明招标书编号、投标截止时间、投标地点、联系电话、传真、电子邮件地址等。招标书应当简短、明确，让读者一目了然，并得到基本信息。

2. 投标人须知和投标资料表

投标人须知是招标文件的重要组成部分，它是采购企业对投标人如何投标的指导性文件。其内容包括投标条件、有关要求及手续等，具体有：资金来源，对投标商的资格要求，货物产地要求，招标文件和投标文件的澄清程序，投标文件的内容要求、语言要求，投标价格和货币规定，修改和撤销投标的规定，标书格式和投标保证金的要求，评标的标准和程序，国内优惠的规定，投标程序，投标有效期，投标截止日期，开标的时间、地点等。

投标资料表是关于拟采购货物的具体资料，是对投标人须知的具体补充和修改。如果有矛盾，则应以投标资料表为准。投标人须知和投标资料表都是指导投标商编制投标文件的重要文件，都不包含在采购企业与投标商签订的合同中。

3. 合同条款

合同条款包括一般合同条款和特殊合同条款，它们是采购企业与供应商签订合同的基础。一般合同条款适用于没有被本合同其他部分的条款所取代的范围，特殊合同条款是对一般合同条款的补充。一般合同条款内容包括：买卖双方的权利和义务，运输、保险、验收程序、价格调整程序、付款条件程序以及支付货币规定，履约保证金的数量、货币及支付方式，不可抗力因素，延误赔偿和处罚程序，合同中止程序，解决争端的程序和方法，合同适用法律的规定，有关税收的规定等。特殊合同条款内容包括：交货条件，履约保证金的具体金额、提交方式，验收和测试的具体程序，保险的具体要求，零配件和售后服务的具体要求等。

4. 技术规格

技术规格是招标文件和合同文件的重要组成部分。它规定所要采购的设备和货物的性能、标准以及物理和化学特征。如果是特殊设备，还要附上图纸，规定设备的具体形状。货物采购技术规格一般采用国际或国内公认的标准。

5. 投标书的编制要求

投标书是投标供应商对其投标内容的书面声明，包括投标文件构成、投标保证金、总投标价和投标书的有效期等内容。投标书中的总投标价应分别以数字和文字表示。投标书的有效期是投标商确认受其投标书约束的期限，该期限应与投标须知中规定的期限一致。

6. 投标保证金

投标保证金的作用是防止投标商在投标有效期内任意撤回其投标，或中标后不签订合同，或不缴纳履约保证金，使采购方蒙受损失。

投标保证金的金额不宜过高，可以确定为投标价的 1%～5%，也可以定一个固定数额。由于按比例确定投标保证金的做法很容易导致报价泄露，因而确定固定投标保证金的做法较好，它有利于保护各投标商的利益。国际性招标采购的投标保证金的有效期一般为投标有效期加上 30 天。

投标商有下列行为之一的，应没收其投标保证金：投标商在投标有效期内撤回投标；投标商在收到中标通知书后，不按规定签订合同或不缴纳履约保证金；投标商在投标有效期内有违规违纪行为等。

在下列情况下应及时把投标保证金退还给投标商：中标商已按规定签订合同并缴纳履约保证金；投标商没有违规违纪行为且未中标。

7. 供应一览表、报价表和工程量清单

供应一览表应包括采购商品品名、数量、交货时间和地点等。在国境内提供的货物和在国境外提供的货物在报价时要分开填写。在报价表中，境内提供的货物要填写商品品名、商品简介、原产地、数量、出厂单价、出厂价境内增值部分占的比例、总价、中标后应缴纳的税费等。境外提供的货物要填写商品品名、商品简介、原产地、数量、离岸价单价及离岸港、到岸价单价及到岸港、到岸价总价等。工程量清单由分部分项清单、措施项目清单和其他项目清单组成，应由具有编制招标文件能力的招标人或受其委托具有相应资质的中介机构进行编制。

8. 投标文件格式

有的招标文件把这一部分称为"附件"。这一部分很重要,就是要告诉投标者,他们将来的投标文件应该包括一些什么文件,每种文件的格式应当如何。例如有一份招标文件,把这一部分作为附件:

(1) 附件一,规定了投标书的格式。

(2) 附件二,规定了资格文件的内容,包括投标方公司全称;公司历史简介及现状;公司运营执照(商业登记证书)复印件;公司的组织结构、主要成员及属于何集团;开户银行名称和开户银行出具的资格证明书;有关授权代理人的资料和制造商的授权书(若投标方为代理商);质量保证能力;提供 2~3 个能代表其公司业绩水平且与本项目类似的项目简介,如项目名称;项目单位联系方法;实施时间、内容等,出具工程验收证明。

(3) 附件三,包括完成项目的详细方案和技术说明要求。

总之,这一部分规定了投标方投标时所需要提供的所有文件的内容和格式。

六、投标文件

投标与招标是一个过程的两个方面,它们的具体程序和步骤是相互衔接和对应的。投标一般包括以下 3 个阶段:申请投标资格、编制投标文件、递交投标文件。在招标企业实行资格预审时,投标商应及时向招标企业提出资格预审申请。如果申请通过,投标商应认真编写投标文件并及时递交投标书。投标书的递交是投标商参与投标程序的关键所在,采购企业应保证投标商有充足的时间来编写他们的投标书。

1. 申请投标资格

如果招标企业没有要求进行资格预审,投标商可以直接购买招标文件,并进行投标准备。但是,现在大多数招标企业都要求进行资格预审,因此,投标商应及时向招标企业购买投标资格申请书,经认真研究后填写投标资格申请书。投标资格申请书格式一般由招标企业拟定,并作为资格预审文件的组成部分提供给投标商。投标资格申请书的格式如下。

投标资格申请书
注册营业名称:
注册营业地址:
电话:
电传:
电报:
谨致(招标机构名称)
先生:
(1) 我们兹向××　　　　(招标机构名称)申请作为××(项目及合同)的投标人。

我们授权××(招标机构名称)或其授权代表,为查证我们提交的报告书、文件及资料,并澄清本申请书提供的财务和技术情况而进行任何调查。为此目的,我们授权××(任何官方官员、工程师、银行、托存人、制造商、分配人等)或任何其他人员或企业向××(招标机构名称)提供它所需要并要求提供的有关材料,以查证本申请书所提出的报告书和资料或我方是否能胜任。

如有需要,可向下列人员进一步了解情况:

(1) 技术方面(姓名及职务)。

(2) 财务方面(姓名及职务)。

(3) 人事方面(姓名及职务)。

(4) 我们声明,在慎重完成的本申请书中所提供的报告书和资料,其细节都完整、真实而正确。

(申请人授权代表)　　　　谨上

×年×月×日

招标企业将从技术、财务、人事等方面对投标商进行资格审查,审查合格的投标商准许投标。投标商便可以购买招标文件准备投标书。

2. 编制投标文件

投标书也称投标文件,是投标商投标的全部依据,也是招标企业招标所希望的成果,投标商应当集中集体的智慧,认真准备一份高水平的投标文件参加投标。投标书是投标者对于招标书的回应。投标书的基本内容,是以投标方授权代表的名义,明确表明对招标方招标项目进行投标的意愿,简要说明项目投标的底价和主要条件。除此以外,还要对投标文件的组成及附件清单、正本本数、副本本数做出说明,并且声明愿意遵守那些招标文件给出的约定、规定和义务。最后要有授权代表的签字和职位。

投标文件主要是根据招标文件要求提供的内容和格式进行准备,一般应包括以下基本内容。

(1) 投标函和投标报价表。投标函实际上就是投标人的正式报价信,说明投标商所提供的货物、来源、数量及价格。投标商应在投标报价表上注明本合同拟提供货物的单价和总价。

(2) 投标资格证明文件。这一部分要列出投标商的资格证明文件,包括投标商企业的全称、历史简介和现状说明、企业的组织机构、企业的营业执照副本复印件、企业组织机构代码证、技术交易许可证等,还要有开户银行名称以及开户银行出具的资格证明书。如果投标商是某些制造商的产品代理,还要出具制造商的代理协议复印件以及制造商的委托书。

(3) 公司有关技术资料及客户反馈意见。这一部分主要是投标方企业就自己的业务水平、技术能力、市场业绩等提出一些让招标方可信的说明以及证明材料,增加投标方对自己的信任,也是对自己技术资格的另一种方式的证明。内容包括投标报价表中对货物和服务来源地的说明,并有装运货物时出具的原产地证书;证明货物和服务与招标文件要求的技术指标和性能的详细说明,并逐条对招标文件所要求的技术规格进行评议;说明所提供货物和服务已经对买方的技术规格做出实质性的响应,或说明与技术规格条文的偏差和例外。

在这部分文件里,一般可以用实例写出自己令人信服的技术能力、质量保证能力等,列出自己的有关技术资格证书、获奖证书、兼职聘任证书等复印件。可以简述几个自己完成的具体实例,说明它们创造的效益,尤其是用户的使用证明、主管部门的评价或社会的反映等,并且留下有关证明人的联系电话、地址、邮编等,为招标方证实情况提供方便。

(4) 投标保证金。投标保证金是为了避免招标商因投标商的行为而蒙受损失,要求投标商在提交投标书时提交的一种资金担保。

(5) 投标文件的封装。投标文件要整理好,封装成一份"正本",还要根据招标文件的要求分别复印若干份,封装成若干份"副本"。每本封装好后,在封口处签名盖章,直接递送或邮寄给招标方。

3. 递交投标文件

投标文件经密封后,在截止日期和时间之前递交到指定地点。递交方式可以是邮寄或派专人送交。

七、招标采购的运作程序

招标采购是一个复杂的系统工程,它涉及各个方面、各个环节。一个完整的招标采购过程,基本上可以分为策划、招标、投标、开标、评标、定标6个阶段。

招标采购流程图如图 8-1 所示。

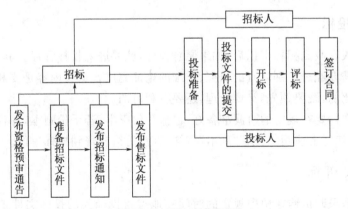

图 8-1 招标采购流程

八、策划

招标活动是一次涉及范围很大的大型活动。因此,开展一次招标活动,需要进行很认真、周密的策划。招标策划主要应当做以下的工作:

(1) 明确招标的内容和目标,对招标采购的必要性和可行性进行充分的研究和探讨。

(2) 仔细研究并确定招标书的标的。

(3) 对招标的方案、操作步骤、时间进度等进行研究决定。例如,是采用公开招标还是邀请招标;是自己亲自主持招标还是请人代理招标;分成哪些步骤,每一步怎么进行等。

(4) 讨论研究评标方法和评标小组。

(5) 把通过上述讨论形成的方案计划组织成文件,交由企业领导层讨论决定,取得企业领导决策层的同意和支持,有些甚至可能还要经过公司董事会的认可。

以上的策划活动有很多诀窍。有些企业为了慎重起见,特意请咨询公司代为策划。

九、招标

招标阶段是指采购方根据已经确定的采购需求,提出招标采购项目的条件,向潜在的供应商或承包商发出投标邀请的行为,是招标方单独操作的。在这一阶段,采购方需要做的工作主要有:确定采购机构和采购要求,编制招标文件,确定标底,发布采购公告或发出投标邀请,进行投标资格预审,通知投标商参加投标并向其出售标书,组织召开标前会议等。

十、投标

投标人在收到招标书以后,如果愿意投标,就要进入投标程序。其中投标书、投标报价需要经过特别认真的研究、详细的论证完成。这些内容是要和许多供应商竞争评比的,既要领先,又要合理,还要有利可图。

投标文件要在规定的时间准备好,包括一份正本、若干份副本,并且分别封装签名盖章,信封上注明"正本""副本"字样,直接送给或寄到招标单位。

十一、开标

开标是采购机构在预先规定的时间和地点将投标人的投标文件正式启封揭晓的行为。开标由招标人组织,邀请所有投标人参加。开标时,由投标人或者其推选的代表检查投标文件密封情况,经确认无误后,由工作人员当众拆封,宣读投标人名称、投标价格和投标文件的其他主要内容。开标结束后,由开标组织者编写一份开标纪要,并存档备查。

十二、评标

招标方收到投标书后,直到招标会举行那天,不得事先开封。只有当招标会开始,投标人到达会场,将投标书邮件交投标人检查签封完好后,才能当面开封。

开封后,投标人可以拿着自己的投标书,向全体评标小组宣读自己的投标书,并且接受全体评委的咨询甚至参加投标辩论。陈述辩论完毕,投标者退出会场,全体评标人员进行分析评比,最后投票或打分选出中标人。

1. 对投标书进行初步审查

投标书一经开标,即转送到评标委员会进行评标。

评标是招标企业的权利。招标企业要依法组建评标委员会,其成员由招标企业代表和有关技术、经济等方面的专家组成。成员人数为5人以上的单数,其中技术、经济等方面专家不得少于成员总数的2/3。评标委员会成员名单在中标结果确定前应当保密。

在正式开标前,招标企业要对所有的投标书进行下列初步审查:

①审查投标书是否完整,是否提交投标保证金,文件签署是否合格,投标书的总体编排是否有序。

②审查是否有计算错误。如果单价与数量的乘积与总价不一致,以单价为准修改总价。而投标商不接受对其错误的更正,可以拒绝其投标书,没收其投标保证金。如果用文字表示的数值与用数字表示的数值不一致,以文字表示的数值为准。

③审查每份投标书是否实质上与招标文件要求的全部条款、条件和规格相符,没有重大偏差。对关键条文的偏离、反对,如投标保证金、关税等偏高将被认为是实质上的偏离。如果投标书实质上没有响应招标文件的要求,招标企业将予以拒绝。

2. 评标内容

评标的目的是,根据招标文件中确定的标准和方法,对每个投标商的标书进行评价和比较,以评出最佳的投标商。评标必须以招标文件为依据,不得采用招标文件规定以外的标准和方法进行评标,凡是评标中需要考虑的因素都必须写入招标文件中。

评标分为技术评审和商务评审两个方面。

(1) 技术评审。技术评审的目的是,确认备选的中标商完成本招标项目的技术能力以及其后提供方案的可靠性。技术评审的主要内容有:

①标书是否包括了招标文件要求提交的各项技术文件,它们与招标文件中的

技术说明和图纸是否一致。

②实施进度计划是否符合招标商的时间要求,计划是否科学和严谨。

③投标商准备用哪些措施来保证实施进度。

④如何控制和保证质量,措施是否可行。

⑤如果投标商在正式投标时已列出拟与之合作或分包的公司名称,则需要审查这些合作伙伴或分包公司是否具有足够的能力和经验保证项目的实施和顺利完成。

⑥投标商对招标项目在技术上有何种保留,建议的可行性和技术经济价值如何。

(2)商务评审。商务评审的目的是,从成本、财务和经济分析等方面评定投标报价的合理性和可靠性,并估量授标给各投标商后的不同经济效果。商务评审的主要内容有:

①将投标报价与标底进行对比分析,评价该报价是否可靠合理。

②分析投标报价构成是否合理。

③分析投标文件中所附现金流量表的合理性及其所列数字的依据。

④审查所有保函是否被接受。

⑤评审投标商的财务能力和资信程度。

⑥投标商对支付条件有何要求或给招标商何种优惠条件。

⑦分析投标商提出财务和付款方面建议的合理性。

十三、定标

定标是采购方决定中标人的行为。定标是采购方的单独行为,但需要由使用机构或其他人一起进行裁决。在这一阶段采购方所要进行的工作主要有:决定中标人;通知中标人其投标已经被接受;向中标人发出授权意向书;通知所有未中标的投标人并向他们退还投标保函,同时对他们表示感谢。

以上是一般情况下招标采购的全过程。在特殊的场合,招标的步骤和方式也可能有一些变化。

第九章　采购成本管理

第一节　采购价格管理

采购价格是指采购方与供应商确定的所需采购物资和服务的交易价格。

确定最优的采购价格是采购管理的一项重要工作,采购价格的高低直接关系到企业最终产品或服务价格的高低。因此,在确保满足其他条件的情况下,力争最低的采购价格是采购人员最重要的工作。

一、采购价格调查

1. 调查的主要范围

在大型企业里,原材料种类不下万种,但限于人手,企业应采用重点管理法进行采购价格调查。根据一些企业的实际操作经验,可以把下列六大项目列为主要的采购调查范围。

(1) 主要原材料 20~30 种,其价值占全部总价值的 70% 甚至 80% 以上。

(2) 常用材料、器材属于大量采购项目的。

(3) 性能比较特殊的材料、器材(包括主要零配件),一旦供应脱节,可能导致生产中断的。

(4) 突发事件紧急采购。

(5) 波动性物资、器材采购。

(6) 计划外资本支出、设备器材的采购,数量巨大,经济效益影响深远的。

上面所列六大项目,虽然种类不多,却是价值比例很大或经济效益影响甚广的物资。其中(1)、(2)、(5)三项,虽然项目不多,但是其金额却占全部采购成本的一半以上,因此必须做详细的调查记录,应将其每日行情的变动,记入记录卡,并于每周或每月做一个"周期性"的行情变动趋势分析;至于(3)、(4)、(6)三项,则居于特殊性或例外性采购范围,价格差距极大,也应列为专业调查的重点。

2. 信息搜集方式

采购价格信息搜集方式可分为以下 3 类。

(1) 上游法。上游法即了解拟采购的产品是由哪些零部件或材料组成的,换言之,查询制造成本及产量资料。

(2) 下游法。下游法即了解采购的产品用在哪些地方,换言之,查询需求量及售价资料。

(3) 水平法。水平法即了解采购的产品有哪些类似产品,换言之,查询替代品或新供应商的资料。

3. 信息的搜集渠道

采购价格调查信息的搜集,常用的渠道有如下几个方面。

(1) 杂志、报纸等媒体。

(2) 信息网络或产业调查服务业。

(3) 供货商、客户及同业。

(4) 参观展览会或参加研讨会。

(5) 加入协会或公会。

最近几年,随着我国国际贸易的发展,企业对于国外采购信息的需求越来越迫切,除企业派人亲赴国外搜集外,也可利用外贸协会信息处资料收集组的书刊(名录、电话簿、统计资料、市场调查和报告等)、报刊(报纸和杂志)、非文字资料(录音带、录像带和磁盘等)及其他小册子、宣传book、新书通告和 DM 等。此外,国外驻中国领事馆或文化、经济交流协会等机构也能提供采购商情,而通过互联网也能更为直接地阅览国外产品的信息。

4. 调查结果处理

企业可将采购市场调查所得资料加以整理、分析和讨论,并在此基础上提出建议及改进措施,或研究更好的采购方法。

二、影响采购价格的因素

采购价格的高低主要受供应商成本结构和市场结构两方面的影响。供应商成本结构是影响采购价格的内在因素,市场结构则是影响采购价格的外在因素。具体而言,采购价格影响因素包括以下几个方面。

1. 供应商成本的高低

这是影响采购成本最根本、最直接的因素。供应商成本主要包含供应商在生产过程中使用的机器设备等固定资本折旧、原材料、辅助材料、电力以及其他耗费等费用,生产工人、管理人员等的劳动报酬,商品流通费用和税金。供应商进行生产和销售的目的是获得一定的利润,而采购价格即为成本与利润之和。因此,了解供应商的成本结构,确定采购价格底线并加上适当利润,不仅能让供应商保持其最终利益,还能使采购方获得较低的价格从而保持市场竞争力,有利于双方伙伴关系的建立。

2. 供应商的定价方法

供应商在确定其产品价格时,通常会考虑到供应市场的供应关系,再结合自己的成本结构。供应商的定价方法又可细分为如下几个方面。

(1) 成本加成定价法。这是供应商最常用的定价法,它以成本为依据在产品单位成本的基础上加上一定比例的利润。该方法的特点是成本与价格直接挂钩,但它忽视了市场竞争的影响,也不考虑采购商(或客户)的需要。由于其简单、直接,又能保证供应商获取一定比例的利润,所以许多供应商都倾向于使用这种定价方法。实际上由于市场竞争日趋激烈,这种方法只有在卖方市场或供不应求的情况下才真正行得通。

(2) 目标利润定价法。这是一种以利润为依据制定卖价的方法。其基本思路是:供应商依据固定成本、可变成本以及预计的卖价,通过盈亏平衡分析算出保本产量或销售量,根据目标利润算出保本销售量以外的销售量,然后分析在此预计的卖价下能否达到总销售量。若不能达到则调整价格重新计算,直到在制定的价格下可实现的销售量能满足利润目标为止。

(3) 采购商理解价值定价法。这是一种以市场的承受力以及采购商对产品价值的理解程度作为定价的基本依据,常用于消费品尤其是名牌产品,有时也适用于工业产品,如设备的备件等。

(4) 竞争定价法。这种方法最常用于寡头垄断市场。寡头垄断市场一般存在于具有明显规模经济型的行业,如较成熟的市场经济国家的钢铁、铝、水泥、石油化工以及汽车、家用电器等。其中少数占有很大市场份额的企业是市场价格的主导,而其余的小企业只能随市场价格跟风。寡头垄断企业之间存在着很强的相互依存性及激烈的竞争,某企业产品价格的制定必须考虑到竞争对手的反应。

(5) 投标定价法。这种公开招标竞争定价的方法最常用于拍卖行和政府采购,也用于工业企业,如建筑承包、大型设备制造以及大宗采购。一般由采购商公开招标,参与投标的企业事先根据招标公告的内容密封报价、参与竞争,通常中标者是报价最低的供应商。

3. 规格和质量

采购方对采购物资的规格要求越复杂,特殊要求越多,供应商越会要求更高的价值增值,从而导致采购价格升高,而选用标准部件可使采购价格降低。价格的高低与采购物资质量也有很大的关系。如果采购物资质量一般或质量低下,供应商就会主动降低价格,以求赶快脱手。确保采购物资的质量符合企业要求是确定采购价格的前提条件。

4. 采购数量

如果采购数量大,供应商可能会降低单位成本,采购方就可能会享受到供应商给予的优惠价或折扣价,从而降低采购的价格。因此,大批量、集中采购是降低采购价格的有效途径。但是企业为了获得数量折扣而超量购买物资会产生额外的仓储费用,使总成本提高。所以企业必须以平衡的观点对照数量折扣的利益和存货增加的成本,确定最佳的采购数量以使总成本最低。

5. 交货条件

交货条件也是影响采购价格的非常重要的因素,交货条件主要包括运输方式和交货期的缓急等。如果货物由采购方来承运,则供应商就会降低价格;反之就会提高价格。有时为了争取提前获得所需货物,采购方会适当提高价格。

6. 付款条件

在付款条件上,供应商一般规定有现金折扣和期限折扣,以刺激采购方能提前用现金付款。

7. 市场结构

市场中竞争对手越多,供应商越难以控制价格,价格战的局面就越容易出现,供应商会参照竞争对手的价位来确定自己的价格。反之,市场中无竞争对手,供应商处于垄断地位,采购方为价格的被动接受者。

8. 供需关系

当所采购物资为紧俏物资时,则供应商处于主动地位,它可能会乘机抬高价格;当所采购的物资供过于求时,则采购方处于主动地位,它可以获得优惠的价格。

9. 生产季节与采购时机

企业处于生产旺季时,对原材料需求紧急,因此不得不承受较高的价格。避免这种情况的最好办法是提前做好生产计划,并根据生产计划制定出相应的采购计划,为生产旺季的到来提前做好准备。

三、采购价格的种类

依据不同的交易条件,采购价格会有不同的种类,一般有到厂价、出厂价、现金价、期票价、净价、毛价、现货价、合约价和实价等。

1. 到厂价

到厂价是指供应商的报价中包含将物资送达买方的仓库或指定地点期间所发生的各项费用均由供应商承担。

2. 出厂价

出厂价指供应商的报价不包括运送责任,即需由买方雇用运输工具,前往供应商的仓库提货。这种情形通常出现在买方拥有运输工具或供应商加计的运费偏高的情况下,或当卖方市场时,供应商不再提供免费的运送服务的情况下。

3. 现金价

现金价指以现金或相等的方式支付货款,即一手交钱,一手交货。现金价可使供应商免除交易风险,买方亦享受现金折扣。

4. 期票价

期票价指买方以期票或延期付款的方式来采购物资。通常卖方会把延期付款期间的利息加在售价中。如果卖方希望取得现金周转,会将加计的利息超过银行现利率,以使买方舍期票价取现金价,另外从现金价加计利息变成期票价,用贴现的方式计算价格。

5. 净价

净价指购销双方不再支付任何交易过程中的费用,是供应商实际收到的货款。在卖方的报价单条款中通常会注明。

6. 毛价

毛价指卖方的报价中有折让的因素。例如,因采购金额较大,供应商给予采购方一定的折扣。

7. 现货价

现货价是指每次交易时,由供需双方重新议定价格,若有签订买卖合约,亦在完成交易后即告终止。在众多的采购项目中,采用现货交易的方式最频繁,买卖双方按交易当时的行情进行,不必承担预立合约后价格可能发生巨幅波动的风险或困扰。

8. 合约价

合约价是指买卖双方按照事先议定的价格进行交易,合约价格涵盖的期间依契约而定,短的几个月,长的几年。由于价格议定在先,因而经常造成与时价或现货价的差异,在买卖双方容易发生利益冲突。所以合约价必须有客观的计价方式或定期修订,才能维持公平、长久的买卖关系。

9. 实价

实价是指买方实际支付的价格。特别是供应商为了达到促销的目的,经常提供各种优惠的条件给买方,如数量折扣、免息延期付款和免费运送与安装等,这些优惠都会使买方的真实总成本降低。

四、采购价格的确定方式

1. 询价方式

所谓询价采购,即采购方向选定的供应商(至少为 3 家)发出询价函或征购函,让供应商报价,根据报价确定供应商的采购方法。通常供应商寄发报价单,内容包括交易条件及报价有效期等,必要时可寄样品及说明书。报价经采购方完全同意接受,买卖契约才算成立。询价方式简单、快速,适用于合同价值较低的标准化货物或服务采购。

2. 招标方式

招标方式是采购企业确定价格的重要方式,其优点在于公平合理。因此,大批量的采购一般采用招标的方式。但采用招标的方式需受两个条件的限制:①所采购物资的规格要求必须能表述清楚、明确、易于理解;②必须有 3 个以上的供应商参加投标。这是采用招标方式的基本条件。

3. 谈判方式

谈判是确定价格的常用方式,也是最复杂、成本最高的方式。谈判方式适合各种类型的采购。

第二节 采购成本的构成与控制

采购成本管理是采购的一项重要工作,是企业增强竞争力,增加赢利的重要途径。

一、采购成本的构成

采购成本有广义和狭义之分。广义的采购成本包括两方面:物资本身的采购成本和物资采购活动的相关费用,即采购总支出。狭义的采购成本不包括物资本身的采购成本,仅包括物资采购活动的相关费用。这里讨论广义的采购成本。具体而言,采购成本由以下几个方面构成。

1. 物资成本

物资成本也就是物资的价格成本。物资成本可由如下公式计算。

材料的价格成本＝采购价格×数量＋运输费＋相关手续费＋税金等

通常物资成本占采购总成本的比例是最大的。

2. 订购成本

订购成本是指企业为了实现一次采购而进行的各种活动的费用支出,主要指向供应商发出采购合约订单的成本费用。订购成本包括固定成本和变动成本两部分。在订购成本中与订购次数无关的成本称为固定成本,如常设采购机构的基本开支等;与订购的次数有关的成本称为变动成本,如差旅费、邮资等。

3. 持有成本

持有成本是指企业为保持物资持续稳定在一定的数量上而发生的成本。持有成本也可以分为变动成本和固定成本。变动成本与存货的持有数量有关,如物资资金的应计利息、物资的破损和变质损失、物资的保险费用等;固定成本与存货数量的多少无关,如仓库折旧、仓库员工的固定月工资等。

4. 缺货成本

缺货成本是指由于物资供应中断,或采购不及时而造成的损失。缺货成本包括停工待料损失、延迟发货损失和丧失销售机会损失,还包括商誉损失,即一旦造成客户流失,就可能给企业造成长期损失。

二、采购成本控制的内部管理措施

1. 建立和完善企业的采购制度

由于采购工作的特殊,采购人员代表企业同各类供应商打交,其操作过程难以完全透明,会存在暗箱操作等违规行为。所以企业必须制定严格的采购制度,规范企业的采购活动,这是企业有效控制采购成本的前提条件。

企业的采购制度一般包括如下基本内容:①采购部门内部的分工和职责;②采购范围的划分;③采购选型程序;④采购单的批准权限和下达方式;⑤询价、确定供应商和签订采购合同的操作程序;⑥监督到货、质检入库和采购统计的规定等。对成本控制起关键作用的是采购物资的价格以及供应商的确定,因此在采购制度中应建立价格档案和价格评价体系,以及供应商档案和准入制度。同时,应建立采购人员的业绩考核标准和奖惩制度,以利于调动全体采购人员参与采购成本控制的积极性。

2. 合理选择付款条件

如果企业资金充裕或者银行利率较低,可采用现金交易或货到付款的方式,这样往往能带来较大的价格折扣。对于进口材料,应注意外汇币种的选择,并及时掌握汇率走势。

3. 严格采购计划管理

首先,科学核定物料储备定额,要做到既能满足生产需要,又不造成库存积压。其次,对物料采购过程中的计划、价格和质量等主要环节重点控制。在计划环节,应审查物料计划是否有依据,核算是否准确,资金是否落实,以提高计划的质量,确保供应,防止积压,加速周转,节约资金。同时,要加强合同管理,对订货合同签订的内容、形式、审批程序与权限加以规定,避免草率签订合同而造成失误与损失。最后,尽量减少紧急采购。企业进行紧急采购通常会使采购价格偏高从而使采购成本上升,给企业带来经济损失。采购部门应尽量控制紧急采购,除有些紧急采购如设备突然发生故障、客户送来紧急订单等,应尽量压低其采购次数。

4. 强化采购业务内部控制

强化采购业务内部控制,应完善企业采购业务处理程序,采购经办人和当事人在办理采购业务活动时应严格遵循采购程序、步骤和方法。材料物资采购、仓库材料物资保管和会计付款记账在业务上不能互相混淆,在关系上要互相牵制、互相制约。同时,严格执行以凭证为依据的内部监督、控制制度。

三、采购成本控制的方法

采购成本控制是指通过找出并减少不必要的成本部分来降低采购成本,即在不影响产品质量的前提下,将成本做最有效的分配。它可通过优化采购支出和采购价格削减两种途径实现,具体方法如下。

1. 价值分析(Value Analysis,VA)

价值分析着重于功能分析,力求用最低的生命周期成本,可靠地实现必要功能的有组织的创造性活动。价值分析中的"价值"是指评价某一事物与实现它的费用相比的合理程度的尺度。

2. 价值工程(Value Engineering,VE)

针对产品或服务的功能加以研究,以最低的生命周期成本,透过剔除、简化、变更、替代等方法,来达成降低成本的目的。价值分析用于新产品工程设计阶段,而价值工程则是针对现有产品的功能成本,做系统化的研究与分析。现在,价值分析与价值工程已被视为同一概念使用。

3. 谈判(Negotiation)

谈判是买卖双方为了各自目标,达成彼此认同的协议过程,这也是采购人员应具备的最基本的能力。谈判并不只限于价格方面,也适用于有某些特定需求时。使用谈判的方式,通常价格降低的幅度约为 3%～5%。如果希望达成更大的降幅,则需运用价格/成本分析、价值分析与价值工程(VA/VE)等手法。

4. 目标成本法(Target Costing)

管理学大师彼得·德鲁克(Peter F. Drucker)在《企业的五大致命过失》(Five Deadly Business Sins)一文中提到,企业的第三个致命过失是定价受成本的驱动(Cost-Driven Pricing)。大多数美国公司及几乎所有的欧洲公司,都是以成本加上利润率来制定产品的价格。然而,他们刚把产品推向市场,便不得不开始削减价格,重新设计那些花费太大的产品,并承担损失。而且,他们常常因为价格不正确,而不得不放弃一种很好的产品。产品的研发应以市场乐意支付的价格为前提,因此必须假设竞争者产品的上市价,然后再来制定公司产品的价格。丰田和日产把德国的豪华型轿车挤出了美国市场,便是采用价格引导成本(Price-Driven Costing)的结果。

5. 早期供应商参与(Early Supplier Involvement,ESI)

这是在产品设计初期,选择让具有伙伴关系的供应商参与新产品开发小组。通过早期供应商参与的方式,新产品开发小组对供应商提出性能规格方面的要求,借助供应商的专业知识来达到降低成本的目的。

6. 杠杆采购(Leveraging Purchases)

杠杆采购是指综合各事业单位或不同部门的需要量,以集中扩大采购量而增加议价空间的方式进行采购。避免因各自采购而造成组织内不同事业单位向同一个供应商采购相同零件,从而使价格不同,但彼此又不知情,平白丧失节省采购价格的机会。

7. 联合采购(Consortium Purchasing)

联合采购主要用于非营利事业单位(如医院、学校等)的采购,综合各不同采购组织的需要量,以获得较好的数量折扣价格。这也被应用于一般商业活动之中,应运而生的新兴行业有第三者采购,专门替那些需要量不大的企业单位服务。

8. 为便利采购而设计(Design for Purchase,DFP)

自制与外购的策略主要是在产品的设计阶段采用,利用供应商的标准流程与技术,以及使用标准零件,以方便原物料的取得。这样,不仅大大减少了自制所需的技术支援,同时也降低了生产所需的成本。

9. 价格与成本分析(Cost and Price Analysis)

这是专业采购的基本工具,了解价格结构的基本要素,对采购者是非常重要的。如果采购者不了解所买物品的价格结构,也就不能了解所买的物品是否为公平合理的价格,同时也会失去许多降低采购价格的机会。

10. 标准化(Standardization)

实施规格的标准化,对不同的产品项目、夹具或零件使用通用的设计/规格,或降低定制项目的数目,以规模经济量达到降低制造成本的目的。但这只是标准化的其中一环,组织应扩大标准化的范围和作业程序,以获得更大的效益。

第三节 制定降低采购价格的策略

一、依产品生命周期来定

采购项目在其产品生命周期的过程中,可以分为以下4个时期,各有其适用的手法。

(1)导入期。即新技术的制样或产品开发阶段。供应商早期参与、价值分析、目标成本法以及为便利采购而设计都是可以利用的手法。

(2)成长期。这一时期,新技术正式产品化,批量生产并上市,且产品被市场广泛接受。采购可以利用需要量大幅增长的优势,进行杠杆采购获得成效。

(3)成熟期。这是生产或技术达到稳定的阶段,产品已稳定地供应到市场上。价值工程、标准化的运作可以更进一步地找出不必要的成本,并达到节省成本的目的。

(4)衰退期。此时,产品或技术即将过时或将衰退,并有替代产品出现,因为需要量已在缩减之中,此时再大张旗鼓地降低采购价格已无多大意义。

二、依采购特性及与供应商之关系来定

图9-1描述了根据采购特性及与供应商关系来确定采购价格策略的矩阵。

	与供应商的关系			
	一般	好		采
常态性	杠杆采购 (Leverage Purchase)	策略性采购 (Strategic Purchase)	常态性	购的
一次性	影响性较小的采购 (Low-Impact Purchase)	重要计划的采购 (Critical Purchase)	一次性	特性

图 9-1 确定采购价格策略的矩阵

1. 影响性较小的采购

影响性较小的采购部分,其金额虽然不高,但是也必须确认所取得的价格与一般市售价格比较,是属于公平合理的价格。采购人员切记,勿让花费在价格分析上的成本高于采购的实际金额。

策略:采用快速、低成本的价格分析方法。

(1) 比较分析各供应商报价。

(2) 比较目录或市场价格。

(3) 比较过去的采购价格记录。

(4) 比较类似产品采购的价格。

2. 杠杆采购

杠杆采购指的是长期持续性的随机采购,但企业不愿意与供应商维持比较密切的合作关系。这可能是对价格的波动特别敏感或是产品上市的寿命非常短所导致的,使得采购不得不随时寻找价格最低的供应商。因此,采购人员需要花费较多时间来进行价格上的分析。

策略:采用价格分析并以成本分析为辅助工具。

(1) 价值分析。

(2) 分析供应商提供的成本结构。

(3) 进行成本估算。

(4) 计算整体拥有成本。

3. 重要计划的采购

重要计划的采购包括一次性或非经常性的花费,通常其采购金额都相当大,如主要机器设备、信息系统或厂房设施等。

策略:采用成本分析为主要方法。

(1) 计算整体拥有成本。

(2) 分析整个供应链的成本结构。

（3）一旦重要计划的采购案变成重复性的例行采购，则必须考虑使用策略性采购中所提的方法。

4. 策略性采购

策略性采购代表非常重要的持续性采购案，采购人员较希望与供应商建立长期或者联盟性质的关系。公司应该花较多时间在成本与价格分析上，这是因为所收到的效益会比较大。

策略：采用成本分析为主要方法。

（1）分析供应商伙伴的详细成本资料，并找出可能改善的部分。

（2）计算整体拥有成本。

（3）分析整个供应链的成本结构。

（4）使用目标成本法。

（5）让采购或/及供应商早期参与新产品开发。

由于实际采购情况的区分并不是那么明确，采购人员通常需要使用一种以上的手法，通过组合使用来达到降低成本的目的。

第十章 现代采购

第一节 JIT(准时化)采购

JIT 采购是指只有在需要的时候(不提前,也不推迟)才订购所需要的产品,而且必须达到 3 个目的:一是争取实现零库存;二是提高采购商品的质量,减少因提高质量而增加的成本;三是降低采购价格。这些目的的实现就是要减少多余库存,避免废次品,去除不必要的订货手续、装卸环节、检验手续等。为适应 JIT 采购技术的要求,采购方一方面应向供应商提供恰当的有效需求计划;另一方面应与产品供应商建立长期的合作关系,强调供应商的参与职能,使供应商充分了解 JIT 采购的意义,使他们掌握 JIT 采购的技术和标准,满足供应商的要求,从而保证 JIT 采购的实现。

一、JIT 采购的产生和发展

JIT 采购的产生源于 1973 年爆发的全球石油危机及由此所引起的日益严重的自然资源短缺,这对当时靠进口原材料发展经济的日本的冲击最大。生产企业为提高产品利润,增强公司竞争力,在原材料成本难以降低的情况下,只能从物流过程中寻找利润来源,降低由采购、库存、运输等产生的费用。这一方法最初由日本丰田公司提出并应用,而且取得了意想不到的效果。随后,其他许多日本公司也采用这一技术,它为日本经济的崛起和发展作出了重要贡献。

日本企业的崛起,引起了西方企业界的普遍关注。西方企业家追根溯源,认为日本企业在生产经营中采用 JIT 采购技术和管理思想,是其在国际市场上取胜的基础。因此,20 世纪 80 年代以来,西方经济发达国家十分重视对 JIT 的研究和应用,并将它用于生产管理、物流管理等方面。有关资料显示,1987 年已有 25% 的美国企业应用 JIT 采购技术,现在绝大多数美国企业仍在采用 JIT 采购技术。因为 JIT 采购已从最初的一种减少库存水平的方法,发展成为一种内涵丰富,有特定知识、原则、技术和方法的管理哲学。

二、JIT 采购的基本原理

JIT 采购的基本原理是以需定供,即供方按照需方对于品种、规格、质量、数量、时间、地点等的要求,将物品配送到指定的地点。不多送,也不少送;不早送,也不晚送;所送品种要个个保证质量,不能有任何废品。

1. JIT 采购的内涵

JIT 采购的原理虽简单,但内涵却很丰富:

(1) 品种配置。保证品种的有效性,拒绝不需要的品种。

(2) 数量配置。保证数量的有效性,拒绝多余的数量。

(3) 时间配置。保证所需时间,拒绝不按时的供应。

(4) 质量配置。保证产品质量,拒绝次品和废品。

2. JIT 采购的供应方式

JIT 采购的供应方式有很多好处,主要有以下 3 个方面:

(1) 零库存。用户需要多少,就供应多少。不会产生库存,也不会占用流动资金。

(2) 最大节约。用户不需求的商品,就不订购,这样既可避免商品积压、过时、质变等浪费,也可免去装卸、搬运以及库存等费用。

(3) 零废品。JIT 采购能最大限度地减少废品流动所造成的损失。废品只会停留在供应方,不会配送给客户。

JIT 采购具有普遍意义,既可适用于任何类型的制造业,也可适用于服务业中的各种组织。处于发展初期的电子商务,尤其可以采用和吸收 JIT 采购技术来降低物流成本,使物流成为电子商务中的重要利润源。

三、JIT 采购的基本思想和特点

1. JIT 采购的基本思想

JIT 采购是一种先进的采购模式,也是一种先进的管理模式。它的基本思想是在恰当的时间、恰当的地点,以恰当的数量、恰当的质量提供恰当的物品。它是从准时化生产发展而来的,是为了消除库存和不必要的浪费而进行持续性改进。要进行准时化生产,必须有准时化供应,因此 JIT 采购是准时化生产管理模式的必然要求。在质量控制、供需关系、供应商的数目、交货期的管理等方面,它和传统的采购方法有许多不同,供应商的选择(数量与关系)、质量控制是其核心内容。

JIT 采购包括供应商的支持、合作以及制造过程、货物运输系统等一系列的内容。JIT 采购不但可以减少库存,还可以加快库存周转、缩短提前期、提高购物的质量、获得满意交货等。

2. JIT 采购的特点

JIT 采购和传统的采购方式有许多不同之处,主要表现在如下几个方面。

(1) 采用较少的供应商,甚至单源供应。传统的采购模式一般是多头采购,供应商的数目相对较多。从理论上讲,采用单供应源比多供应源好。一方面,管

理供应商比较方便,也有利于降低采购成本;另一方面,有利于供需之间建立长期稳定的合作关系,质量上比较有保证。但是,采用单一的供应源也有风险,比如供应商可能因意外原因而中断交货或者供应商缺乏竞争意识等。

在实际工作中,许多企业也不很愿意成为单一供应商。原因很简单:一方面,供应商是具有独立性较强的商业竞争者,不愿意把自己的成本数据透露给用户;另一方面,供应商不愿意成为用户的一个产品库存点。实施采购,需要减少库存,但库存成本是从采购企业一边转移到了供应商这边。因此,企业必须意识到供应商的这种忧虑。

(2) 对供应商的选择标准不同。在传统的采购模式中,供应商是通过价格竞争选择出来的。供应商与用户的关系是短期的合作关系,当发现供应商不合适时,可通过市场竞标的方式,重新选择供应商。但在JIT采购模式中,由于供应商和用户是长期的合作关系,供应商的合作能力将影响企业的长期经济利益,因此对供应商的要求就比较高。在选择供应商时,需要对供应商进行综合的评估。在评价供应商时,价格不是主要的因素,质量是最重要的标准,这种质量不单指产品的质量,还包括工作质量、交货质量、技术质量等多方面内容。高质量的供应商有利于建立长期的合作关系。

(3) 对交货准时性的要求不同。JIT采购的一个重要特点是要求交货准时,这是实施精细生产的前提条件。交货准时取决于供应商的生产与运输条件。作为供应商来说,要使交货准时,可从以下几个方面着手:一是不断改进企业的生产条件,提高生产的可靠性和稳定性,减少延迟交货或误点现象;二是作为准时化供应链管理的一部分,供应商同样应该采用准时化的生产管理模式,以提高生产过程的准时性;三是为提高交货准时性,不可忽视运输问题。在物流管理中,运输问题是一个很重要的问题,它决定准时交货的可能性。特别是全球的供应链系统,运输过程长,而且可能要先后使用不同的运输工具,还需要中转运输等。因此,要进行有效的运输计划与管理,使运输过程准确无误。

(4) 对信息交流的需求不同。JIT采购要求供需双方的信息能高度共享,因此要保证供应与需求信息的准确性和实时性。由于双方的战略合作关系,企业在生产计划、库存、质量等各方面的信息都可以进行交流,以便出现问题时能够及时处理。

(5) 制定采购批量的策略不同。小批量采购是JIT采购的一个基本特征。JIT采购和传统的采购模式的重要不同是,准时化生产需要减少生产批量,因此采购的物资也应采用小批量的办法。当然,小批量采购自然会增加运输次数和成本,对供应商来说是很为难的事情,特别是供应商在国外等情形下,实施JIT采购的难度就更大。解决的办法可以采取混合运输、代理运输等方式,或尽量使供应商靠近用户等。

四、JIT 采购的意义

JIT 采购对于贯彻实施供应链管理思想具有重要的意义。供应链的采购模式和传统的采购模式的不同之处在于采用订单驱动的方式。订单驱动使供应与需求双方都围绕订单运作,也就实现了准时化、同步化运作。要实现同步化运作,采购方式就必须是并行的,当采购部门产生一个订单时,供应商即开始着手物品的准备工作。与此同时,采购部门要编制详细的采购计划,制造部门也要进行生产准备。这样,当采购部门把详细的采购单提供给供应商时,供应商就能很快地将物资在较短的时间内交给用户。当用户需求发生改变时,制造订单又驱动采购订单发生改变。如果没有准时的采购方法,供应链企业很难适应这种多变的市场需求,因此 JIT 采购增加了供应链的柔性和敏捷性。

综上所述,JIT 采购策略体现了供应链管理的协调性、同步性和集成性,而供应链管理也需要 JIT 采购来保证其整体同步化运作。

五、实施 JIT 采购的条件与方法

1. 实施条件

从 JIT 采购方法的特点和优点可以看到,JIT 采购方法和传统的采购方法有一些显著的差别。要实施 JIT 采购方法,以下 3 点是十分重要的:

(1) 选择最佳的供应商并对其进行有效的管理,是 JIT 采购成功的基石。
(2) 供应商与用户的紧密合作,是 JIT 采购成功的钥匙。
(3) 卓有成效的采购过程,严格控制质量是准时化采购成功的保证。

2. 实施方法

如何有效地实施 JIT 采购方法呢?下面的几个方法可以作为参考。

(1) 创建 JIT 采购班组。世界一流企业的专业采购人员有 3 个责任:寻找货源、商定价格、发展与供应商的协作关系并不断改进。因此,专业化的高素质采购队伍对实施 JIT 采购至关重要。为此,应成立两个班组:一个班组是专门处理供应商事务的班组,该班组的任务是认定和评估供应商的信誉、能力或与供应商谈判签订准时化订货合同,向供应商发放免检签证等,同时还要负责供应商的培训与教育;另一个班组是专门从事消除采购过程中浪费现象的班组。这些班组人员对 JIT 采购的方法应有充分的了解和认识,必要时要进行培训。如果这些人员本身对 JIT 采购的认识和了解都不彻底,就无法与供应商合作。

(2) 制定计划,确保 JIT 采购策略有计划、有步骤地实施,包括制定采购策略,改进当前的采购方式,减少供应商的数量,正确评价供应商,向供应商发放签证。在这个过程中,要与供应商一起商定 JIT 采购的目标和有关措施,保持经常性的信息沟通。

(3) 精选少数供应商,建立伙伴关系。选择供应商应从产品质量、供货情况、应变能力、地理位置、企业规模、财务状况、技术能力、价格、与其他供应商的可替代性等几个方面考虑。

(4) 进行试点工作。先从某种产品或某条生产线开始,进行零部件或原材料的准时化供应试点。在试点过程中,取得企业各个部门的支持是很重要的,特别是生产部门的支持。通过试点,总结经验,为正式实施JIT采购打下基础。

(5) 搞好供应商的培训,确定共同目标。JIT采购是供需双方共同的业务活动,单靠采购部门的努力是不够的,需要供应商的配合。只有供应商也对JIT采购的策略和运作方法有了认识和理解,才能获得供应商的支持和配合,因此需要对供应商进行教育培训。通过培训,大家取得一致的目标,相互之间就能够很好地协调,做好采购的准时化工作。

(6) 向供应商颁发产品免检合格证书。JIT采购和传统的采购方式的不同之处是,买方不需要对采购产品进行比较多的检验手续。要做到这一点,需要供应商提供百分之百的合格产品。当其达到这一要求时,即发给免检合格证书。

(7) 实现配合准时化生产的交货方式。JIT采购的最终目标是实现企业的生产准时化,为此,要实现从预测交货方式向准时化适时交货方式转变。

(8) 继续改进,扩大成果。JIT采购是一个不断完善和改进的过程,需要在实施过程中不断总结经验教训,从降低运输成本、提高交货的准确性和产品的质量、降低供应商库存等各个方面进行改进,不断提高JIT采购的运作效果。

六、影响准时化采购的因素

(1) 与供应商的关系。JIT采购成功的关键是与供应商的关系,而最困难的问题也是缺乏供应商的合作。供应链管理所倡导的战略伙伴关系,为实施JIT采购提供了基础性条件。因此,实施JIT采购的供应链管理模式比传统管理模式更加有现实意义。

(2) 选择供应商。难找到"好"的合作伙伴是影响JIT采购的第二个重要因素。如何选择合适的供应商、选择得是否合适,就成了影响JIT采购的重要条件。传统的采购模式,其企业之间的关系不稳定,具有风险性,影响了合作目标的实现。供应链管理模式,其企业是协作性战略伙伴,因此为JIT采购奠定了基础。

(3) 对供应商的激励。缺乏对供应商的激励是采购的另一个影响因素。要成功地实施JIT采购,必须建立一套有效的供应商激励机制,使供应商和用户一起分享JIT采购的好处。

(4) 企业内部与企业间的合作。JIT采购不单是采购部门的事情,企业的各部门都应为实施JIT采购创造有利的条件,为实施JIT采购共同努力。大部分企业对供应商的供货准时情况反映较好,只有少数企业认为供应商供货不准时。虽然我国企业对交货准时情况的评价还不错,但从总体来看,我国企业实施 JIT 采购的基础性条件比较差,特别是企业的合作方面有待加强。

第二节　MRP 采购

所谓 MRP(Material Resources Planning,物资资源计划)采购,就是利用 MRP 技术所进行的采购。MRP 的提出总是与生产相联系,但是 MRP 不仅仅只应用于生产制造过程,也可以应用于采购管理。运行 MRP 的结果,一方面是生成生产计划,另一方面就是生成采购计划。生产计划由生产车间实施,而采购计划则交采购部门去进行采购。

一、传统订货点方法的不足

企业生产系统是一个复杂系统。一个产品由多个零部件构成,每个零部件又有多个零部件、多道加工工序,不同的零部件和工序又构成了不同的生产车间。这些不同的生产车间、不同的生产工序生产出来的零部件又要按一定的时间进度、一定的比例关系一装配成一个个完整的产品。装配生产线一运转起来,各个零部件只要有一个不到位,产品就装配不成。因此,从产品到零部件,再到原材料;从总装车间,到各个分装车间,再到各个仓库,整个企业的生产需要有一个庞大、精确的计划,包括生产计划和采购计划,才能把不同空间、不同时间的零部件有条不紊地进行生产和装配,按时按量地组织到总装配线上来,最后装配成合格的产品。

用传统的订货点方法来处理制造过程中的供需矛盾,有很大的盲目性,结果会造成大量的原材料及在制品库存。传统的订货点方法和 JIT 采购、MRP 采购一样也是要解决订什么、订多少和何时提出订货 3 个问题。它是靠维持一定量的库存来保证需要的。订货点方法用于制造过程主要有以下 3 个缺点。

1. 盲目性

对需求的情况不了解,盲目地维持一定量的库存会造成资金积压。

2. 高库存与低服务水平

使用订货点方法会造成高库存与低服务水平。由于对需求的情况不了解,只有靠维持高库存来提高服务水平,这样会造成很大浪费。从理论上讲,若服务水平接近 100%,则库存量必然趋于无穷大。如果装配一个部件,需要 5 种零件,当以 95% 的服务水平供给每种零件时,每种零件的库存水平会很高。即使如此,装配这个部件时,5 种零件都不发生缺货的概率仅为 0.774,即装配这种部件时,几乎 4 次中就有一次碰到零件配不齐的情况。这就是采用订货点方法造成零件积压与短缺共存局面的原因。

3. 形成"块状"需求

采用订货点方法的条件是需求均匀。但是，在制造过程中形成的需求一般都是非均匀的：不需要的时候为零，一旦需要就是一批。采用订货点方法加剧了这种需求的不均匀性，如图10-1所示。

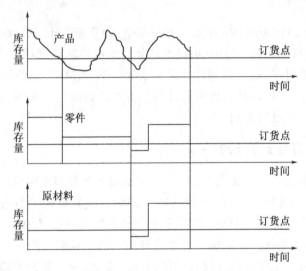

图 10-1　块状需求形成

在这个例子中，产品、零件和原材料的库存都采用订货点方法控制。对产品的需求由企业外部多个用户的需求所决定。由于每个用户的需求相差不大，综合起来，对产品的需求比较均匀，库存水平变化的总轮廓呈锯齿状。当产品的库存量下降到订货点以下时，要组织该产品的装配，就需要从零件库中取出各种零件。这样，零件的库存水平陡然下降。而在此之前，尽管产品库存水平在不断下降，由于没有到订货点，不必提出订货，因而零件的库存水平维持不变。同样，当零件的库存水平未降到订货点以下时，也不必提出订货，于是原材料的库存水平维持不变。随着时间的推移，产品的库存逐渐消耗，当库存水平再降到订货点以下时，再次组织产品装配，这时又消耗一部分零件库存。如果这时零件的库存水平降到零件的订货点以下，就要组织零件加工。这样，就要消耗一部分原材料库存。

由此可以看出，在产品的需求率均匀的条件下，由于采用订货点方法，造成对零件和原材料的需求率不均匀，呈"块状"。"块状"需求与"锯齿状"需求相比，平均库存水平几乎提高1倍，因而占用更多的资金。

订货点方法是用于处理独立需求问题的，它不能令人满意地解决生产系统内发生的相关需求问题，而且，订货点方法不适于订货型生产（MTO）企业。于是，人们提出MRP。它可以精确地确定对组件的需求数量与时间，消除盲目性，实现低库存与高服务水平的并存。

二、MRP 的提出

MRP 应用的目的之一是进行库存的控制和管理。按需求的类型可以将库存问题分成两种,独立性需求和相关性需求。

(1) 独立性需求是指将要被消费者消费或使用的制成品的库存,如自行车生产企业的自行车的库存。制成品需求的波动受市场条件的影响,而不受其他库存品的影响。这类库存问题往往建立在对外部需求预测的基础上,通过一些库存模型的分析,制定相应的库存政策来对库存进行管理,如什么时候订货,订多少,如何对库存品进行分类等。订货点法只适用于独立性需求的物资。

(2) 相关性需求库存是指将被用来制造最终产品的材料或零部件的库存。自行车生产企业为了生产自行车还要保持很多种原材料或零部件的库存,如车把、车梁、车轮、车轴、车条等。这些物料的需求彼此之间具有一定的相互关系,例如一辆自行车需要有 2 个车轮,如果生产 1 000 辆自行车,就需要 $1\,000 \times 2 = 2\,000$ 个车轮。这些物料的需求不需要预测,只有通过相互之间的关系来进行计算。在这里自行车称为父项,车轮称为子项(或组件)。

20 世纪 60 年代,随着计算机应用的普及和推广,人们可以使用计算机制定生产计划。美国生产管理和计算机应用专家奥里·W.怀特和乔治·W.善利首先提出了物料需求计划,IBM 公司则首先在计算机上实现了处理。

MRP 的基本原理是,由主产品生产进度计划(MPS)和主产品的层次结构逐层逐个地求出主产品所有零部件的出产时间、出产数量。这个计划称为物料需求计划。如果零部件是靠企业内部生产的,就要根据各自的生产时间长短来提前安排投产时间,形成零部件投产计划;如果零部件是需要从企业外部采购的,就要根据各自的订货期来确定提前发出各自订货的时间、采购的数量,形成采购计划。确实按照这些投产计划进行生产和按照采购计划进行采购,就可以实现所有零部件的出产计划,从而不仅能够保证产品的交货期,而且还能够降低原材料的库存,减少流动资金的占用。从处的逻辑原理如图 10-2 所示。

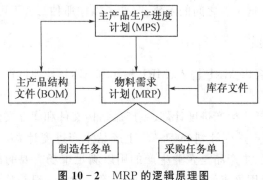

图 10-2　MRP 的逻辑原理图

三、MRP 采购的特点

MRP 采购有以下几个特点。

1. 需求的相关性

与订货点方法不同，MRP 采购是针对具有相关性需求物资的采购方法。不但需求本身之间相关，需求和资源、品种数量、时间都相关。

2. 需求的确定性

MRP 采购计划是根据主产品生产进度计划、主产品的结构文件、库存文件和各种零部件的生产时间或订货进货时间精确计算出来的，其需要的时间、数量都是确切规定好了的，而且不能改变。

3. 计划的精细性

MRP 采购计划有充分的根据，从主产品到零部件，从需求数量到需求时间，从生产先后到装配关系都做了明确的规定，无一遗漏或偏差。不折不扣地按照这个计划进行，能够保证主产品生产计划的如期实现。

4. 计算的复杂性

MRP 采购计划要根据主产品生产计划、主产品结构文件、库存文件、生产时间和采购时间把主产品的所有零部件的需要数量、需要时间、先后关系等准确计算出来，其计算量是非常庞大的。特别是当主产品复杂、零部件数量特别多时，如果用人工计算，简直不可想象。借助计算机，使得这个工作才有了完成的可能性。

5. 采购的优越性

MRP 采购的优越性是很明显的，由于进行了精确的计划和计算，使得所有需要采购的物资能够按时、按量到达需要它的地方，一般不会产生超量的原材料库存。事实上，对于采购品，从经济订货批量考虑，不必追求零库存，这样可以大大节约订货费用和各种手续费用，从而降低生产成本。通过对使用 MRP 的企业进行的调查显示，这些企业的库存水平平均降低了 20%～40%，与此同时减少零部件缺货 80%，改进了对用户的服务，服务水平可以达到 95%。这就很好地解决了库存量与服务水平这二者之间的矛盾，改变了以往那种二者不可兼得的局面。

四、MRP 系统

MRP 系统主要由 MRP 输入、MRP 输出和 MRP 处理过程三部分组成。

1. MRP 输入

MRP 输入包括主生产进度计划、主产品结构文件和库存文件。

(1) 主产品生产进度计划(MPS)。主产品生产进度计划一般是主产品的一个产出时间进度表，主产品是企业生产的用以满足市场需要的最终产品，一般是整机或具有独立使用价值的零件、部件、配件等。它们一般是独立需求产品，靠市场的订货合同、订货单或市场预测来确定其未来一段时间(一般是一年)的总需要量,包括需求数量、需求时间等。把这些资料根据企业生产能力状况进行综合调配平衡,把它们具体分配到各个时间单位中去,这就是主产品生产进度计划。这个主产品生产进度计划是 MRP 系统最主要的输入信息,也是 MRP 系统运行的主要依据。

主产品生产进度计划来自企业的年度生产计划。年度生产计划覆盖的时间长度一般是一年,在 MRP 中用 52 周来表示。但是,主产品生产进度计划可以不一定是一年,要根据具体的主产品的生产时间来定。但是,有一个基本原则,即主产品生产进度计划所覆盖的时间长度要不少于其组成零部件中具有的最长的生产周期。否则,这样的主产品生产进度计划不能进行 MRP 系统的运行,因此是无效的。主产品生产进度计划如表 10-1 所示。

表 10-1 主产品生产进度计划表

时期(周)	1	2	3	4	5	6	7	8
产量(件/周)	25	15	20		60		15	

(2) 主产品结构文件(BOM)。主产品结构文件不仅是一个物料清单,还提供了主产品的结构层次、所有各层零部件的品种数量和装配关系。一般用一个自上而下的结构树表示,每一层都对应一定的级别:最上层是 0 级,即主产品级;0 级的下一层是 1 级,对应主产品的一级零部件;这样一级一级地往下分解,一直分解到最后一级(n 级)一般是最初级的原材料或者外购零配件。每一层各个方框都标有下列 3 个参数:

①组成零部件名。
②组成零部件的数量,指构成相连上层单位产品所需要的本零部件的数量。
③相应的提前期。所谓提前期,包括生产提前期和订货提前期。所谓生产提前期,是指从发出投产任务单到产品生产出来所花的时间;而订货提前期是指从发出订货到所订货物采购回来入库所花的时间。提前期的时间单位要和系统的时间单位一致,也以"周"为单位。有了这个提前期,就可以从零部件的需要时间推算出投产时间或采购时间。

主产品 A 的结构树图如图 10-3 所示。它由部件 B 和一个零件 C 装配而成,而部件 B 又由一个外购件 D 和一个零件 C 装配而成。A、B、C、D 的提前期分别是 1、1、3、1 周,也就是说,装配一个 A 需要 1 周时间(装配任务要提前 1 周下达),装配一个 B 需要提前 1 周下达任务单,生产一个 C 需要提前 3 周下达任务单,而采购一个 D 需要提前 1 周发出订货单。主产品 A 的结构分成 3 层,A 为 0 层($n=0$)、C 为 1 层($n=1$),D、C 为 2 层($n=2$)。

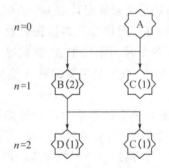

图 10-3　主产品 A 的结构树图

从如图 10-3 所示的结构树可以直观地看出主产品的结构层次。但是根据这个结构树,同样的零件 C 在不同的层次上要分别计算一次,容易造成混乱和重复计算,给计算机运行带来麻烦。因此,为了计算机计算方便,常常把在几个层次上都有的同样的零部件,统一取其最低的层次号,画到它所在的最低层上,这是画主产品结构图的小技巧,如图 10-4 所示。

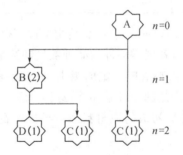

图 10-4　主产品结构调整

(3) 库存文件。库存文件也称库存状态文件,它包含各个品种在系统运行前的期初库存量的静态资料,但它主要提供并记录 MRP 运行过程中实际库存量的动态变化过程。由于库存量的变化是与系统的需要量、到货量、订货量等各种资料变化相联系的,所以库存文件实际上提供和记录了各种物料的所有参数随时间的变化。这些参数包括以下 3 种。

① 总需要量。它是指主产品及其零部件在每一周的需要量。其中,主产品的总需要量与主生产进度计划一致,而主产品零部件的总需要量是根据主产品生产进度计划和主产品的结构文件推算出来的。在总需要量中,除了以上生产装配需要用品以外,还可以包括一些维护用品,如润滑油、油漆等。这些既可以是相关需求,也可以是独立需求,因此合起来记录在总需要量中。

② 计划到货量。它是指已经确定要在指定时间到达的货物数量,可以用来满足生产和装配的需求,并且会在给定时间到货入库。一般是以临时订货、计划外到货或者物资调剂等得到的货物,但不包括根据这次 MRP 运行结果产生的生产

任务单生产出来的产品或根据采购订货单采购回来的外购品。这些产品由下面的"计划接受订货"来记录。

③库存量。它是指每周库存物资的数量。由于在一周中，随着到货和物资供应的进行，库存量是变化的，所以周初库存量和周末库存量是不同的，因此规定这里记录的库存量都是周末库存量。它在数值上有以下关系：

库存量＝本周周初库存量＋本周到货量－本周总需要量
　　　＝上周周末库存量＋本周计划到货量－本周总需要量

另外，在开始运行 MRP 之前，仓库中可能还有库存量，称为期初库存量。MRP 运行是在期初库存量的基础上进行的，所以各个品种的期初库存量作为系统运行的重要参数，必须作为系统的初始输入量输入到系统中。

库存量是满足各周需要量的物资资源。在有些情况下，为了防止意外情况造成的延误，还对某些关键物资设立了安全库存量，以减少因紧急情况而造成的缺货。在考虑安全库存的情况下，库存量中还应包含安全库存量。

根据主产品生产进度计划（如表 10-2 所示）输入主产品 A 在各周的总需要量，又输入它在各周的计划到货量（第 1、3、5、7 周分别计划到货 10、15、40、50 件）再输入主产品人在 MRP 运行前的期初库存量（20）这些就是关于主产品 A 的 MRP 输入的全部资料。输入完毕后，MRP 系统会自动计算出各周的库存量、净需要量、计划接受订货量和计划发出订货量，形成的结果如表 10-2 所示。

表 10-2　主产品 A 的库存文件

项目：A（0 级） 提前期：1	周 次							
	1	2	3	4	5	6	7	8
总需要量	25	15	20		60		15	
计划到货量	10		15		40		50	
现有库存量 20	5	-10	-15	-15	-35	-35	0	0
净需要量	0	10	5	0	20	0	0	0
计划接受订货		10	5	0	20			
计划发出订货	10	5		20				

以上 3 个文件是 MRP 的主要输入文件。除此以外，为运行 MRP 还需要有一些基础性的输入，包括物料编码、提前期、安全库存量等。

2. MRP 输出

MRP 的输出包括主产品及其零部件在各周的净需要量、计划接受订货和计划发出订货 3 个文件。

(1) 净需要量。净需要量是指系统需要外界在给定的时间提供的给定物料的数量。这是物资资源配置最需要回答的主要问题,即生产系统需要什么物资,需要多少,什么时候需要。净需要量文件很好地回答了这些问题。不是所有零部件每一周都有净需求的,只有发生缺货的一周才产生净需要量,也就是说,某个品种某个时间的净需要量就是这个品种在这一个时间的缺货量。所谓缺货,就是上一周的期末库存量加上本期的计划到货量小于本期的总需要量。净需要量的计算方法是:

本周净需要量＝本周总需要量－本周计划到货量－本周周初库存量
＝本周总需要量－本周计划到货量－上周周末库存量

MRP 在实际运行中,不是所有的负库存量都有净需要量的。净需要量可以这样简单地确定:在现有库存量一栏中第一个出现的负库存量的周,其净需要量就等于其负库存量的绝对值;在其后连续出现的负库存量的各周中,各周的净需要量等于其本周的负库存量减去前一周的负库存量的差的绝对值。

(2) 计划接受订货。计划接受订货是指为满足净需要量的需求,应该计划从外界接受订货的数量和时间。它告诉人们,为了保证某种物资在某个时间的净需要量得到满足,人们提供的供应物资最迟应当在什么时候到达、到达多少。这个参数除了用于记录满足净需要量的数量和时间之外,还为它后面的参数计划发出订货服务,是计划发出订货的参照点(两者数量完全相同,时间上相差一个提前期,计划接受订货的时间和数量与净需要量完全相同,即计划接受订货量等于净需要量)。

(3) 计划发出订货。计划发出订货指发出采购订货单进行采购或发出生产任务单进行生产的数量和时间。其中,发出订货的数量等于计划接受订货的数量,也等于同周的净需要量的数量,为了保证计划接受订货或者净需要量在需要的时刻及时得到供应,提前一个提前期而得到的一个时间。即

计划发出订货时间＝计划接受订货时间－生产(或采购)提前期
＝净需要量时间－生产(或采购)提前期

因为 MRP 输出的参数是直接由输入的库存文件参数计算出来的,所以为直观起见,总是把 MRP 输出与 MRP 库存文件连在一起,边计算边输出结果。例如,表 10-3 就列出了主产品 A 的 MRP 运行结果。

表 10-3 主产品 A 订货计划表

项目:八(1)级×提前期:1周		2	3	4	5	6	7	8
计划发出订货		10	5		20			

MRP运行过程如下(以表10-2和表10-3为例):

①根据 MRP 输入的库存文件计算出主产品 A 的各周库存量。本周库存量=上周库存量+本周计划到货量-本周总需要量。本周库存量都是指周末库存量,它可以为正数、负数和0。

②MRP 系统计算和输出各周的净需要量。只有那些库存量为负数的周,才有净需要量。净需要量的计算方法是:第一次出现负库存量(-10)的周(第2周)的净需要量就等于其负库存量的绝对值(10),其紧接在后面的负库存量的周(第3周)的净需要量就等于本周的负库存量(-15)减去上一周的负库存量(-10)所得结果的绝对值(5)。同样,算出第5周净需要量为20,第4、6、7、8周的净需要量为0。

③MRP 系统计算和输出计划接受订货量,它在数量和时间上都与净需要量相同。在表10-3中,第2周接受10,第3周接受5。计划接受订货量满足净需要量,而计划到货量满足部分总需要量。两者合起来,就完全满足了总需要量。

④MRP 系统计算和输出计划发出订货量,它是把计划接受订货量(或净需要量)在时间上加一个提前期(这里是1周)、订货数量不变而形成的。在表10-3中,第1周发出10个订货单,第2周发出5个订货单。这就是 MRP 最后处理的结果,它给出的是发出的一系列订货单和订货计划表。

3. MRP 处理过程

MRP 处理过程如图10-5所示。

(1) 准备。在运行 MRP 之前,首先应确定时间单位和计划期的长短。一般计划期可以取一年。若时间单位取为周,则计划期就是52周。时间单位也可以取天,计划期可以取任意的天数。在这里,我们取时间单位为周,计划期长度为 M 周。另外,还要做以下工作:

①确定物料编码,包括主产品和零部件的编码。

②确认主产品生产进度计划(MPS)。它被表示成主产品的出产量。

③确认主产品结构文件(BOM),它被表示成具有层级结构的树形图。由主产品(0级)开始,逐层分解成零部件,直到最后分解到最低层(设为 n 级)——初级原材料或外购零配件为止。每个组成零部件都要标明零部件名、单个上层零部件所包含本零部件的数量和本零部件的生产(或采购)提前期。每一层都要标明层号(也称层级码)。

除了主产品(一般为独立需求)及其零部件(一般为相关需求)外,还有些辅助生产用品,如维护、维修用品等需要外购的用品,可以作为独立需求按实际需要量直接列入 BOM 的最低层,参与共同的物料需求计划。

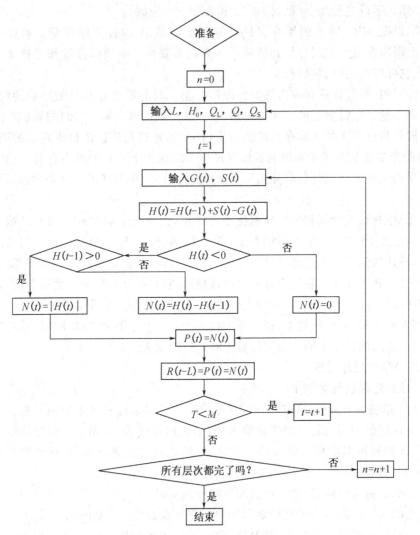

图 10-5 MRP 处理过程

④准备好主产品及其所有零部件的库存文件,特别是各自的期初库存量、计划到货量。有些物资,特别是长距离、难订货的物资,还要考虑安全库存量、订货批量和订货点等。

(2) 逐级处理。从层级码等于 0 的主产品开始,依次取各层级码的各个零部件,进行如下处理(以图 10-5 为例)。

①输入提前期 L、期初库存量 H_0(有些物资还要输入订货点 Q_L、订货批量 Q、安全库存量 Q_S 等)。

②对于每一个时间单位 $T(周)$,输入或计算下列参数:
- 输入或计算生产进度计划 $G(t)$。
- 输入计划到货量 $S(t)$。
- 计算库存量 $H(t)$。
    $H(t)=H(t-1)+S(t)-G(t)$。
- 求出净需要量 $N(t)$。当 $H(t)<0$ 且 $H(t-1)<0$ 时,
    $N(t)=|H(t)-H(t-1)|$
当 $H(t)<0$ 且 $H(t-1)\geqslant 0$ 时,$N(t)=|H(t)|$;当 $H(t)\geqslant 0$ 时,$N(t)=0$
- 计算计划接受订货量 $P(t)$。
    $P(t)=N(t)$
- 计算并输出计划发出订货量 $R(t-L)$。
    $R(t-L)=P(t)$

③输出计划发出订货量 $R(t-L)$。这是每一个零部件发出的订货单,包括订货数量、订货时间。既包括交各车间加工制造的生产任务单,也包括交采购部门采购的采购订货单。它们按时间整理起来就是一个物料订货计划,也就是一个物料需求计划。

例 10.1 以表 10-2 作为主产品生产进度计划(MPS)、图 10-3 作为主产品结构文件(BOM)、表 10-3 作为主产品 A 的库存文件为例进行计算。时间单位为周,计划期长 8 周。其中,相同的零部件取其最低层级码,构造新的结构图,如图 10-4 所示。

先从层级码为 0 的主产品 A 算起,其提前期为 1 周,期初库存量为 20。根据其 $G(t)$、$S(t)$ 进行 MRP 运算的结果,如表 10-4 所示。

再算层级码为 1 的部件 B。一个主产品 A 由两个部件 B 和一个零件 C 构成。部件 B 的期初库存量为 10,提前期为 1 周。

根据表 10-3,主产品 A 在第 1、2 和 4 周计划发出生产订货任务单,分别订 10、5、20 个主产品 A,也就是要在 1、2、4 周分别订 20、10、40 件部件 B。由于部件 B 的期初库存量只有 10 件,而第 1 周总需要量为 20 件,并且订货提前期为 1 周,所以来不及按正常订货来满足,只能采取紧急订货,实现第 1 周计划到货量 10 件,来满足第 1 周总需要量。算出第 2、4 周的净需要量分别为 10 件和 40 件;第 1、3 周分别计划发出订货量 10 件和 40 件。计算结果如表 10-4 所示。

表 10-4 部件 B 的 MRP 运行结果

项目:B(1级)	周次							
提前期:1周	1	2	3	4	5	6	7	8
总需要量	20	10		40				
计划到货量	10							
期前库存量 10	0	−10	−10	−50				
净需要量		10		40				
计划接受订货		10		40				
计划发出订货	10		40					

算完第 1 级,再算第 2 级(层级码 $n=2$)。第 2 级有一个外购件 D 和一个零件 C;一个 B 由一个 D 和一个 C 构成。D 提前期为 1 周。期初库存量为 5 件,第 1 周计划到货量为 10 件,同样计算出第 2 周发出采购订货单为 25 张,结果如表 10-5 所示。

表 10-5 外购件 D 的 MRP 运行结果

项目:D(2级)		周次							
提前期:1周		1	2	3	4	5	6	7	8
总需要量		10		40					
计划到货量		10							
期前库存量	5	5	5	−35	−35	−35	−35	−35	−35
净需要量				35					
计划接受订货				35					
计划发出订货			25						

再算第 2 级的另一个零件 C,其期初库存量为 0、提前期为 3 周。第 1 周计划到货量为 70 件。一个 A 由两个 B 和一个 C 构成。因此,第 1、3 周分别需要部件 B 为 10 件和 40 件,因此需要零件 C 也为 10 件和 40 件。对于主产品 A,第 1、2、4 周分别订货 10、5、20 件,因而需要零件 C 也为 10、5、20 件。这样,C 的总需要量合起来为:第 1 周 20 件,第 2 周 5 件,第 3 周 40 件,第 4 周 20 件。同样,计算出第 1 周就要发出零件 C 的生产订货任务单 15 件,结果如表 10-6 所示。

表 10-6 零件 C 的 MRP 运行结果

项目:C(2级) 提前期:3周		周次							
		1	2	3	4	5	6	7	8
总需要量		20	5	40	20				
计划到货量		70							
期前库存量	0	50	45	5	-15	-15	-15	-15	-15
净需要量					15				
计划接受订货					15				
计划发出订货		15							

根据 MRP 的运行,可得出按计划生产主产品 A 所需要的物料订货计划,即物料需求计划,如表 10-7 所示。

表 10-7 主产品 A 所需要的物料订货计划

物料	周次							
	1	2	3	4	5	6	7	8
B	10		40					
C	15							
D		35						

4. MRP 采购计划的确定

通过上述 MRP 系统的运行,确定了物料需求计划发出的订货量和订货时间。这就是订货计划,也就是采购计划。根据这个计划规定的时间发出订货,订货量取计划中规定的订货量,经过一个采购提前期,采购回来的物资刚好可以赶上这一周的需要。例如根据表 10-7,经过 MRP 计算的结果,零件 C 在第 1 周,计划发出订货量为 15 件。根据这个计划实施采购,第 1 周就要出差去采购,采购量为 15 件。由于零件 C 的采购提前期为 3 周,即经过 3 周,也就是第 4 周,15 件零件 C 就应该到货,正好满足第 4 周的净需要量 15 件。

但是在实际生活中,执行这样的采购计划可能会有一定困难。这主要是没有一个固定的订货批量,订货量时大时小,无论是包装还是运输,都不太方便,有些甚至不能实现。因为供应商的商品通常都是整箱整包地包装好的,一般不拆零卖,要买就买一个包装单元。也就是说,采购的数量要受供应商包装单元的约束。同样,运输也要受运输单元的约束。采购数量最好是一个整数,是包装单元的整数倍,采购数量应当按固定订货批量进行采购。这样,就要使用按固定订批量处理的 MRP 计算模型,如表 10-8 所示。

表 10－8 按固定订货批量处理的 MRP 计算模型

项目:E(1级) 订货点:60 固定订货批量:150 订货提前期:3周	周次							
	1	2	3	4	5	6	7	8
总需要量	60	40	60	40	60	40	60	40
计划在途到货		150						
订货后库存量 100	40	150	90	50	140	100	40	150
计划接受订货					150			150
计划发出订货		150			150			

在表 10－8 中，产品 E 设定了固定订货批量为 150 件，订货点为 60 件，订货提前期为 3 周。它在第 2 周的计划在途到货为 150 件，期前库存量为 100 件。根据各周需要量的情况，可以计算出各周的订货后库存量。订货后库存量是指把本周计划订货到货量考虑进来，用于销售之后还剩下的库存量，即本周订货后库存量＝上周订货后库存量＋本周在途到货量＋本周计划接受订货量－本周需要量。

其中，本周计划接受订货量是这样确定的：判断上周的订货后库存量加上本周的计划在途到货量再减去本周需要量，是否小于等于 0。如果小于等于 0，就把计划接受订货量等于一个订货批量，否则计划接受订货量就等于 0。

例如，表 10－8 中的第 5 周，因为第 4 周的订货后库存量 50 件加上第 5 周的计划在途到货量 0 再减去第 5 周的需要量 60 件，等于－10，小于 0，所以取第 5 周的计划接受订货量为一个订货批量 150 件。同理，第 8 周的计划接受订货量也为一个订货批量 150 件，而其余各周的计划接受订货量为 0。

求出计划接受订货量之后，就可以得出计划发出订货量。计划发出订货量由计划接受订货量提前一个订货提前期而得到。例如，第 5 周有一个 150 件的计划接受订货量，把它提前一个订货提前期 3 周，即在第 2 周就有一个 150 件的计划发出订货量。这意味着，应当在第 2 周就发出采购一个批量 150 件，经过一个订货提前期，即到第 5 周，订货就能运进仓库，来满足第 5 周的需要量。同理，对应第 8 周的计划接受订货量 150 件，应该在第 5 周发出一个 150 件的计划发出订货量。表 10－8 的最后一行，实际上就是得出的采购计划。

本例是定量不定期，当然也可以是定期不定量，如果确定的计划订货量十分稳定，可以采取定期定量的采购。

第三节　电子商务采购

一、电子商务采购的含义

电子商务采购是在电子商务环境下的采购模式，也就是网上采购。它是以计算机、网络技术为基础，以电子商务、软件为依据，以互联网为纽带，以电子数据交换，电子商务支付工具及电子商务安全系统为保障的即时信息交换与在线交易的采购活动。

电子商务为采购提供了一个全天候、全透明、超时空的采购环境。通过建立电子商务交易平台，发布采购信息，或主动在网上寻找供应商和产品，然后通过网上洽谈、比价和网上竞价实现网上订货、网上支付货款，最后通过网下的物流过程进行货物的配送完成整个交易过程。

二、电子商务采购优势

1. 降低采购成本，减少采购环节，提高采购效率

电子商务面对的是全球市场，它可以突破传统采购模式的局限，货比多家，在比质量、价格的基础上找到满意的供应商，大幅度地降低采购成本；采购人员利用 Internet 网络平台进行供应商选择、产品询价和订货等活动，可以大大降低采购费用；通过网站信息的共享，可以实现无纸化办公，大大提高采购效率。

2. 采购信息准确、全面，方便领导人决策

利用 Internet 网络平台的物资采购模式，都必然有全面的数据库作为支持。企业领导人可以方便地了解每一种产品的价格、数量、库存情况、订单的执行情况、资金的使用情况以及供应商情况等各种信息，针对采购过程中出现的问题快速反应。计算机强大的分析、统计能力也大大降低了采购人员的工作强度，提高了采购效率。

三、采购过程公开、公平、公正提高采购的透明度

通过将采购信息和采购流程在网络上公开，避免交易双方有关人员的私下接触，基于电子商务的采购平台，由计算机根据设定的采购流程自动进行价格、交货期和服务等信息的确定，完成供应商的选择工作。整个采购活动都公开于网络之上，方便群众的监督，避免采购中的黑洞，使采购更透明、更规范。

1. 可以实现采购业务程序的标准化

电子商务采购是在对业务流程进行优化的基础上进行的，企业在此之前必然要对传统的采购流程进行重组，以最大化地发挥基于电子商务的采购过程中各个

环节的作用。这样按照设定好的标准化软件流程进行,可以规范采购行为和采购环节,从而大大减少采购过程的随意性。

2. 能够缩短采购周期,降低库存,提高物流速度和库存周转

实行电子商务采购,企业与供应商的信息沟通更加方便、准确、及时,交易双方可以随时了解对方的需求,也可以在第一时间与对方分享采购信息。所以供应商便可快速响应企业需,企业也可以实现准时化采购,实现由"为库存而采购"转变为"为订单而采购"。

3. 可以实现采购管理向供应链管理的转变

现代企业的竞争不再是单个企业之间的竞争,而是供应链与供应链之间的竞争,因此要求供需双方建立起长期的、互利的、信息共享的合作关系,而电子商务采购模式可以使参与采购的供需双方进入供应链,从以往的"输赢关系"变为"双赢关系"。采购方可以及时将数量、质量、服务和交货期等信息通过商务网站或电子数据交换方式传送给供应方,并根据生产需求及时调整采购计划,使供方严格按要求提供产品与服务,实现 JIT 采购和生产,从而降低整个供应链的总成本。

4. 从为库存采购到为订单采购的转变

电子商务模式下,采购活动是以订单驱动方式进行的,制造订单的产生是在客户需求订单的驱动下产生,然后制造订单驱动采购订单,采购订单再驱动供应商。这种准时化的订单驱动模式可以准时响应客户的需求,从而降低库存成本,提高物流的速度和库存周转率。

5. 从采购管理向外部资源管理转变

在传统的采购模式中,一方面,供应商对采购部门的需求不能得到实时的响应;另一方面,关于产品的质量控制也只能进行事后把关,不能进行实时控制,这些缺陷使企业无法实现同步化运作。因此,电子商务采购模式的第二个特点就是实现有效的外部资源管理。

实施外部资源管理也是实施精细化生产、零库存生产的需要。电子商务管理中一个重要思想是在生产控制中采用基于订单流的 JIT 生产模式,使企业的业务流程朝着精细化生产方向努力,即实现生产过程的几个"零"化管理:零缺陷、零库存、零交货期、零故障、零(无)纸文书、零废料、零事故和零人力资源浪费。

6. 从一般买卖关系向战略协作伙伴关系转变

电子商务模式下采购管理的第二个特点,是供应与需求的关系从简单的买卖关系向双方建立战略协作伙伴关系转变。

在传统的采购模式中,供应商与需求企业之间是一种简单的买卖关系,因此无法解决一些涉及全局性、战略性的问题,而基于战略伙伴关系的电子商务采购方式为解决这些问题创造了条件。

四、电子商务采购模式与流程

1. 电子商务采购模式

电子商务采购所要进行的业务关系到供应商和采购方两个主体,特别是采购商品信息均来自企业外部,这给电子商务采购模式的建立提供了各种可能性。企业的电子商务采购模式主要有以下几种。

(1) 反向拍卖。反向拍卖是由采购方提供希望得到的产品的信息、需要服务的要求和可以承受的价格定位,由卖家之间以竞争方式决定最终产品和服务的供应商,从而使采购方以最优的性能价格比实现购买。

反向拍卖的电子商务采购模式,其流程速度快、费用低,同时有机会找到价格最低的产品。同传统的方式相比,这种做法能给采购方平均节省 11%～12% 的成本。例如,通用汽车公司在 2000 年组织了 1 万多次反向竞价,这为它省下了大约 10 亿美元;法国的一些大集团也很好地利用了这种方式,如达能、欧莱雅、家乐福以及一些汽车制造商。

反向拍卖可以在企业的网站上进行,也可以通过第三方中介进行。基于电子商务的反向拍卖大体可以采用如下流程。

①采购方准备招标信息,该信息的内容与传统招标没有太大差异,仍旧围绕待采购产品的各类要求。这里强调一点的是采购方可以明确发布他们希望的采购价,并以此约束竞标者的竞标方案。

②通过电子商务网站建立竞标专区,并发布完整的招标信息,包括他们的目标采购价格。在这里每一次采购都会专门开辟一个区域用于整个竞标过程,电子商务运营商需要在功能上保证这个专区的实现。

③电子商务网站对外发布竞标专区,有条件的网站还可以通过站内 E-mail 系统将信息发送给所有的潜在供应,或者将一些大型采购专区推送至网站流量最大的位置上,以便让更多的客户了解到采购信息。

④供应商下载招标信息,并准备竞标方案。

⑤供应商通过竞标专区发送竞标方案给采购方。这种发送方式可以通过竞标专区的专门通道实,也可以通过 E-mail 实现,但为了把更多的交易过程留在网站内,电子商务运营商更应考虑为参与竞标的供应商开辟发送通道。

⑥采购方对比竞标方案。

⑦采购方与最符合要求的供应商签订协议。在签订协议之前采购方也可能会和几个优秀的竞标者进行更进一步的沟通以保证交易的安全,这种沟通包括看货、资质评估等。

通常线上采购专区可以设定一个非常短暂的时间便得出结,也可以提前预告供应商或延长竞标周期,以帮助采购方获得更理想的性价比。

在上述流程中，采购方作为招标信息的发布者有着更多的主动，一方面他们可以限定招标范围，包括供应商类别、供应商资质、招标产品规格、技术标准以及目标价格范围等；另一方面他们可以查看所有供应商的竞标信息。在这种情况下很可能出现卖方也就是供应商利益受损的可能：如果买家通过反向拍卖压价，那么卖方将无力还击。为了有效降低这种模式对卖家利益的损害，作为交易平台的搭建者——电子商务服务运营商有必要设定一些保护供应商权利的机制，包括实施暗标管理，也就是不让供应商之间查看对方信息，以及惩罚采购商发布虚假招标信息等措施。

（2）集中目录。这是指将所有供应商的目录集中到采购方的服务器上，实现所有采购的集中化。通过搜索引擎，采购方可以找到所需要的产品，明确存货情况和送货时间，并填写电子订货单。这种集中目录的采购模式，使购买数量增加了，价格自然便下降了。

（3）团体采购。这种方式，来自多个购买者的订单被集中到一起，可以得到更优惠的价格。团体采购有以下两种模式。

①内部集中。这是将企业范围内的订单都通过网络来集中，并自动添补，除了获得经济规模，即许多商品以低价购买外，交易管理费用也大大降低。例如，通用汽车公司每年购买数十亿美元的MRO产品，通过团体采购，从每笔交易50～100美元降为5～10美元。

②外部集中，即第三方集中。许多中小企业也希望得到批量购买折扣，但无法找到其他公司可以加入以增加购买量，这时可以通过雅虎、美国在线等中介来完成，这些中介通过网上集中需求来为中小企业提供更好的价格、选择和服务。

团体采购起源于MRO和消费电子产品这样的普通产品，现在已经转移到旅游、薪水管理和主机托管等领域。

（4）电子易货交易。易货交易是指在不使用金钱的基础上交换货物和服务的行，其基本思想是企业以自己剩余的物资交换自己需要的物资。企业可以为自己的剩余物资做广告，但成功交易的机会非常小，所以需要中介的帮助。中介可以使用人工搜寻——匹配方式，或建立一个电子易货交易所。在易货交易所里，企业将剩余物资提交给交易所得到积点，然后使用这些积点购买自己需要的物资。流行的易货交易对象有办公场地、闲置设备、劳动力和产品，甚至还有横幅广告。电子易货的特点是客户越多，速度越快，佣金就越低。

2. 电子商务采购流程

①要进行采购分析与策划，对现有采购流程进行优化，制定出适宜网上交易的标准采购流程。

②建立网站。这是进行电子商务采购的基础平台，要按照采购标准流程来组织页面。它可以通过虚拟主机、主机托管和自建主机等方式来建立网站，特别是

加人一些有实力的采购网站,通过它们的专业服务可以享受到非常丰富的供求信息,起到事半功倍的作用。

③采购单位通过互联网发布招标采购信息(招标书或招标公告),详细说明对物资的要求,包括质量、数量、时间、地点以及对供应商的资质要求等;也可以通过搜索引擎寻找供应商,主动向他们发送电子邮件,对所购物资进行询价,广泛搜集报价信息。

④供应商登录采购单位网站,进行网上资料的填写和报价。

⑤对供应商进行初步筛选,收集投标书或进行贸易洽谈。

⑥网上评标,由程序按设定的标准进行自动选择或由评标小组进行分析评比选择。

⑦在网上公布中标单位和价格,如有必要对供应商进行实地考察后签订采购合同。

⑧采购实施。中标单位按采购订单通过运输交付货物,采购单位支付货款,处理有关善后事宜。按照供应链管理思想,供需双方需要进行战略合作,实现信息的共享。采购单位可以通过网络了解供应单位的物资质量及供应情况,供应单位可以随时掌握所供物资在采购单位中的库存情况及采购单位的生产变化需求,以便及时补货,实现 JIT 生产和采购。

电子商务采购是一种非常有前途的采购模式,它主要依赖于电子商务技术的发展和物流技术的提高,依赖于人们思想观念和管理理念的改变。我国目前已经有不少企业以及政府采用了网上采购的方式,这对降低采购成,提高采购效率,杜绝采购腐败起到了十分积极的作用。另外,在个人电子采购中,涌现 B2B、B2C、C2C、O2O 等方式,给大家生活带来了诸多好处,因此应该大力提倡这一新的采购方式。

第十一章 采购绩效评价

第一节 采购绩效评价的目的

由于采购对企业效益有巨大的影响,那些在采购中实行严格管理、不断创新、与供应商建立良好关系的企业,一直致力于采购管理绩效的提升。同时,采购绩效评价也成为企业采购管理的一项重要职能。

一、绩效评价的意义

进行采购绩效评价具有以下5个重要意义。

(1) 有助于真实反映企业采购的绩效水平。

(2) 把实际绩效和某种标准进行对比,有助于提高绩效。

(3) 进行绩效评价能带来的第三个好处是:通过绩效评价,可以确定用于评价采购人员业绩的基本规则。

(4) 进行绩效评价得到的各种数据对于采购部门的组织工作,以及采购部门与其他部门的联系都有很大的价值,也为公司改组提供了各种必要的数据。

(5) 如果采购人员知道自己的努力会得到认可,那么他们的工作动力会更大,整个团队的士气也会随之提高。

二、采购绩效评价的目的

采购绩效评价的目的包括以下5点。

(1) 确保采购目标的实现。各个企业的采购目标各有不同。例如,国有企业的采购偏重于防弊,采购作业以如期、如质、如量为目标;而民营企业的采购单位则注重兴利,非常注重产销成本的降低。因此,各个企业需要针对本单位所追求的主要目标加以评价,并督促目标的实现。

(2) 提供改进绩效的依据。企业实行的绩效评价制度,可以提供客观的标准来衡量采购目标是否达到,也可以确定采购部门的目前工作绩效如何。正确的绩效评价有助于指出采购作业的缺陷所在,从而拟定改善措施,起到惩前毖后的作用。

（3）作为个人或部门奖惩的参考。良好的绩效评价方法,能将采购部门的绩效独立于其他部门而凸显出来,并且能够反映采购人员的个人表现,成为各种人事考核的参考资料。依据客观的绩效评价,可以进行公正的奖惩,以激励采购人员不断地提高业务能力和工作的积极性。

（4）协助甄选人员与训练。根据绩效评价的结果,可以针对现有采购人员的工作能力缺陷,拟定改进计划,如安排参加专业性的教育训练。如果在评价中发现整个部门缺乏某种特殊人才,可以由公司内部甄选或向外招募。

（5）促进部门关系。采购部门的绩效,受其他部门配合程度的影响非常大。因此,采购部门的职责是否明确,流程是否简单、合理,付款条件及交货方式是否符合公司管理规章制度,各部门的目标是否一致等,都可以通过绩效评价予以判定,并可以改善部门之间的合作关系,提高企业整体运作效率。

三、采购绩效衡量指标

采购绩效衡量指标设定的内容与前提

采购绩效衡量指标的设定是采购绩效评价的重要内容。一个有效的采购绩效评价方案,其绩效衡量指标的设定是一个重要的环节。采购绩效衡量指标的设定包括3个方面的内容:一是要选择合适的衡量指标;二是要充分考虑绩效指标的目标值;三是确定绩效衡量指标符合有关的原则。

在确定采购绩效衡量指标的目标值时要考虑以下前提:

（1）内部顾客的要求,即满足生产部门、品质管理等的需要。原则上,供货商的平均质量、交货等综合表现应该高于本公司内部质量与生产计划要求。只有这样,供货商才不至于影响本公司的内部生产与质量。

（2）所选择的目标以及绩效指标要与公司的大目标一致。

（3）具体设定目标时既要实事求是、客观可行,又要具有挑战性。

因此,物资采购绩效评价指标的设定是一项具有挑战性的工作。它是评价物资采购工作成果的尺度和标准,是准确、客观、全面、科学地进行采购绩效评价的前提和基础。而一项评价指标往往只能从某个侧面反映采购绩效的某个特征。因此,要想全面、综合、准确地考察和评价采购部门在一定时期内的采购工作绩效,就必须把一系列相互联系、互为因果的指标进行系统的组合,形成相应的评价指标体系。

采购绩效评价指标体系的设定是一项非常复杂的工作。目前,各个企业有自己不同的做法。一般来说,大致可以分为采购活动评价指标体系和采购综合评价指标体系两类。

四、采购活动评价指标体系

采购活动评价指标体系主要由3类指标组成,即采购总量指标、物资符合性指标和服务效率指标。

1. 采购总量指标

采购总量方面的指标,主要用来评价采购部门在一定时期内采购任务完成的总体情况,包括采购任务总量情况、采购资金节约情况、采购费用情况等。

(1) 采购任务总量。采购任务总量主要是指在一定时期内采购部门承担和完成的采购任务的总量。可以用采购任务量、采购任务完成率等指标来反映。

采购任务量是指在一定时期内企业下达给采购部门的计划采购量。采购任务量只反映了在一定时期内采购部门接受的采购量,还需要有反映采购任务完成情况的指标对其进行修正,如采购任务完成量和采购任务完成率。采购任务完成量是指在一定时期内采购部门完成采购任务量的部分,而采购任务完成率是指采购任务完成量占采购任务量的比率,其公式如下:

$$采购任务完成率 = 采购任务完成量 \div 采购任务量 \times 100\%$$

(2) 采购资金节约情况。采购资金节约情况是指与采购物资的预算资金或物资的市场价值相比(下文称为"采购物资预算资金"),采购部门在一定时期内完成采购任务时实际支出的物资采购资金(指物资成本,下文称为"实际采购物资资金")的节约情况。可以用采购物资资金节约量和采购物资资金节约率来反映。采购物资资金节约量的公式如下:

$$采购物资资金节约量 = 采购物资预算资金 - 实际采购物资资金$$

采购物资资金节约率,反映了采购物资资金节约量占采购物资预算资金的比率。它能更准确地反映完成采购任务时的资金节约情况,其公式如下:

$$采购物资资金节约率 = 采购物资资金节约量 \div 采购物资预算资金 \times 100\%$$

(3) 采购费用情况。采购费用情况是指在一定时期内采购部门为完成相应采购任务所支出的差旅费、场地费等交易成本类费用总量,可以用采购活动资金量来表示。

另外,还可以用采购活动资金率反映采购费用的相对量。采购活动资金率是指在一定时期内采购活动资金量与同期采购物资预算资金的比率,可以表示为:

$$采购活动资金率 = 采购活动资金量 \div 采购物资预算资金 \times 100\%$$

2. 物资符合性指标

物资符合性指标主要用来评价实际采购的物资在数量、质量等方面对企业采购需求的满足程度。

(1) 数量符合性。数量符合性是指实际采购的物资在数量上能否满足企业的需求,可以用采购数量符合率来表示:

$$采购数量符合率 = 实际采购数量 \div 物资需求数量 \times 100\%$$

(2) 品种规格符合性。品种规格符合性是指实际采购的物资能否满足企业对物资的类别品种及其规格型号等方面的需求,可以用品种规格符合率来表示:

品种规格符合率＝满足品种规格需求的物资采购数量÷

实际采购数量×100%

(3) 技术性能符合性。技术性能符合性是指实际采购的物资在质量、性能、使用寿命、技术要求等方面满足企业需求的程度,可以用技术性能符合率来表示:

技术性能符合率＝满足技术性能需求的物资采购数量÷

实际采购数量×100%

3. 服务效率指标

服务效率指标主要用来评价采购部门在采购活动中的响应、沟通、支持等服务表现。从企业的需求情况看,服务效率指标主要包括决策速度、信息提供和灵活性。这些指标值可以通过问卷调查和统计分析等方法求得。

(1) 决策速度。决策速度主要是指在采购过程中,采购部门能否根据采购情况迅速做出科学、准确的采购决策,以正确指导采购活动。这是整个采购活动科学、高效地进行的前提和基础,对采购工作绩效具有重要影响,是服务效率方面的首要指标。

(2) 信息提供。信息提供主要指采购部门能否及时提供有效的物资资源信息、市场变化信息和采购工作进展信息。

(3) 灵活性。灵活性指采购部门处理异常采购服务需求的能力,如响应应急采购的灵敏度、对需求变化的反应速度等。

以上 3 类指标构成了评估物资采购活动的基本指标。为了更准确、深入、科学地反映采购工作绩效,还可以设计其他修正指标。明确了物资采购绩效评价指标的项目和含义后,需要根据各项指标在物资采购活动中的重要程度,确定各项指标的权重及相应的评价标准,以量的形式反映采购机构的采购绩效。评价人员在进行评价时,首先给各项指标分别打分,然后按既定的算法求得综合绩效值,并对照事先确定的评价标准做出评估结论,分析主要原因,提出改进措施,最后将结论反馈给相关部门和人员。

五、采购绩效指标体系

采购绩效指标体系是由采购组织绩效指标、财务绩效指标、供应商绩效指标、客户反馈指标 4 类指标构成的指标体系。

1. 采购组织绩效指标

(1) 质量指标。到货质量合格率(Q_t)是采购合格品金额(P_t)占采购总金额(P)的百分率。用公式表示为:

$$Q_t = P_t / P \times 100\%$$

订货差错率(P_{fn})是指所采购物资有数量、质量问题的金额(P_f)占采购总金额(P)的百分率。用公式表示为:

$$P_{fn} = P_f/P \times 100\%$$

（2）时间指标。采购到货及时率（T_i）是指在规定采购时限内完成采购任务的采购申请单数（P_{oi}）占总采购申请单数（P_o）的百分率。用公式表示为：

$$T_i = P_{oi}/P_o \times 100\%$$

（3）效率指标。采购计划完成率（P_{pe}）是指考核期采购总金额（P）占考核期计划采购金额（P_p）的百分率。用公式表示为：

$$P_{pe} = P/P_p \times 100\%$$

人均完成采购申请单数（A_o）是考核期采购人员完成采购申请单（P_o）的平均数。用公式表示为：

$$A_o = P_o/n$$

式中，P_o 为总采购申请单数，n 为考核期采购员数。

人均完成采购金额（A_p）是考核期采购人员完成采购量的平均数。用公式表示为：

$$A_p = P/n$$

（4）组织系统指标。采购柔性（P_s）是反映公司采购活动对生产经营活动的适应性程度的一个指标。用公式表示为：

$$P_s = [1-(|T_{ih}-T_{il}|)/T_{ia}] \times 100\%$$

式中，T_{ih} 为生产高峰供应及时率、T_{il} 为生产低谷供应及时率、T_{ia} 为平均供应及时率。

2. 财务绩效指标

采购费用率（C_{pr}）是指报告期采购费用（C_p）占报告期采购总金额（P）的百分率。采购费用是指围绕采购活动而发生的除物资购入以外的费用。用公式表示为：

$$C_{pr} = C_p/P \times 100\%$$

采购资金节约率（C_{sr}）是指报告期采购资金节约金额（C_s）占报告期物资采购总金额的（P）百分率。用公式表示为：

$$C_{sr} = C_s/P \times 100\%$$

大宗设备采购成本节约率（C_{slr}）是指报告期采购大宗设备节约资金金额（C_{sl}）占报告期大宗设备采购总额（P_l）的百分率。大宗设备是指通信网络建设用主体设备及电信市场经营用重要物资，是采购"二八"法则中的"二"类物资。大宗设备采购成本节约率的公式如下：

$$C_{slr} = C_{sl}/P_l \times 100\%$$

3. 供应商绩效指标

供应商流动比率（C_{lr}）是每年流入企业的供应商数（C_i）占流出供应商数（C_o）的百分率。用公式表示为：

$$C_{lr} = C_i / C_o \times 100\%$$

供应商交货及时率(S_{ir})是指某供应商及时交货次数(S_i)占该供应商总交货次数(S_a)的百分率。用公式表示为：

$$S_{ir} = S_i / S_a \times 100\%$$

供应商信用度(C_d)是指某供应商在考核期内诚信交易次数(C_{en})占其总交易次数(E_n)的百分率。用公式表示为：

$$C_d = C_{en} / E_n \times 100\%$$

4. 客户反馈指标

物资供应满意度是指使用部门对物资保障方面的满意度，可以通过第三方调查方式获得。

供应商满意度，该指标考核公司采购部门、使用部门与供应商之间合作与双赢的程度，主要通过供应商反馈以及第三方调查获得。

第二节　采购绩效评价与控制

在讨论绩效评价的时候，大多数采购方面的著作将重点放在采购业务活动上。但是，有效的采购包括采购活动、采购目标以及采购绩效评价的战术和战略问题。正如赫伯特·西蒙(Herbert)提出的："在问'我们的做事方法是否正确'之前，我们应该先弄清楚'我们做的事是否正确'。"尽管如此，对采购业务活动的评价仍是我们必须关注的。事实上，采购业务活动的评价对绩效的提高有重要作用。

另外，需要在一开始就加以说明。正如组织机构各不相同，采购专业人员所起的作用也各不相同，这意味着没有一种普遍适用的用来对采购绩效进行评价的方法。因此，我们需要对各组织的特点进行详细研究，以确保所采用的评价方法符合需要。

一、评价的时机

可以根据采购的不同发展阶段来评价采购效率。在发展的最初阶段，采购部门总是处于很低的地位，在各项业务活动中处于被动状态。采购部门的效率如何，是由采购部门处理交易的能力来判断的。对交易进行高效处理固然非常重要，但实现战略性采购目标，常常有助于简化或减少交易。

如果管理者把评价的重点放在交易活动本身，就会认为采购主要是一个被动反应的事务性活动。例如，人们可能会发现，某个组织的采购活动要听从财务部长的安排。财务部长可能会认为采购部门具有以下职能：

(1) 下大量的询价单,以鼓励竞争;经常更换供应商。
(2) 支付最低的价格。
(3) 尽可能推迟对供应商的付款。

这些目标可能会导致以下相应的结果:

(1) 因为太多的供应商提供最低价格的原料,所以缺乏长远考虑的动力,而进行长远考虑可能会带来战略性节约。

(2) 由于没有按时为供应商付款,所以采购员很可能需要把大量的时间花费在催货上。

(3) 使用过多的、会增加管理方面工作量的短期订单,而没有花时间去做可能长达几年的长期订货安排。

(4) 采购员浪费很多时间在日常订货工作上,而没有在必要的时候使用计算机来对供应进行计划。

但是,很多在采购方面做得很好的公司(如福特公司、IBM 公司、罗孚公司、日产公司或 Marks&Spencer 公司)都提出:采购员应该把时间用在谈判、供应商开发、降低成本和发展内部联系上,而不是把时间花费在日常的管理活动中。

表 11-1 所示为随着采购和供应职能的发展而可能采用的评估标准。它说明了用来对绩效进行评价的方法是怎样随着采购活动重心的改变而变化的。在开始阶段,评价主要针对行政办公,其内容很简单。随着采购的发展,评价标准越来越具有战术和战略性,评价标准的范围也在不断扩大。

表 11-1 是以 Van Wheel 的研究为基础的,它包括下列 5 个发展阶段。

1. 第一个阶段

采购基本上是一种被动反应性活动,而且杂乱无章,很少或几乎没有绩效标准。采购活动的主要目标,是根据请购单开出订单并联系供应商。

2. 第二个阶段

随着采购部门的发展,它很可能要负责处理采购系统中的文书工作。在这个阶段,办公效率是评价采购部门绩效的主要标准。

3. 第三个阶段

人们更关注采购部门在组织中的商业作用。在这个阶段,可能会任命一名采购主管或采购经理。在对办公效率和系统效率进行评价的同时,可能会开始要求采购部门根据预算或成本来节约花费。在这个阶段,很可能会对节省费用或降低成本的情况进行评价。

表 11-1 采购绩效评价标准的发展

采购阶段	状态	采购绩效指标	工作重点
采购主要由各职能部门完成,采购显得杂乱无章。采购部门很小,处理一些行政工作	低	几乎没有,保持在批准的预算内	购进货物
建立了采购部门,主要处理行政工作。其他部门依然参与采购工作	很低,但正在不断改进,可以通过其他部门向上层领导进行汇报	主要对部门人员的办公效率进行评估,例如未处理的订单数以及请购单数等	办公效率
商业性采购部门	采购部门得到承认,采购部经理向财务处长等部门领导汇报,所有的采购工作由采购部门负责	采购工作中的办公效率,如节省费用、降低成本、提高谈判效率等	采购工作中的办公效率
商业性采购部门,但增加了一些战略性采购活动	直接向董事长汇报,采购部门的领导为采购经理	采购工作中的办公效率,供应商开发以及组织内部关系的发展	采购工作中的办公效率,开始对长期采购有效性进行全面评价
采购成为一种战略性商业活动	直接向董事长/董事会报告,采购部门由采购董事负责	与上一阶段相同,但开始关注准时制等战略性采购活动的开发;对供应总成本进行评价	战略有效性

4. 重要的发展阶段——第四阶段

采购被认为更具有战略重要性。在这个阶段,采购部门对主要供应商的情况更为关注,并因此制定了评价标准,通过供应商优先级评定方案对主要供应商的开发情况进行评价。随着采购活动的进一步发展,采购部门和其他部门之间的联系越来越紧密。内部的这种联系也可能需要被评价。在这个阶段,采购经理向董事长进行汇报。几乎可以肯定,采购部门将关注总采购成本,而不太强调最低价格。

5. 第五个阶段

采购具有战略重要性,采购部门的领导可能是董事长本人。在这个阶段,评价的重点是战略效益。采购部门实施全球化概念的能力将得到评价,采购部门将

更多地关注以下各个方面:

(1) 向协作生产关系迈进,与供应商进行战略合作。
(2) 对基层供应人员进行教育。
(3) 改进供应商的战略状况。
(4) 改善供应链。
(5) 全部供应商都采用电子数据交换(EDI)、准时制(JIT)全面质量管理(TQM)及零缺陷理念。

评价标准是动态的,必须随着组织的发展而发展。办公效率逐渐让位于成本有效性,并最终被战略重要性所取代。

二、评价涉及的领域

评价采购信息时,一般会着重评价下面这些领域:业务采购、与其他部门的协作关系、采购组织和采购系统、创造性业绩、政策的制定、计划和预测。

1. 业务采购

在业务采购方面经常使用的评价指标主要有质量、数量、时间、价格和业务成本等。

2. 与其他部门的协作关系

虽然采购部门和其他部门的协作关系对于采购部门的整体绩效非常重要,但却很难对它进行评价。要评价采购部门和其他部门的协作关系如何,人们通常会使用下面这些评价指标:其他部门的经理对采购绩效抱怨的次数、采购部门的领导对其他部门经理抱怨的次数、应急采购的次数。但是,以上这些评价指标很难付诸实施。

3. 采购组织和采购系统

某个公司采用了下述方法:对各部门定期进行意见调查,以及对主要业务会议和会议记录进行抽样调查的方法对采购系统和采购程序进行评价,其结果可能会反映出下面这些问题:采购部门内部以及公司各部门之间缺乏控制;采购人员或采购系统的工作效率低下;部门缺乏管理,相互间缺乏联系等。

4. 创造性业绩

对创造性绩效进行评价是比较困难的。在评价中可能需要考虑以下问题:

(1) 通过价值分析,取得了哪些结果?
(2) 通过供应商价格/成本分析,取得了哪些结果?
(3) 采购部门是否成功地找到了其他供货源(特别是存在垄断性供应商的情况)?
(4) 采购部门与供应商的配合工作,是否提高了公司生产线的生产力和生产效率?

（5）采购部门的积极工作，为用户部门的服务增添了哪些内容？
（6）是否提高了用户部门的效率？

5. 政策的制定

政策的制定也是一个很重要的方面，对它无法进行定量化评价。令人惊讶的是，很少有组织对自己的采购政策进行过分析。对下列有关政策制定的问题进行分析，可能会带来很多好处：确定自制或订购；集中管理的程度；互利性；公司间的交易在集团中单一供货源或多供货源；与供应商合作迈向准时制，协同合作协议。

下面这些指标可被用来判断采购部门在制定政策时的工作质量：
（1）是否明确阐述了各项政策？
（2）相关人员是否理解并实施了该政策？
（3）政策是否随着条件的改变而进行了更新？

6. 计划和预测

计划和预测在采购工作中的作用越来越重要。它所涉及的基本问题包括：采购部门是否参与了公司长期计划和短期计划的制定？如果是，参与程度如何？提出的建议和意见的质量如何？在什么时间范围内？支持这些意见的预测起到了怎样的作用？预测结果不必完全准确，但随着时间的推移，预测的准确性以及相应的各种评论的质量都应该有适当的提高。预测的内容可能包括行业关系、供应和需求、价格、技术发展、可能会对供应市场产生影响的法律变化和社会变化等。

三、评价的策略

1. 制度化

制度化是采购绩效评价持续、规范、有效进行的重要保证。只有将采购绩效评价的目的、原则、组织、方式、方法、步骤、内容、时机及指标体系等以规章制度的形式进行明确的规定，评价活动才有可靠的依据，才能实现评价的规范化，也才能在持续的评价中通过激励、监督等手段，有效地促进采购机构提高物资采购绩效，实现物资采购的整体目标。

2. 专业化

物资采购绩效评价是一项专业性很强的工作。要求必须有具备专业知识的评价人员、专业的评价队伍和专业的评价组织。只有建立了明确、规范、科学的专业化评价组织，培养起既懂物资采购又掌握绩效评价原理的专业化评价人员，形成结构合理、组合科学、专业全面的专业化评价队伍，物资采购绩效评价才能规范、有序、顺畅、高效地进行，绩效评价活动才具有权威性和严肃性，物资采购绩效评价的作用才能真正发挥出来。

3. 公开化

物资采购绩效评价的目的之一，就是通过比较评价，达到激励先进、督促后进，共同促进采购事业的发展。只有实行了公开化，才能有效地保证评价结论的公正合理，也才能使参与物资采购的有关各方透明地知道评价结果，从而使采购部门产生向上的压力和动力，通过有效的激励更好地达到绩效评价目的。

四、评价的方式和原则

1. 评价的方式

对采购人员进行工作绩效评价的方式，可分为定期和不定期式。定期评价配合公司年度人事考核制度进行。一般而言，以人的表现为考核内容，对采购人员的激励以及工作绩效的提升并无太大作用。如果以目标管理的方式，即从各种绩效指标中，选择当年度重要性比较高的项目定为考核目标，年终按目标实际达成程度加以考核，则必能提升采购绩效。至于不定期的绩效评估，则是以特定项目方式进行。例如，公司要求某项特定材料的采购成本降低一定的水平，当设定期限一到，即评价实际的成果是否高于或低于设定的水平，并以此为依据给予采购人员适当的奖惩。这种评价方式对提高采购人员的士气有较大的帮助。

2. 评价的原则

采购绩效评价必须遵循以下基本原则：

（1）绩效评价必须持续进行，要定期地审视目标达成度。当采购人员知道定期地评估绩效，自然能够致力于绩效的提升。

（2）必须从企业整体目标的观点出发来进行绩效评价。

五、改善采购绩效的措施

前面讨论了采购绩效评价的目的、衡量采购绩效的指标以及采购绩效的评价与控制，这些方面是进行采购绩效评价的重要项目。只有充分掌握这方面的知识和方法，并很好地联系各个企业的实际情形，采购绩效评价工作才会有效，对企业采购绩效的提升才能起到重要的作用。

但是，提升企业的采购绩效是一项复杂的工作，在理论和实践中都没有一套完全成熟的体系和方法。这里介绍一个改善采购绩效的措施——标杆法（基准法）。

将本企业经营的各方面状况和环节与竞争对手或行业内外一流的企业进行对照分析的过程，是一种评价自身企业和研究其他组织的手段，是将外部企业的持久业绩作为自身企业的内部发展目标并将外界的最佳做法移植到本企业的经营环节中去的一种方法。这种方法称为标杆法（基准法）。实施标杆法的公司必须不断对竞争对手或一流企业的产品、服务、经营业绩等进行评价来发现优势和不足。

标杆法包括5个基本步骤：

(1) 应该在哪些领域采用标杆法？在采购中，几乎所有能被评价的活动都可以使用标杆法。例如，未完成交货量、退货率、生产中断次数以及未支付价格指数等。

(2) 应该以谁为基准点？首先必须确定最佳做法。有一个显而易见的方法可以确定最佳做法，那就是向供应商打听谁是他们的良好的合作伙伴。也可以对那些成功的组织(使用人们普遍接受的市场份额或赢利状况指标来评价)进行分析，考察它们的采购运作方式。一些工业观察家或专业机构也可以为我们提供正确的建议。

(3) 怎样来获得信息？大部分有用的信息都可以从公共信息领域获得。如管理杂志和相关图书可提供大量有关信息。此外，一些成功的经理或组织也很乐意与他人分享信息。与其他人的交往也会有助于收集这些信息。当然，如果竞争对手对标杆法感兴趣(那些起主导作用的组织很可能会如此)则更好，信息交流对双方都有好处。

(4) 怎样来对信息进行分析？标杆法并不是为了信息本身而关注信息的。我们不仅要收集所需要的数据，还要充分地对同类数据进行对比分析。通常，统计数据、比率以及其他一些"硬"信息要比看法或奇闻之类的信息更具有价值。

(5) 怎样来利用这些信息？一般来说，如果发现有人在某个活动领域中的表现优于自己，就应该着手去赶上或超过他们。制定出自己的绩效标准，并设计出适当的方法来达到这些标准。当然，这样做也意味着需要使用大量的资源，这也就要求高层管理者积极支持标杆法。不能把标杆法仅仅作为另一种重要的采购管理方法来运用。如果不把标杆法作为组织的一项政策，标杆法就不会发挥它应有的作用。

如今，竞争性标杆法也正在成为另外一种应用越来越广泛的评价方法。这个方法的基本做法是：相关的某个公司以及其他一些公司，一起把数据递交给一个中立的第三方组织，由这个中立的组织制作出一张绩效等级排名表，但是表中不列出相关组织的名称。这种方法在电子工业中得到了广泛的应用。

六、实施电子采购

电子采购就是"在网上进行买卖交易"，其内涵是：企业以电子技术为手段，改善经营模式，提高企业运营效率，进而增加企业收入。它极大地降低了企业的经营成本，并能帮助企业与客户以及合作伙伴建立更为密切的合作关系。20世纪80年代，IBM的采购像所有的传统采购方式一样，各自为政、重复采购的现象非常严重，采购流程各不相同，合同形式也是五花八门。这种采购方式不仅效率低下，而且无法获得大批量采购的价格优势。20世纪90年代，IBM公司决定通过整合信息技术和其他流程,以统一的姿态出现在供应商面前。IBM开发了自己的专用交易平台,实施电子采购。此项措施有效地降低了管理成本,缩短了订单周期、更好地进行了业务控制,IBM的竞争优势由此得到显著提高。普遍的实践表明,电子采购具有更高的绩效。

七、采用多种绩效指标

前面介绍了评价采购绩效的常用指标体系,但是要全面地提高企业的采购绩效,可以考虑多种绩效指标,也就是常见指标以外的一些指标。

1. 采购部门商业活动的质量

一般认为,采购主要是一种商业职能,采购部门所进行的商业活动是评价采购绩效的重要方面。这些商业活动的质量是评价采购效益的一个主要指标。例如,要评价采购效益,需要分析采购部门是否参与了新产品从构思到生产的开发工作,采购部门对市场的了解程度如何。从战略上看,这就要求采购部门紧跟市场的发展,关注世界其他地方的市场状况,而不仅仅是了解当前市场的情况。

2. 采购部门的参与程度

产品知识也是一种用来评价采购部门在商业活动中的参与程度的指标,它包括对竞争对手的产品及产品部件或原料的了解情况。这就要求采购部门要全面地参与到保证组织生存的战略的制定过程中。例如,如果某种产品的生命周期在缩短,那么希望在这些产品的市场竞争中取得优势的公司就必须加快产品创新的步伐。很少有哪个组织可以单独做到这一点,大多组织需要主要供应商和他们一起工作(如可以采取协作生产的方式合作),并对供应商进行激励和管理。在评价采购绩效时,必须对这些问题进行考虑。在评价生产率的改进状况以及质量计划时,同样也需要如此。

3. 信息系统的开发与实施

在这个EDI非常重要的时代,信息系统的开发与实施也是非常重要的评估指标。例如,一家英国零售公司要求采购人员在20个月内和公司最重要的20名供应商建立起EDI联系。

4. 采购部门评价系统

采购部门评价系统本身也可以是重要的评价指标。例如,是否对主要供应商的绩效进行了评价,该信息是否用于管理和控制,从这个过程得到的数据是否对供货决策有影响等。

八、向领导层报告

一般企业的业务成功,与管理层的关注和支持是分不开的。采购绩效的提升与企业领导层的关系重大,领导层的关注是采购部门提升绩效的重要驱动力。因此,采购部门与企业领导层的联系异常重要。一般来说,采购部门应按照规定的要求向管理层报告。

无论使用什么系统来对采购工作进行评价,都需要制定报告书,对采购部门的工作范围、采购目标以及采购绩效进行说明。报告书包括了当前和预测的市场条件以及其他对高层管理者有用的信息。例如,相关新产品的数据、新原料和新流程、有关供应源开发的信息、关于主要原材料的市场信息以及对相关公司政策和战略的建议。报告书的信息质量很重要,报告书的表达方式也同样重要。只有那些表达方式非常专业的报告书才会引起工作繁忙的高层领导者的注意。报告书应该包括哪些内容?多长时间撰写一次报告?报告应该采用怎样的表达方式?这些问题的答案只能视具体情况而定。根据经验,在必要的时候进行报告是很有用的。有些公司要求部门经理定期进行报告,并在其他必要的时候也撰写相关的报告。例如,如果市场很动荡,或者如果某产品的原料含量太高,这时就需要进行报告。报告包括周报、季报和年报,它们记载了采购部门在相应时期内的主要活动。

所有报告的内容都必须简明扼要,报告的首页一般是内容概要,可以使用图画、图解或图表来说明那些支持论据的数据资料。报告书的正文部分,应该只提供统计汇总信息。如有必要,可以把详细的统计数字写在附录中,对汇总信息进行说明。如果需要下结论或提出建议,通常把结论和建议放在报告书的结尾部分(也有些报告书把这些内容放在开头部分)。在撰写报告时应该注意,如果对某些信息有怀疑,就不能把它们包括在报告内容中。另外,在撰写报告时,应该站在管理者的角度。需要明确的是:汇报的目的是什么?阅读报告书的人希望得到哪方面的信息?他希望在什么时候阅读报告书?即使他去年、上个月或上周需要这些报告,也不一定表明他现在仍然需要它们。

在工作中,顾问的任务之一是确定采购部门的效益。事实上,他会在考虑了多方面因素的基础上判断采购部门的绩效。咨询项目的内容,会因为被审核组织的种类、组织所面对的市场以及组织供货市场的不同而不同,不过大多数咨询项目都会包括一些相同的基本内容。

通过向管理层报告,采购部门可以了解管理层对采购工作的态度,而且,撰写报告的过程也是对整个采购绩效进行初步评价的过程。同时,企业管理层的关注也是采购部门的压力和动力,对改进提高企业的采购绩效大有裨益。

第十二章 采购管理的新发展

第一节 基于全寿命周期的采购

全寿命周期成本的界定有狭义与广义,全寿命周期成本的狭义定义指在采购方委托供应商制造所发生的包含研发设计、制造和销售推广过程中发生的成本和费用的总和;而广义的全寿命周期成本则除了包含供应商所产生的相关成本耗费,也要把采购方作为消费一方购买后所发生的废弃成本和机会成本也包括在一起。

现在全寿命周期成本主要基于时间进行了划分,划分为初始成本费用和初始成本费用发生后的后续费用。对于大型设备采购而言,初始成本费用主要包括在设备采购时发生的各项成本费用,也就是初始购置费用和安装建设费用等。而后续费用主要是指在设备运行中所发生的维修费用、正常运营的成本费用以及临时抢修、转卖以及清理处置成本。具体划分可见表12-1:

表12-1 产品全寿命周期成本构成

产品生命周期成本构成	初始成本费用	初始购置费用
		安装建设费用
	后续费用	运行使用费
		维修费用
		报废处理和回收费用

一、初始采购的估算

采购部门必须了解总成本和公司内部某项商品或服务的价值。这就要求采购经理不仅要考虑采购价格,还要对其他各个方面做出考虑:在供应链中,影响产品或服务成本的因素,例如运输、获取并管理某产品与服务的成本以及某一产品或服务对于该公司和消费者的价值。

从成本角度来观察这一完整体系,就会发现所有权总成本(Total Cost of Ownership)。"所有权总成本关注的是供应商与购买者双方的活动以及在产品或服务整个生命周期中产生的成本。"例如某产品即使它初始的采购成本很高,但由于它的残次产品较少、库存要求较低、管理成本较低,这些都可以抵消它较高的价格。这样一来,花费高价购得较高质量的产品就成为合理的选择。同时对初始成本进行核算,可以通过市场询价加成的做法,主要用于类似通用设备的成本核算,也可以根据设计规格情况,先行市场询价,在其基础上进行成本加成估算其初始成本。

二、专项维修费用的估算

设备采购的维修费用的估算主要采用两类方式:其一是以当地物价部门批准的标准,对设备维修费用进行估算,其二是对尚无物价部门的收费标准的,可以采用管理成本法进行估算其维修成本。

维修成本主要指日常运行和维护中的人工、办公费用等各项费用,具体可能包括人员工资、保安费用、绿化费用等等。

$$P = \frac{\sum F_i}{S}$$

P 指专项维修管理成本费用(元/月·m);F_i 指人工费、办公费等各分项费用(元/月),费用项数 $i=1,2,\cdots$;S 表示面积。

三、日常运营费用的估算

全寿命周期成本中的年度使用费用的计算较为繁杂,主要参照国外的统计数据和参数,对采购设备的能源耗费进行计算,通过能源耗费与设备所占用的面积相乘来计算能耗使用费用。国外通行有两种方法可以借鉴:一种是通过建设统计数据以建立设备战略采购的综合评价指标,通过回归分析得到某一阶段的设备的年度使用费用。另一种叫类比法,因为获得拟采购的设备相关使用费用的统计数据是较难的,尤其对于新投产的设备而言,需要根据该采购设备在投入初期的相关使用费用数据进行推算,来拟合相关的设备使用费用的大小。采用该种方式进行费用估算需要一定的专业知识,可以聘请技术专家参与费用的计算工作。

四、废弃处置费用的计算

废弃处置费用是指对于采购设备进入清理期后进行拆除后所发生的相关费用的总和,这其中包括了处理收益。处理收益指对于清理设备可以通过变价或进行进一步改造恢复设备的部分价值和功能,使之重新进入使用领域,具体可以分为维修、翻新和提取部分有用的零部件等。《企业会计准则第4号——固定资产》中提出:"企业出售、转让、报废固定资产或发生固定资产毁损,应当将处置收入扣除账面价值和相关税费后的金额计入营业外收入或营业外支出。固定资产处置,一般通过'固定资产清理'科目进行核算。"同时,小企业会计制度也提出固定资产到了"预计使用年限或因其他特殊原因丧失了生产能力,不能继续使用时,要办理报废手续,转入清理"。按照当前的会计准则,作为采购设备的固定资产会产生后续支付,可以划分为资本化和费用化的后续支出。如果与采购设备相关的固定资产后续支出可以延长设备的使用寿命,或提高实质性的质量或降低成本,则应当计入固定资产价值。若不符合资本化定义,则应计入当期损益,如一些中小修理费用的列支。当前在新的会计准则中越来越强调公允价值计量,所谓公允价值计量,是指"资产和负债按照市场参与者在计量日发生的有序交易中,出售资产所能收到或者转移负债所需支付的价格计量"。因此在清理设备时也应参照公允价值进行计量。

五、采购设备清理残值的计算

清理残值是指采购设备在全寿命周期结束之后,申请报废时通过清理回归固定资产残值所得到的剩余价值。清理方式可以是拆除变卖或出售转让整机或部分构件的方式。以现行的会计制度,设备尤其是大型设备一般是作为固定资产管理,需要预提折旧或估计固定资产残值。

在现实采购管理实务中,固定资产残值的估计是较难精确计量的,这与市场交易情况以及采购设备在报废清理时的状态有关联。我们一般出于计算简易的考虑,采用一些常规易行的方法进行估算。由于全寿命周期成本存在着一定的不确定性和可变因素,因此我们采用类似实物期权的计算方法,具体参考了Myers教授的B-S定价模型,并且在计算时考虑设备战略采购全寿命周期成本时需要对一些参数进行一定的修正。即采购设备资产价值以采购设备全寿命周期成本的预期价值代表。在设备战略采购管理项目中,以实物期权的思想来看,采购设备资产价值就是采购项目中发生的预期现实流量的净现值的总和。另外,期权的行权价格指设备战略采购项目在实物期权中的执行价格,实物期权的行权价格是指将设备战略采购视为一项投资开发,其行权价格为该投资开发的成本折算现值的总和。实物期权的周期指设备战略采购项目的全寿命周期的时间和期限。无风险利率则是采用国内采购设备项目的与全寿命周期时间相同的国债利率作为无风险利率的参照。采购设备资产的波动率指采购设备项目的全寿命周期成本的波动率,可以用历史资料来预测该指标。

第二节　供应链环境下的采购

一、采购与供应链的关系

采购是企业的一项基本职能,供应链管理是在市场条件和经济形势日益变化、在采购理论和实践不断发展的基础上逐步形成的。当今时代,由于市场竞争的剧烈,企业越来越重视供应链管理,企图从整体供应链绩效的提升上获取竞争的优势。具体到采购,它是供应链管理的重要内容之一。采购是沟通生产需求和物资供应的纽带,也是联系企业原材料和半成品生产之间的桥梁。可以通过加强采购管理来增强供应链的系统性和集成性,提高企业敏感性和响应性,从而使供应链系统实现无缝连接,为提高供应链企业的同步化工作效率打下基础。

为全面认识采购与供应链的深刻联系,下面先对传统采购模式的特点和供应链环境下采购的特点进行分析,在一个动态的过程中了解采购和供应链的关系。

二、传统采购模式

在传统管理方式下的采购中,企业考虑的最主要问题是,采购的价格和以何种方式与供应商进行交易。一般而言,是通过与多个供应商进行报价,充分利用多头竞争,从中选择价格最低的供应商作为合作者。虽然采购物资的质量、数量和交货期也是采购企业关心的问题,但是与价格比较却处于次要地位,而且这些问题都是通过一些事后验证的方法来实现,及时性很差,经常造成生产上的重大损失。归纳起来,传统的采购模式具有如下几个特点。

1. 传统的采购过程是典型的非信息对称的博弈过程

供应商的选择是传统采购的一个首要任务。在采购过程中存在着两种信息非对称现象。

(1)采购方与供应商的信息非对称。这是因为采购方为了从多个竞争性供应商中选择一个最佳的供应商,往往会保留私有信息。若供应商获得的关于采购方的信息越多,在竞争中获胜的机会就越大,这样对采购方是不利的。

(2)供应商与供应商也存在着信息不对称。因为各供应商都想在竞争中获胜,而自己的信息被其他供应商知道得越多,自己被击败的可能性就越大。这样,供需双方及供方之间都不能进行有效的信息沟通,这是传统采购过程的一大特点。

2. 质量控制不及时

商品质量与交货期是采购方要考虑的另外两个重要因素。在传统的采购模式下,由于采购方很难参与供应商的生产组织过程和有关质量控制活动,供应商的产品质量信息在采购前很难被采购方知晓,而采购方只有在采购后的验收过程中才能知道所购商品的质量是否符合预定的标准,这时再换货、退货或另外寻找其他供应商有可能给企业的生产造成巨大损失。因此,缺乏合作的质量控制会导致采购方对采购商品质量的控制难度加大。

3. 供需双方的合作关系短暂

在传统采购模式中,供需双方之间的关系是临时性的,二者竞争往往多于合作。正是因为供需双方的信息不对称,缺乏有效的沟通,二者间缺少合作的气氛,相互抱怨,扯皮的事情较多,很多时间消耗在解决日常问题上,没有更多的时间来做长期性预测和计划工作。

4. 响应用户需求的能力迟钝

由于供应与采购双方在信息的沟通方面缺乏及时的信息反馈,在市场需求发生变化的情况下,采购方也不能改变供应方已有的订货合同。因此,采购方在需求减少时,库存增加;需求增加时,则会出现供不应求,重新订货又需要增加谈判过程。供需之间对用户需求的响应没有同步进行,缺乏应付需求变化的能力。

上面介绍了传统采购模式的特点,下面介绍供应链管理环境下采购的新特点,从中可以发现采购与供应链的紧密联系。

三、供应链管理环境下的采购特点

在供应链管理模式下,对采购工作的要求一般可以用5个"恰当"来描述:

(1) 恰当的数量。实现采购的经济批量,既不积压又不会造成短缺。

(2) 恰当的时间。实现准时化采购管理,既不提前,给库存带来压力;也不滞后,造成缺货。

(3) 恰当的地点。实现最佳的物流效率,尽可能节约采购成本。

(4) 恰当的价格。达到采购价格的合理性,价格过高会造成浪费,价格过低会难以保证质量。

(5) 恰当的来源。力争实现供需双方之间的合作协调,达到双赢的效果。

可以看出,传统采购和供应链管理环境下的采购具有完全不同的思想。因此,可以说,采购的理论和实践是随着供应链思想的发展而不断发展的。为了实现上述5个"恰当",供应链环境下的采购必须对传统采购模式做出一些新调整和改变。具体来说,供应链环境下的采购呈现以下特点。

1. 从库存驱动向订单驱动转变

在传统的采购模式中,采购的目的很简单,就是为了补充库存,防止生产停顿,即为库存而采购,可以说传统的采购是由库存驱动的。采购部门并不关心企业的生产过程,不了解生产的进度和产品的需求变化。在供应链管理模式下,采购活动是以订单驱动的制造订单驱动采购订单,采购订单再驱动供应商。订单驱动的采购方式有如下特点：

(1) 信息传递方式发生了变化。在传统采购方式中，供应商对制造商的生产过程不了解，也无须关心制造商的生产活动。但在供应链环境下，供应商能共享制造商信息，订货过程中不断进行信息反馈，修正订货计划，使订货与需求保持同步。

(2) 缩短了对用户的响应时间。在同步化供应链计划的协调下，制造计划、采购计划、供应计划能够并行，从而缩短了对用户的响应时间，实现了供应链的同步化运作。

(3) 签订供应合同的手续大大简化。信息沟通的及时、合作关系的建立，使供需双方之间不再需要询盘、报盘的反复协商，交易成本也大为降低。

(4) 采购物资直接进入制造部门，可以减少采购部门的工作压力和不增加价值的活动过程，实现供应链的精细化运作。

可见，在供应链环境下，采购工作的思路发生了根本的变化。

2. 采购管理向外部资源管理的转变

在传统的采购模式中，供应商对采购部门的需求有一个时滞。另外，采购部门对产品质量的控制也只能进行事后把关，不能进行实时控制，这些缺陷使供应链企业无法实现同步化运作。如何才能使这种事后把关变成事中控制呢？可以采用供应链外部资源管理的形式加以解决。

所谓在供应链管理中应用外部资源管理，是指把供应商的生产制造过程看做是采购企业的一个延伸部分，采购企业可以"直接"参与供应商的生产和制造流程，从而确保采购材料质量的一种做法。外部资源管理是实现供应链管理的系统性、协调性、集成性和同步性，实现供应链企业从内部集成走向外部集成的重要一步。要实现外部资源管理，采购企业一般应从以下方面人手：

(1) 与供应商建立一种长期的、互利合作的协作伙伴关系。这种合作关系保证供需双方能够有合作的诚意和参与双方共同解决问题的积极性。

(2) 通过提供信息反馈和教育培训支持，在供应商之间建立质量改善和质量保证机制。在个性化需求的今天，产品的质量是由顾客的要求决定的，而不是简单地通过事后把关所能解决的。质量管理工作需要在下游企业提供相关质量要求的同时，及时把供应商的产品质量问题反馈给供应商，以便其及时改进。对个性化的产品质量要提供有关技术培训，使供应商能够提供合格的产品和服务。传统采购管理的不足之处是，供应商缺少下游企业关于本企业的产品质量的信息要求和信息反馈。

(3) 参与供应商的产品设计和产品质量控制过程。同步化运营是供应链管理的一个重要思想。通过同步化的供应链计划使供应链各企业在响应需求方面取得一致性的行动，从而增加供应链的敏捷性。实现同步化运营的措施是并行工程。制造商企业应该参与供应商企业的产品设计和质量控制过程，共同制定有关产品质量标准等，使需求信息能够很好地在供应商的业务活动中体现出来。

（4）协调供应商计划。一个供应商有可能参与多条供应链的业务活动，在资源有限的情况下必然会造成多方需求争夺供应商资源的局面。在这种情况下，下游企业的采购部门应主动参与供应商的协调计划。在资源共享的前提下，保证供应链的正常供应关系，维护企业的利益。

（5）建立一种新的、有不同层次的供应商网络，对供应商的数量进行管理。一般而言，供应商的数量越少越有利于双方的合作。但是，企业的产品对零部件或原材料的需求是多样的，因此企业应根据自己的情况选择适当数量的供应商，建立自己的供应商网络。

应该注意的是，外部资源管理并不是靠采购方的单方面努力就能够实现的，还需要供应商的配合和支持。例如，对下游企业的问题做出快速反应；基于用户的需求，不断改进产品和服务质量等。

四、基于战略伙伴关系的采购方式

在传统的采购模式中，供应商与需求企业间是一种简单的买卖关系，无法解决涉及全局性和战略性的供应链问题，而基于战略伙伴关系的采购方式为解决这些问题创造了条件。这些全局性的战略问题主要有：

（1）库存问题。在传统管理下的采购模式中，各级企业无法共享库存信息，不可避免地产生需求信息的扭曲现象，即牛鞭效应；在供应链管理模式下，供应与需求双方可以共享库存数据，采购决策过程变得透明，减少需求信息的失真现象。

（2）风险问题。供需双方通过战略性合作关系，双方可以降低由于不可预测的需求变化带来的风险，如运输风险、信用风险和产品质量风险等。

（3）合作伙伴关系问题。通过合作伙伴关系，双方可以为制定战略性的采购供应计划共同协商，不必为日常琐事消耗时间与精力。

（4）降低采购成本问题。战略伙伴关系避免了许多不必要的手续和谈判过程，信息的共享则避免了因信息不对称决策可能造成的成本损失。

（5）准时采购问题。战略合作伙伴关系消除了供应过程的组织障碍，为实现准时化采购创造了条件。

由此可见，在采购理论和实务中，对采购工作的具体要求、采购管理思想的变化和采购中与供应商的关系等，都是随着供应链管理思想的发展而发生变化的。因此，采购存在于供应链管理之内，是供应链管理中最重要的环节之一。供应链管理思想提升了采购的要求，采购的实际运作实现了供应链管理思想，二者在紧密联系中共同促进、共同发展。

第三节 战略采购

所有的组织都需要对未来进行计划,这涉及建设框架以使计划得以形成。组织一旦确立了战略目标,就可以着手制定策略。商业结构的所有方面,包括采购,都牵涉到这一过程中。传统采购趋向于被纳入日常性经营活动的范围内,并且也未发挥出对组织应有的贡献。因此,采购必须参与战术和战略决策。

所谓战略采购是一种系统性的、以数据分析为基础的采购方法,着眼于降低企业采购总成本。它要求公司确切了解外部供应市场状况及内部需求,通过对供应商生产能力及市场条件的了解,公司可以战略性地将竞争引入供应机制和体系以降低采购费用。另外,战略采购通过协助公司更加明确地了解内部需求模式,从而有效地控制需求。通过深入的价值分析,公司甚至能比供应商自己更清楚供应商的生产过程和成本结构。有了这种以数据分析为基础的方法,公司在供应商选择、谈判及关系维持管理方面能够获得很大支持。同时,战略采购使公司重新定义如何与供应商交易、永久降低成本基础和提高供应商的价值贡献,从而确保成本降低。对很多公司而言,外部采购占公司平均费用的 60%~80%。所以这部分的支出哪怕是微量减少,都将对公司赢利带来相当重大的影响。

一、战略采购的出现

战略采购诞生于 20 世纪 80 年代的美国。在 70 年代,经济快速增长之后,领先企业开始寻找提高股东价值的方法。在改进销售和客户服务之后,人们的注意力转移到如何通过资产合理化、日常经营和机构重组来实现内部成本的降低。当时,作为在业务运营管理方面领先的咨询公司科尔尼公司指出:内部花费和成本通常只占企业总指出的 20%~30%,其余部分(外部采购支出)却被普遍忽视了。科尔尼公司推出了战略采购方法论,用以帮助客户更加有效地管理外部采购。通过战略采购使成本大大降低、收益巨额增长,那些迫切想提高自己竞争实力的企业很快就将战略采购作为新的关注点以及创造股值增长的新源泉。

战略采购首先在美国得以应用,然后被迅速传至欧洲和世界的其他地方。跨国企业开始在海外实行战略采购,后来他们通过全球采购将各种采购活动整合起来。电子时代的革命为战略采购提供一个新的契机。科尔尼公司意识到信息的电子传送将使战略采购的作用更加强大,因此很快改进了公司的产品设计。现在,科尔尼公司为客户提供了一个具有网上采购和拍卖功能的产品,这个产品已经使不少用户节约了更多的成本,并实现了更多的收益,而且速度更快。

二、战略采购的原则

战略采购的好处是,充分平衡企业内外部优势,以降低整体成本为宗旨,涵盖了整个采购流程,实现了从需求描述到付款的全程管理。战略采购包括以下几个重要原则。

1. 考虑总成本

成本最优往往被许多企业的管理者误解为价格最低,只要购买价格低就好,很少考虑使用成本、管理成本和其他无形成本。采购决策的依据就是单次购置价格。例如,购买一台复印机,采购的决策者如果忽略了采购过程中发生的电话费、交通费、日后维护保养费用、硒鼓纸张等消费品情况、产品更新淘汰等因素,而只考虑价格,采购的总成本实际上没有得到控制。采购决策影响着后续的运输、调配、维护、调换乃至产品的更新换代,因此必须有总体成本考虑的远见,必须对整个采购过程中所涉及的关键成本环节和其他相关的长期潜在成本进行评估。

2. 在事实和数据信息基础上进行协商

战略采购过程不是对手间的谈判,而应该是一个商业协商过程。协商的目的不是一味比价、压价,而是基于对市场的充分了解和企业自身长远规划的双赢沟通。在这个过程中需要通过总体成本分析、第三方服务供应商评估、市场调研等,为协商提供有利的事实和数据信息,帮助企业认识自身的议价优势,从而掌握整个协商的进程和主动权。

3. 采购的终极目标是建立双赢的战略合作伙伴关系

双赢理念一般很少用在采购中,更多的企业管理者更喜欢单赢。事实上,双赢是"放之四海而皆准"的真理,它在战略采购中也是不可或缺的因素,许多发展势头良好、起步较早的企业一般都建立了供应商评估与激励机制,通过与供应商长期稳定的合作,确立双赢的合作基础,取得了非常好的效果。在现代经济条件下,市场单靠一两家企业是不能通吃的,必须运用"服务、合作、双赢"的模式,互为支持,共同成长。

4. 制衡是双方合作的基础

企业和供应商本身存在一个相互比较、相互选择的过程,双方都有其议价优势。如果对供应商所处行业、供应商业务战略、运作模式、竞争优势、稳定长期经营状况等有充分的了解和认识,就可以帮助企业本身发现机会,在双赢的合作中找到平衡。现在,已有越来越多的企业在关注自身所在行业发展的同时,开始关注第三方服务供应商相关行业的发展,考虑如何利用供应商的技能来降低成本,增强自己的市场竞争力和满足客户。

三、战略采购的核心

战略采购是国内、外物资采购与供应领域中一种比较先进的工作程序,是一个复杂、严密、高效的系统工程。它是一种方法、一种程序,更是一种理念。它是企业通过严谨而系统的工作程序,在维持并改进品质、服务与技术水平的同时,降低外购物资、物品与服务的整体成本。它把物资采购供应纳入企业整体战略发展规划来研究,其核心是价值、质量、成本和供应商关系。

1. 价值

价值是企业通过战略采购所要获取的最终成果与整体价值取向,也就是通过战略采购要达到什么样的效果,对企业的经营带来多大的收益,对企业经营和技术进步带来多大推动,同时也包括了对供应商利益的维护。

2. 质量

质量包括两个层面的含义。

(1) 购买商品本身的质量,也就是购买方与供应方买卖行为共同指向的标的物的质量,既包括所采购的物资本身的质量,即物资的核心质量;同时又包括供应方所能提供的产品服务和质量保证,是采购物资核心质量的延伸,也是采购者所能获取的价值附加值。这两者构成了采购物资的整体质量。

(2) 采购工作本身的质量,也就是通过战略采购使企业的物资采购与供应工作整体水平提高到一个新的层次,提升企业的物资采购与供应效率,继而提升企业物资采购与供应的整体工作水平和档次。

3. 成本

成本就是战略采购所带来的成本收益,在发挥企业整体优势的基础上降低了多少经营成本。特别是集团式企业,通过战略采购工作的实施,必将能够形成"捆绑"效应。一方面,通过采购量的整合,提高企业讨价还价的能力;另一方面,可以集中企业的物资采购与供应人员的力量,发挥人员和网络的最大潜力。

4. 供应间关系

供应商关系就是通过战略采购工作的开展,在对企业的供应商网络渠道进行优胜劣汰、重新整合的基础上,在利益兼顾、保证双赢的基础上,发展和维护良好的合作关系。

四、战略采购的实施步骤和关键因素

从价值链的角度来看,如果说在传统的大规模生产方式下,顾客处于价值链最末端的话,那么在当前需求链开始拉动供应链的时代,顾客已经走到了价值链的最前端。采购方和供应商框架结构和运作过程以消费者为中心,并且面向需求链进行高效运作。在此基础上,采购方和供应商共同负责开发单一、共享的消费者需求预测系统,这个系统驱动整个价值链计划,同时双方均承诺共享预测,并在消除供应过程约束上共担风险。为能真正有效地达到降低本企业的原材料库存、减少供应周期时间和降低成本的目标,战略采购应从以下几个步骤入手实施:

(1) 创建需求链采购团队。该团队必须对需求链采购的目标、流程和技能有深入的理解和认识,接受过专业的培训和考核。他们将承担的责任是与供应商谈

判签订需求链采购合同；向供应商发放免检签证；对供应商进行新型采购模式的培训和教育；改善与供应商接口流程的效率等。

（2）销售、研发、生产、采购定期召开周度、月度的预测会议。一方面，对以往需要量进行历史数据统计分析；另一方面，对现阶段和未来的需要量做出最佳滚动预测，确保生产和采购供应的及时可得和订单满足率。同时，有关新产品上市的最新进度也将在会议上及时通报，以便各部门做好相应准备。

（3）分析现状，确定供应商。从采购物品中选择价值大、体积大的主要原材料及零部件作为出发点，结合供应商关系，优先选择伙伴型或优先型供应商进行需求链供应可行性分析，确定实施对象。

（4）设定改进目标。针对供应商目前的供应状态，提出改进目标。改进目标包括供货周期、供货批次、库存等。目标的改进需要限定时间。

（5）制定实施计划。该计划要明确行动要点、负责人、完成时间、进度检查方法。首先，将原来的固定订单改为非固定订单。订单的订购量分成两部分：一部分是已确定的，供应商必须按时按量交货；另一部分将随市场需求的变动而增减，也就是说，供应商会根据企业每月更新的半年需要量预测进行原材料准备，安排生产计划。如果出现预测百分比超出 10%，供应商有权提醒企业对所做预测再次检查其次，企业必须对生产周期、供应商的生产交货周期、最小批产量做出最优规划。再次，调整相应的运作流程，在公司相关人员之间进行沟通、交流、统一认识、协调行动。最后，确定相应工作人员的职责及任务分工。

（6）供应商的培训。必须对供应商进行沟通、培训，使供应商接受需求链供应的理念，确定本公司提出的改进目标，包括缩短工作时间、增加供应频次、保持合适的原材料、在制品及成品库存等。同时，供应商也需要配备相关的接口人员的职责、行动完成时间。

（7）改进实施。首先要考虑原材料的质量改进和保障，同时为改善供应，要考虑改善标准、循环使用的包装、周转材料与器具，以缩短送货的装卸、出入库时间。而实施的主要环节是将原来的独立开具订单改为滚动下单，并将订单与共享的滚动计划预测结合起来。

（8）定期进行绩效考评。衡量需求链供应实施绩效要定期检查进度，以绩效目标的具体化关键指标来评估和控制整个过程的实施，图表和趋势图是较常用的报告形式。

面向需求链的战略采购从本质上说是一种企业战略思维的转变，它不仅是一套采购的技能，更是范围广泛的一套组织能力。对那些先行企业总结了下列一些战略采购成功的关键因素：

（1）高层管理真正认识到战略采购是与企业的损益情况、再订购水平、产品质量紧密关联的，并将采购置于与营销、生产职能同等重要的战略地位和岗位上。

(2) 在向价值链的合作伙伴推广全面的需求链战略采购之前，首先要确保整个企业内部已经成功实施了需求链拉动的运营模式，并且行之有效。

(3) 建立双赢的采购战略，包括建立总成本模型、建立并保持供应商关系、整合供应网、利用供应商创新、发展全球供应基地。

(4) 采购过程的几个要素包括减小批量、频繁而可靠的交货、提前期压缩并且可靠、保持物料采购长期的高质量。

(5) 需求链采购功在现在，利在长久。不要被短期的成本上升、协调困难、内部阻力、供应商的抱怨所吓退，甚至放弃。坚持不懈地按照正确的步骤和原则进行沟通，终能打破坚冰，使企业获得长期丰厚的利润回报。

五、战略性采购与管理的主要发展趋势

1. 电子商务采购

电子商务采购是伴随着信息技术的发展而产生、演化的。电子商务采购能成为当今采购管理的重要趋势，在于通过互联网、企业内部网以及其他外部网络技术，众多的交易企业可以实时地进行信息沟通、访问电子目录，从而以最低的采购成本获取经济利益最大的产品。电子商务采购的潜在运用还包括订单跟踪、资金转账、产品计划和进度安排、收据确认等，从而最终加速企业运作、缩短前置时间，同时把大量的人力资源从烦琐的事务性工作中解放出来，全面降低企业采购管理的成本。电子商务采购能蓬勃发展的原因还在于它具有快速、低成本地整合上、下游资源和信息的能力。

但是，在充分认识这种采购管理的巨大优势的同时，也应该看到这种采购趋势的局限性：

(1) 采购管理是一个极为复杂的系统工程，既有成本控制、及时采购的要求，又有供应市场的调查、伙伴关系建立等要求。不仅如此，作为企业价值链组成部分的采购活动，往往又与企业其他管理领域发生各种交互行为。因此，合理采购体系的建立不是推行电子商务一方面就能解决的。相反，电子商务采购的顺利开展和绩效的体现，有赖于整个企业管理的规范以及竞争行为的规范，甚至行业宏观经营体制的健全。脱离了这些最基本的管理规范和良性经营环境的建立，电子商务采购可能不仅不能发挥应有的作用，反而会加剧企业经营的难度和风险。

(2) 电子商务采购尽管是当今企业采购领域的发展趋势，但是这并不说明电子商务采购完全适合于所有的行业和产品，因为基于公开竞价招标的采购形式不一定适合于高附加价值、供给不充分的产品。

2. 战略性采购成本的管理

20世纪90年代以前，企业控制采购成本只是从单一环节出发，所谓单一环节指的是采购成本的降低主要由采购部门负责，而不是企业全体部门共同的职

责，而在控制降低成本的方法上，主要是考虑供应商与企业单方面作业活动和商品让渡的成本控制。但是，进入20世纪90年代以后，这种成本控制战略发生了较大的变化：一是企业采购成本的控制绝对不是一个部门的事情，而是企业全体共同的、战略性管理活动，它需要企业从高层领导到各职能部门，甚至基础员工必须全面参与的活动；二是采购成本的降低应当站在供应链管理的角度进行，这样成本降低战略的参与范围扩大，它包含了更多的供应链参与方：企业、客户、供应商、供应商的供应商等供应链中各个环节，所有这些成员将共同合作，寻找成本降低的机会。

3. 战略采购框架的确立

随着采购管理的日益重要，尤其是关键性部件采购的战略主导性和高附加价值性所决定，这些物品采购的关键是与供应商保持密切的合作关系。事实上，这种建立于合作基础上的采购将导致供应链管理和协同物流管理，因为这种采购管理在实现组织效率的前提下实现，它从企业内部的部门开始，接着加强部门间协作效率，然后改善与供应商合作绩效，最后延伸到整个供应链。正是协作采购的行为所推动，致使在采购管理中有两个方面异常重要：

（1）供应商的选择。随着企业互惠职能的不断扩大，供应伙伴能起多大的作用关键在于如何选择供应链伙伴，倾斜的供应链将成为一种竞争优势。

（2）供应双方贡献的确立。供应链成员将继续彼此依赖，共同分享更多的资源，以降低资源的重复建设，实现最大的价值贡献。例如，合作伙伴都将参与制定合作计划的过程，占主导地位的供应伙伴在设计方案和开发产品阶段的影响将越来越大。

只有做到了以上两点，才能建立合作伙伴关系和实现真正的供应商整合。在我们高度认识到采购供应体系中合作伙伴关系建立的重要性的同时，还应该意识到这种协调性的供应关系也并不是针对所有企业供应商，由于各供应商自身核心能力的差异以及产品市场的特征所决定，不可能所有的供应商都能对下游企业提供强大的战略支撑。因此，与供应商的合作与强制管理应该是并存的，即有些供应商与企业的关系是合作型，而有些则需要企业以强硬的谈判力和市场地位尽可能使采购的经济利益向自身方向转移。例如丰田公司的JIT采购，虽然我们也经常听到合作、协调、少源供应等词汇，但同时也能听到"在挤干的毛巾中挤出每一滴水"，即如果供应商提供的产品不是在本行业中最低成本的实现者，那么必须每年降低10%的成本，否则在未来的计划年度中，原来的供应商将被排除到供应体系之外。因此，不能因为今天的采购高度强调供应合作，而使战略供应联盟的概念绝对化，或者忽视了供应管理体系的复杂性。

4. 采购外包

由于现代企业经营所需要的物品越来越多、采购途径和体系也越来越复杂，使得企业的采购管理成本很高,影响了关键部件的采购管理绩效,正是在这种状况下,越来越多的企业开始将某些采购活动外包给主要合同商、承包商或者第三方公司。与组织自己进行采购相比,承包商和第三方公司往往可以提供更多的经济利益和购买经验,从而使企业从目前与采购相关的繁重的日常事务管理及高成本中解脱出来。

例如,壳牌公司的加油站出售各种品牌的汽油、食品和饮料,类似一个杂货店。当市场迅速膨胀时,许多后勤的日常事务和配送的流程增加了分立的程度和复杂性。一个网点每一星期从 15 个不同的分销商手中接受 40 次配送。可想而知,这样的协调工作,以及对许多网点列出共同管理的时间表,并进行控制和衡量是非常困难的。壳牌公司的解决办法是分销的合理化。一个专门的后勤公司以 5 年 10 亿美元的报酬与壳牌公司订立了协议,该公司负责壳牌公司 90% 的,即 850 个加油站点的非石油商品的配送。在合同中规定了该公司要确保在每天 7 点左右,把商品送到加油站。这样一星期比以前能节省 8 小时,一个加油站节省的金额相当于 2%～3% 的毛利。

尽管如此,采购业务的外包往往也是颇具风险的行为,因为今天的采购与生产战略和经营战略紧密相连,采购业务的过分外包,可能会造成企业战略机密的泄露,从而损害企业的核心竞争能力。这就给现代企业采购管理带来了极大的难题,即什么样的业务和部件采购或相应的物流活动可以外包,而又有哪些物品和活动必须是自己控制和掌握的。从一般意义上讲,只有非战略性物品或非核心业务才有可能外包,这些物品和业务的外包不会给企业带来较大的负面影响,相反战略物品和业务活动无论多么复杂、成本多高都需要企业自己严格控制和运作。

5. 全球供应商的开发

随着当今企业经营全球化的发展以及跨国业务不断增长,越来越多的企业在全球开发和利用供应商帮助自己进行业务扩张。在日益激烈的市场中已经出现了发展世界级供应商的现象,而且这一趋势随着 Internet 的普遍发展而日见明显。但是,在开发和利用全球供应商的过程中,管理工作更为复杂,这不仅是因为需要协调不同文化背景下供应商的行为和管理规范,而且更表现在当开发的供应商,特别是关键部件的供应商,在管理和技术上尚存在差距的状况下,作为主导型的企业是否需要就供应商管理或技术上的差距给予指导或支持,并且这种指导和支持的方法和途径将是什么,所有这些都是全球供应商开发过程中所面临的挑战。

参考文献

[1] 李雅萍.采购物流.北京:对外经济贸易大学出版社,2004.

[2] 温卫娟.如何进行采购与供应商管理.北京:北京大学出版社,2004.

[3] 戴尔·尼夫.电子采购——从构想到实施.陈朝晖,译.北京:中信出版社,2002.

[4] 郭继伟.生产计划与物料控制实务问答(修订版).广州:广东经济出版社,2002.

[5] 甘华鸣.采购(第二版).北京:中国国际广播出版社,2003.

[6] 秦文纲.采购与仓储管理.杭州:浙江大学出版社,2004.

[7] 谢爱丽,朱玉荣.做优秀的采购员——采购作业行动手册.广州:广东经济出版社,2004.

[8] 胡松评.企业采购与供应商管理七大实践技能.北京:北京大学出版社,2003.

[9] 徐昭国.采购员工作一日通.广州:广东经济出版社,2004.

[10] 曹富国,李庭鹏,李爱斌.政府采购与招标投标法的适用.北京:企业管理出版社,2002.

[11] 白继洲.采购管理实务.广州:广东经济出版社,2003.

[12] 王忠宗.采购管理99招.广州:广东经济出版社,2001.

[13] 王忠宗.采购管理实务.广州:广东经济出版社,2001.

[14] 马克·戴.采购管理手册(第三版).许春燕,等,译.北京:电子工业出版社,2004.

[15] 彼得·贝利,大卫·法摩尔,大卫·杰赛,大卫·琼斯.采购原理与管理(第8版).王增东,杨磊,译.北京:电子工业出版社,2004.

[16] 徐哲一,武一川.采购管理10堂课.广州:广东经济出版社,2004.

[17] 谢勤龙,王成,崔伟.企业采购业务运作精要——基于ERP、SCM与电子商务.北京:机械工业出版社,2003.

[18] 谢爱丽,朱玉荣.做优秀的采购员——采购作业行动手册.广州:广东经济出版社,2003.

[19] 胡松评.企业采购与供应商管理七大实践技能.北京:北京大学出版社,2003.
[20] 朱鱼龙.经营物流:采购与销售.深圳:海天出版社,2004.
[21] 李胜强,李华.物料采购365.深圳:海天出版社,2004.
[22] 孙明贵.采购物流实务.北京:机械工业出版社,2004.
[23] 徐杰,田源.采购与仓储管理.北京:清华大学出版社,北京交通大学出版社,2004.
[24] 阙祖平.商品采购管理.大连:东北财经大学出版社,2004.
[25] 张远昌.生产物流与采购管理.北京:中国纺织出版社,2004.
[26] 朱水兴.工业企业的采购与采购管理.北京:中国经济出版社,2001.
[27] 李田保.采购实战精要.广州:广东经济出版社,2001.
[28] 李清一.采购管理与库存控制.北京:对外经济贸易大学出版社,2004.
[29] 李雅萍.采购物流.北京:对外经济贸易大学出版社,2004.
[30] 沈小静,等.采购管理.北京:中国物资出版社,2003.
[31] 贺唤平.ERP概要分析:采购、销售与分销、库存.北京:清华大学出版社,2004.
[32] 赵维新.企业采购主管资助工具库.北京:中国经济出版社,2003.
[33] 钟夏台.企业采购操作规范.北京:中国经济出版社,2003.
[34] 徐昭国.物料控制员一日通.广州:广东经济出版社,2004.
[35] 徐昭国.采购主管一日通.广州:广东经济出版社,2004.
[36] 袁鸿鸣.国际招标采购.北京:对外经济贸易大学出版社,2004.
[37] [美]大卫·伯特,等.世界级供应管理.何明珂,等,译.北京:电子工业出版社,2003.
[38] [美]米歇尔·R.利恩德斯,等.采购与供应管理.赵树峰,译.北京:机械工业出版社,2003.
[39] [美]约瑟夫·L.卡维纳托,等.采购手册:专业采购与供应人员指南.吕一林,等,译.北京:机械工业出版社,2005.
[40] 方光罗.商品采购管理.大连:东北财经大学出版社,2004.
[41] 刘安莉,高懿.新编商品学概论.北京:对外经济贸易大学出版社,2002.
[42] 朱新民,林敏晖.物料采购管理.北京:机械工业出版社,2004.
[43] 梁军,秦华容.仓储管理实务(第二版).北京:高等教育出版社,2009.
[44] 孙学琴,梁军.物流中心运作管理.北京:机械工业出版社,2004.
[45] 王槐林.采购管理与库存控制(第三版).北京:中国物资出版社,2008.
[46] 胡学庆.连锁企业商品采购管理.上海:立信会计出版社,2004.
[47] 王元月.跟我学做采购主管.北京:北京工业大学出版社,2004.

[48] 梁军,杨明. 物流采购与供应管理实训. 北京:中国劳动社会保障出版社,2006.

[49] 中国就业培训技术指导中心. 采购师(基础知识). 北京:中国劳动社会保障出版社,2006.

[50] 徐武,王瑛. 采购与仓储. 北京:清华大学出版社,北京交通大学出版社,2007.

[51] 郑称德. 采购与供应管理. 北京:高等教育出版社,2005.

[52] Prof. Arjan Weele. 采购与供应链管理——分析、规划及其实践. 梅绍祖,阮关雷,巢来春,译. 北京:中国国际广播出版社,2003.

[53] 徐铁军. 全寿命周期成本分析在站场设备战略采购中的应用[J]. 油气储运,2012,(06):473-476.

[54] 孟会林. 钢桥全寿命周期成本分析及维护策略优化研究[D]:硕士学位论文. 天津:天津大学,2009.

[55] 周伟强. 建筑全寿命周期下的建筑设计信息化探索[D]:硕士学位论文. 重庆:重庆大学,2009.

[56] 基于概率全寿命周期成本的电力变压器效能综合评估方法,CN103871000A[P/OL]. 2014-06-18].

[57] Perng C, Lyu J-J, Lee J-P. Optimizing a Collaborative Design Chain by Integrating PLC into SSDM [J]. International Journal of Electronic Business Management, 2013, 11(2): 88-99.

[58] Sinisukan I, Herry N. Life Cycle Cost Analysis on the Operation of Power Generation [J]. Journal of Quality in Maintenance Engineering, 2013, 19(1): 5-24.

[59] Reddy V R, Batchelor C. Cost of Providing Sustainable Water, Sanitation and Hygiene (WASH) Services: an Initial Assessment of a Life-cycle Cost Approach(全寿命周期成本 A) in Rural Andhra Pradesh, India [J]. Water Policy, 2012, 14(3): 409-429.

[60] Santos J, Ferreira A. Life-cycle Cost Analysis System for Pavement Management at Project Level [J]. International Journal of Pavement Engineering, 2013, 14(1): 71-84.